Aus dem Programm Huber
Psychologie Sachbuch

James T. Webb
Elizabeth A. Meckstroth
Stephanie S. Tolan

Hochbegabte Kinder – ihre Eltern, ihre Lehrer

Ein Ratgeber

Überarbeitet und ergänzt von
Nadine D. Zimet und Franzis Preckel

4., aktualisierte Auflage

Verlag Hans Huber
Bern • Göttingen • Toronto • Seattle

Die amerikanische Originalausgabe dieses Buches ist unter dem Titel «Guiding the Gifted Child» 1982 in der ersten und 1984 in der dritte Auflage erschienen.
 Deutsche Übersetzung von Thomas M. Höpfner, für die zweite Auflage überarbeitet, aktualisiert und ergänzt.

Lektorat: Dr. Peter Stehlin / Monika Eginger
Herstellung: Daniel Berger
Satz/Grafik: Bernd Gieseler
Umschlag: Atelier Mühlberg, Basel
Druck und buchbinderische Verarbeitung: AZ Druck und Datentechnik, Kempten
Printed in Germany

Bibliographische Informationen der Deutschen Bibliothek:
Die Deutsche Bibliothek verzeichnet diese Publikation in der Deutschen Nationalbibliographie; detaillierte bibliographische Angaben sind im Internet über http://dnd.ddb.de abrufbar.

Anregungen und Zuschriften bitte an:
Verlag Hans Huber
Länggass-Strasse 76
CH-3000 Bern 9
Tel: 0041 (0)31 300 4500
Fax: 0041 (0)31 300 4593
E-Mail: verlag@hanshuber.com
Internet: http://Verlag.HansHuber.com

4., aktualisierte Auflage 2004

ISBN 3-456-84118-3

Inhaltsverzeichnis

Teil III

Über die zehn Lektionen 59

Vorwort zur ersten Auflage

Nach dem Selbstmord des gescheiten, talentierten siebzehnjährigen Dallas Egbert im Jahre 1980 erkundigten sich seine Eltern nach Programmen, die auf die emotionalen Bedürfnisse hochbegabter Kinder und ihrer Familien zugeschnitten sind. Sie erkannten bald, daß es nur ganz wenige derartige Programme gab, obwohl unverkennbar Bedarf bestand. Angeregt durch ihre Suche und unseren Kontakt mit ihnen, gingen wir an die Erarbeitung eines Programms.

Wir wollen Eltern, Lehrern und anderen, die mit hochbegabten Kindern arbeiten, die Augen dafür öffnen, daß diese Kinder und ihre Familien besondere emotionale Bedürfnisse und Möglichkeiten haben, die oft übersehen und daher vernachlässigt werden. Die häufigste Folge dieser Vernachlässigung ist «nur», daß Potentiale unausgeschöpf bleiben und manche Freude nicht erlebt wird. Aber mitunter kommt es auch zu seelischer Not und Depression. Es genügt nicht, daß wir unsere Kinder liebhaben; wie bei anderen Aufgaben müssen wir wissen, wie wir vorgehen sollen.

In der Phil-Donahue-Show im Januar 1981 erörterten Dr. und Mrs. Egbert, Dr. James Webb und andere diese emotionalen Bedürfnisse. Die Zuschauerreaktion im ganzen Lande – es gab über 20 000 Briefe – unterstrich das Ausmaß der Vernachlässigung und des Unverständnisses sowie die weite Verbreitung von Mythen in bezug auf hochbegabte Kinder und deren Familien.

Joyce Juntune, die in dieser Show ebenfalls auftrat, ist es zu danken, daß die meisten dieser Briefe an die Zentralstelle der National Association for Gifted Children gelangten. Ms. Juntune, Executive Director der NAGC, hat die Briefe beantwortet; sie steht uns bei der Entwicklung unseres eben flügge gewordenen Programms weiterhin mit Rat und Tat zur Seite, was wir sehr zu schätzen wissen.

Anfang 1981 begannen wir mit der Realisierung eines bescheidenen, auf einige emotionale Bedürfnisse hochbegabter Kinder und ihrer Familien abhebenden Programms. Unterstützung erhielten wir vom Dallas Egbert Fund, den die Familie Egbert an der Wright State University Foundation in Dayton, Ohio, errichtet hat, und von der School of Professional Psychology an der Wright State University, wo man uns für unsere ersten Schritte in die Programmpraxis großzügig Türen öffnete. In Zusammenarbeit mit der Gemeinschaft wurde ein Entwicklungsprogramm durchführungsreif gemacht.

Was haben wir ins Werk gesetzt? Ein Aspekt des Programms besteht aus Intelligenz- und Persönlichkeitsdiagnostik und intensiver Behandlung durch Psychologen an der School of Professional Psychology der Wright State University, die individuelle Beratung hochbegabter Kinder und ihrer Familien durchführen.

Ein anderer Aspekt ist die Beratung von Psychologen, Lehrern und anderen Fachleuten in Einzelkonsultation und Workshops. Wir sind auf zahlreiche Anfragen von Fachleuten im ganzen Land eingegangen, die im Bereich der Förderung der emotionalen Entwicklung hochbegabter Kinder und ihrer Familien Unterstützung brauchen. Wie sich herausgestellt hat, sind auch Fachleute für diese Aufgabe schlecht vorbereitet.

In erster Linie arbeiten wir in einer Reihe von geleiteten Diskussionen direkt mit Elterngruppen zusammen. Diese Diskussionsreihe behandelt zehn Hauptthemen, die für die Familie des hochbegabten Kindes von Bedeutung sind. Im allgemeinen wird in jeder Sitzung ein Thema erörtert; wir stellen grundlegende Texte zur Verfügung, die Hauptpunkte des Themas umreißen, wir regen Eltern dazu an, sich über gemeinsame Probleme auszusprechen, und wir bieten unsererseits als Fachleute Kommentar, Rat, Diskussionsbeiträge und Anleitung. Auf diese Weise können Eltern Gedanken und Erfahrungen austauschen und voneinander lernen, jedes Kind individuell zu würdigen und zu fördern. Sie können Probleme antizipieren, Lösungen finden und, so hoffen wir, manchen Schwierigkeiten vorbeugen. Elterliche Betreuung erfordert Fertigkeiten, in denen die wenigsten von uns wirklich firm sind. Noch höhere Ansprüche kann die Erziehung hochbegabter Kinder an die Eltern stellen. Wie ein Elternteil bemerkte: «Hochbegabte Kinder verändern den Lebensstil der Eltern nicht, sie machen ihn kaputt!»

Bei den Elterngruppentreffen haben wir wahrscheinlich von den Eltern ebensoviel gelernt wie sie von uns. Wir sind ihnen sehr dankbar für ihre Mitteilungen, ihren Mut und ihre Unterstützung. Die besonderen Fähigkeiten eines Kindes mitzutragen statt gegen sie anzugehen, müssen wir alle erst einmal lernen. Wesentliches verdankt dieses Handbuch den Kommentaren von Eltern zu den Bedürfnissen in ihren eigenen Familien. Diese Eltern bemühen sich gemeinsam mit uns, anderen Menschen zu helfen, die sich – zum Beispiel als Eltern oder Lehrer – intensiv mit hochbegabten Kindern beschäftigen.

Vielleicht kommen andere durch dieses Buch dazu, ihrerseits ähnliche Elterngruppen ins Leben zu rufen. Solche Elterngruppen können jedes Hochbegabtenprogramm in wertvoller Weise ergänzen. Besonders wichtig sind Programme zur Vermittlung elterlicher Techniken und Methoden, wo spezielle Klassen oder Zusatzangebote für Hochbegabte ganz fehlen oder infolge von Etatkürzungen in den Erziehungssystemen reduziert werden.

Das Buch ist in drei Abschnitte gegliedert. Teil I gibt einen Überblick über das Thema «Hochbegabung» sowie über Mythen und Klischeevorstellungen im Zusammenhang mit hochbegabten Kindern. Wenn man einige Verhaltensweisen dieser Kinder untersucht, erweist sich, daß diese Kinder sich oft mit anderen nicht im Gleichschritt bewegen, ja sogar mit sich selbst nicht in Harmonie sind. Wir schaffen Grundlagen für Schritte zur Förderung von Selbstwertgefühl, Selbstachtung und einer starken Selbstidentität. Diese Konzepte können Eltern helfen, viele besondere Belastungen, mit deren Auftreten zu rechnen ist, zu antizipieren, sie zu verhindern oder ihre Kinder dagegen immun zu machen.

Teil II und Teil III konzentrieren sich auf Merkmale, häufig vorkommende Probleme und auf detaillierte Vorschläge zur Verhaltensmodifikation. Wo immer möglich, zeigen wir, wie auf den starken Seiten hochbegabter Kinder aufgebaut werden kann. Auch betrachten wir die Dinge, soweit es geht, vom Standpunkt der Familie aus.

Wir hoffen, daß Sie aus dem Inhalt des Buches Nutzen ziehen werden. Unsere Absicht war, Ihnen keine langen theoretischen Erörterungen zu bieten, sondern einen Ratgeber für die Praxis. Nach unserem Eindruck fehlt es an sachdienlichem Material mit spezifischen Vorschlägen zu spezifischen Verhaltensfragen. Deshalb lag uns daran, Ihnen eine reiche Auswahl von anwendbaren Lösungen vorzulegen, alle zu dem Grundthema: «Und was sollen wir jetzt tun?» Vielleicht haben Sie selber weitere Vorschläge. Wenn ja, lassen Sie es uns bitte wissen. Wir wollen dazu beitragen, daß hochbegabte Kinder und ihre Familien sich umfassende Kenntnisse aneignen können, aber auch dazu, daß sie sich selbst und andere verstehen lernen, von anderen verstanden werden und Mittel und Wege finden, mit sich selbst und anderen so in Frieden zu leben, wie es ihnen selbst, anderen und ihrer Umgebung am zuträglichsten ist.

Vorwort zur vierten aktualisierten Auflage 2004

Auf dem Weltkongress für hochbegabte Kinder in Toronto 1993 lernte Nadine Zimet Prof. Dr. James T. Webb kennen. Die Entsprechung im Verständnis für das Wesen und die Gefühlswelt des hochbegabten Kindes und die übereinstimmende Erfahrung, daß die Erziehung eines Kindes dann am erfolgreichsten ist, wenn sie die emotionalen Bedürfnisse des Kindes trifft, waren das Wertvolle und Besondere an der Begegnung mit Prof. Dr. James T. Webb. Aus dieser Begegnung hat sich ein langjähriger intensiver Austausch zum Thema «Familien hochbegabter Kinder» entwickelt, bei dem der gemeinsame Fokus auf der Unterstützung der emotionalen Bedürfnisse des hochbegabten Kindes liegt.

Der Erfolg der Durchführung von Selbsthilfegruppen für Eltern hochbegabter Kinder nach der Konzeption von James T. Webb (SENG, Supporting Emotional Needs of Gifted) in den USA war der Anlaß, ein vergleichbares Angebot im deutschsprachigen Raum zu schaffen.

Das Team des Münsteraner Zentrums für Begabungsförderung (MZB) hat das amerikanische Modell der SENG-Selbsthilfegruppen zu Weiterbildungsseminaren für Eltern hochbegabter Kinder durch die Vermittlung psychologischen Wissens zur Anwendung auf Erziehungsfragen erweitert. Weiterhin wurden die Inhalte der SENG-Seminare und damit auch die des vorliegenden Ratgebers den kulturellen Besonderheiten in Deutschland angepaßt.

Gerade heute neigen – durch die Verunsicherung nach dem «Scheitern der antiautoritären Erziehung» – viele Fachleute dazu, wieder mehr in Richtung Grenzen und Autorität zu denken. Dieser Versuch der Einführung einer «neuen Strenge» erweist sich in der Praxis der Elternweiterbildungsseminare als nicht hilfreich. Sehr viel erfolgversprechender sind die Konzepte, die die Schulung des Verhaltens mit einer Schulung der Gefühle verbinden.

In den fünf Jahren, in denen wir SENG-Seminare durchführen, haben wir die Erfahrung gemacht, daß es möglich ist, die elterliche Handlungskompetenz über die Schulung des Einfühlungsvermögens in das Gefühlsleben des Kindes zu erhöhen. Häufig berichtete Veränderungen sind die Harmonisierung des Familienalltags, die Schaffung von Freiräumen für Eltern und Kinder und, anstelle von erzwungener Anpassung an die Norm, die Integration der Kinder in Familie und Schule. Ziel dieses Elternratgebers ist es, den Eltern zu zeigen, wie sie ihren Kindern helfen können, eigenverantwortlich und sozial kompetent zu leben.

Ein Schwerpunkt der Überarbeitung der ersten Auflage liegt in der Erweiterung der Definition und Beschreibung der Phänomenologie der Hochbegabung. Ein Anfang einer theoretischen Fundierung ist die Theorie der positiven Desintegration und der overexcitabilities (hohe Sensibilität der Sinne) von Kasimierz Dabrowski (polnischer Psychiater und Psychologe), mit der er einen wesentlichen Beitrag zum Verständnis der Extreme hochbegabter Menschen geleistet hat. Er hat den Begriff von Normalität um den Aspekt der Hochbegabung erweitert.

Grundlage für die Ergänzungen in den zehn Lektionen des überarbeiteten Elternratgebers sind Techniken, Ideen, Vorschläge und Aspekte, die sich während der fünfjährigen Durchführung der SENG-Seminare im Münsteraner Zentrum für Begabungsförderung als hilfreich und umsetzbar in die Praxis des Erziehungsalltags – im Besonderen für die Beziehungsgestaltung und Gesprächsführung mit hochbegabten Kindern, aber auch mit anderen Kindern – erwiesen haben.

Die Überarbeitung und Erweiterung dieses Ratgebers wäre ohne die Offenheit, den Mut und das Vertrauen der Eltern während der SENG-Weiterbildungsseminare im MZB nicht möglich gewesen. Ihre Bereitschaft, sich selber zu hinterfragen, um- und weiterzulernen, automatisierte Reaktionsmuster und Einstellungen zu verändern, um eine offene und herzliche Beziehung zum Kind zu bekommen, die nicht mehr auf Kontrolle und Druck, sondern auf gegenseitige Freiwilligkeit und Achtung beruht, sowie die Beobachtung, dass Veränderungen im Familienklima im Verlauf des Seminars möglich sind, waren und sind für das MZB-Team Motivation, die SENG-Weiterbildungsseminare fortlaufend zu erweitern und die praktischen Erfahrungen der Psychologen den Eltern weiterzugeben.

Nadine Zimet ist Diplom-Psychologin und approbierte klinische Psychotherapeutin BDP und KBV. Sie studierte an der Universität Zürich klinische und anthropologische Psychologie und Psychopathologie des Erwachsenenalters und schloss mit dem lic. phil. I ab.

Sie absolvierte diverse Weiterbildungen in tiefenpsychologisch fundierten psychotherapeutischen Verfahren, in Familientherapie und Psychodrama und in lösungsorientierten Kurzzeittherapien. Durch ihr post graduate Studium in Verhaltenstherapie erwarb sie die Voraussetzung zur Erlangung der Approbation als kassenärztlich zugelassene klinische Psychotherapeutin in Deutschland.

Von 1991 bis 2002 Niederlassung mit einer eigenen Fachpraxis für Psychotherapie für Erwachsene und Gründung und Leitung des Münsteraner Zentrums für Begabungsförderung. Nadine Zimet behandelte mit ihrem Team jährlich über 300 Kinder und ihre Familien. In dieser Zeit war das MZB ein beliebter Praktikumsort für Psychologiestudenten der Universität Münster. Hier konnten sie die Organisation und Behandlungsinhalte einer Beratungsstelle kennen lernen und Einblick nehmen in die Alltagsnöte der Familien und Lehrkräfte.

Nadine Zimet hat eine Vielzahl von Beratungs-, Weiterbildungs- und Förderprogrammen entwickelt. Mit ihrer innovativen Lerntherapie für hochbegabte asynchron entwickelte Kinder, die unter Schulversagen, ADS, LRS, Verhaltensauffälligkeiten, Lern- und Leistungsproblemen, Unverstanden sein und Mobbing leiden, hat sie ein Instrumentarium entwickelt, mit dem vielen Kindern schnell und effektiv geholfen werden kann.

Unter ihrer Leitung ist 2003 in Zürich ein weiteres Zentrum für Begabungsförderung mit erweitertem Angebot eröffnet worden. Alle Informationen über die Dienstleistungen des Zentrums erhalten sie über das Sekretariat in Zürich. Adresse und Angebote finden Sie im Anhang.

Franzis Preckel studierte Psychologie in Münster und Greenbay, Wisconsin/USA. Studienbegleitend arbeitete sie von 1995 bis 1998 als freie Mitarbeiterin im MZB und lernte dort die Konzeption der Hochbegabtenberatung in der Praxis, den Bereich der angewandten Testdiagnostik und Lerntherapie für minderleistende hochbegabte Kinder kennen. Mit Nadine Zimet führte sie die SENG-Seminare und das «Illustrion» durch. «Illustrion» sind an das SENG-Konzept angelehnte Workshops zur Förderung sozial/emotionaler Kompetenzen hochbegabter Jugendlicher. 2002 promovierte sie in Münster mit einer Testentwicklung zur Erfassung der fluiden Intelligenz. Seit 2003 ist sie wissenschaftliche Mitarbeiterin an der Universität München und leitet dort die Begabungspsychologische Beratungsstelle.

Grußwort von Prof. Dr. James T. Webb, dem SENG-Initiator:

Es ist für mich eine sehr große Freude, Sie zur Teilnahme an einer SENG-Gruppe für Eltern hochbegabter Kinder einzuladen. Diese Gruppen unterstützen Eltern in ihrem Bemühen, die besonderen sozialen, emotionalen und intellektuellen Bedürfnissen ihrer begabten Kinder besser zu verstehen.

Solche Elterngruppen arbeiten in den USA mit sehr großem Erfolg, und ich bin überzeugt davon, daß sie in Europa ähnlichen Erfolg haben werden. Frau Zimet und die Mitarbeiter des Zentrums für Begabungsförderung haben eine intensive Ausbildung in der SENG-Methodik durchlaufen und verfügen über langjährige Erfahrungen in der Arbeit mit hochbegabten Kindern und ihren Familien. Es ist deshalb für mich eine besondere Freude, mit ihnen zusammenzuarbeiten.

Teil I

Phänomenologie der Hochbegabung

Die Frage «Was ist nötig, um Wasser zum Kochen zu bringen?» wird von normalbegabten Kindern häufig damit beantwortet, daß man einen Topf mit Wasser auf die Herdplatte stellt. Viele hochbegabte Kinder bemühen sich darum, die ablaufenden physikalischen Prozesse zu beschreiben. Dies ist eines von zahllosen Beispielen, die zeigen, daß hochbegabte Kinder oft andere Denkwege gehen als andere Kinder ihres Alters. Das hochbegabte Kind (hb) erlebt dieses kreative Denken als normal und bereichernd. Für Außenstehende sind kreative Gedankengänge häufig erstaunlich, aber oft auch nicht nachvollziehbar. Daraus resultieren Mißverständnisse, die zu Problemen für das Kind und dessen Familie führen können.

Vom Kindergarten an sind Kinder Kräften ausgesetzt, die sie dazu drängen, ihr Verhalten und ihre intellektuelle Entwicklung im Sinne der Anpassung an den Gruppendurchschnitt zu ändern. Emotionale Anpassung ist hingegen nicht möglich. Somit besteht überall in unserer Gesellschaft für hochbegabte Kinder die Gefahr, daß sie in eine geistige und soziale Einöde geraten und dort wie in einer Falle festsitzen – eine Welt, die Hochbegabten grausam mitspielen kann (Garfield, 1980).

Die vorhandenen Einrichtungen für Hochbegabte reichen nur für verschwindend wenige Personen aus und sprechen dabei häufig eher schnell denkende Normalbegabte als Hochbegabte an. Noch seltener sind Förderangebote für körperlich behinderte Hochbegabte, für Angehörige von Minderheiten und andere Benachteiligte.

Da unsere Gesellschaft noch nicht ausreichend über die Phänomenologie der Hochbegabung und deren Konsequenzen für Betroffene informiert ist, führt sie dieses Thema nicht auf ihrer Dringlichkeitsliste. So wird ein Klima begünstigt, in dem selektiv Talente gefördert, die emotionalen Bedürfnisse hochbegabter Kinder jedoch vernachlässigt werden. Der Marland Report (1972) des U.S. Department of Health, Education and Welfare formuliert dazu: «Hochbegabte und talentierte Kinder sind faktisch depriviert, und das kann zu psychischer Schädigung und zu bleibender Beeinträchtigung ihrer Funktionsfähigkeit führen...»

Im vorliegenden Buch werden die emotionalen Bedürfnisse hochbegabter Kinder in den Mittelpunkt gestellt. Dieser Fokus verändert die erzieherische Tradition: Emotionale Sicherheit und Beziehungsfähigkeit werden als die Voraussetzungen für ein befriedigendes Leben gesehen. Für das emotionale Wohlbefinden des Kindes ist es unerläßlich, dessen Familie als Ganzes mit einzubeziehen.

Der vorliegende Ratgeber bietet ein Weiterbildungskonzept zur Schulung der emotionalen Intelligenz von Eltern und Erziehern hochbegabter Kinder an. Wir möchten aufzeigen, wie die besonderen Fähigkeiten hochbegabter Kinder bei entsprechender Förderung individuell und gesellschaftlich bereichernd sein können.

1. Was ist Hochbegabung?

Was ist das, ein hochbegabtes Kind? Gibt es mehrere Arten von Hochbegabung? Ist hochbegabt dasselbe wie höchstbegabt? Haben alle hochbegabten Kinder in etwa dieselbe intellektuelle Befähigung? Welches sind die Kriterien, auf Grund derer Hochbegabung definiert wird, und welchcs sind die Unterscheidungsmerkmale? Denkt ein hochbegabtes Kind bloß schneller, oder ist sein Denkweg ein anderer? Gibt es Unterschiede im Fühlen hochbegabter Kinder im Vergleich mit normalbegabten Kindern? Ist talentiert sein dasselbe wie hochbegabt sein? Solche Fragen illustrieren, wie schwierig es ist, exakt zu definieren, was unter Hochbegabung zu verstehen ist. Der Marland Report (1972) unterscheidet sechs Hauptkategorien von hochbegabten und talentierten Kindern. Erfaßt waren Kinder mit demonstrierter Leistung und/oder Potential in einem der folgenden Bereiche:

- Allgemeine geistige Fähigkeit
- Spezifische Schuleignung
- Kreatives oder produktives Denken
- Führungsqualität
- Bildende oder darstellende Künste
- Psychomotorische Fähigkeit

Obwohl psychomotorische Fähigkeit (z.B. Leichtathletik) seitdem ausgeklammert wird, decken diese Kategorien einen breiten Hochbegabungsbereich ab, der den Rahmen eines einfachen Intelligenzbegriffs sprengt. In der Praxis jedoch betonen die meisten Programme die ersten zwei Kategorien und rücken dabei geistige Fähigkeit und Schuleignung der hb Kinder in den Brennpunkt (Fox, 1982).

Kinder mit spezifischen Talenten, zum Beispiel für bildende Kunst oder Musik, aber ohne ein hohes Intelligenzniveau, werden gewöhnlich vernachlässigt und kommen zu kurz. Wenn die Eltern es sich finanziell leisten können, sorgen sie privat für Förderung.

Wie viele Hochbegabte gibt es?

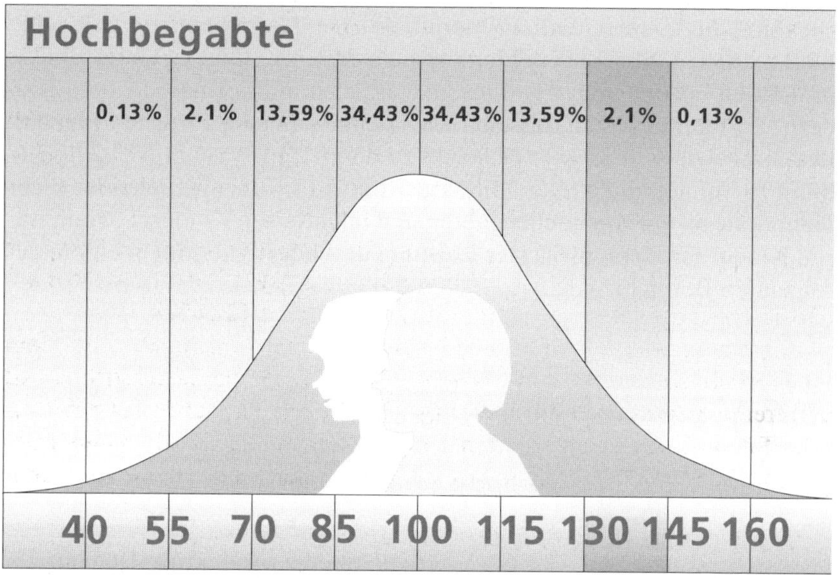

Abb.1 Normalverteilung der Intelligenzquotienten

Abbildung 1 zeigt die Verteilung von Punktwerten aus Intelligenztests. Der IQ ist nur eine von mehreren Möglichkeiten, ein hochbegabtes Kind zu identifizieren. Andere Maße sind: Schulleistung, kreative Verhaltensweisen, Beurteilung seitens Lehrer und Eltern. IQ-Werte machen nur eine einzige Aussage über das Gesamtpotential einer Person. Jemand kann in einem kreativen Sinne hochbegabt sein, ohne daß sein IQ über 130 hinausgeht. Zudem sind diese «IQ» genannten Meßwerte der geistigen Fähigkeit keine absoluten. Sie können von einer Testsitzung zur anderen um 5, 10 oder sogar 20 IQ-Punkte schwanken, und zwar auf Grund zahlreicher Faktoren. Einige dieser einflussreichen Faktoren sind: das Vertrauen zum Psychologen; die Ablenkung durch Geräusche außerhalb des Testraums;

das allgemeine Befinden des Kindes. Wenn ein Kind verkrampft oder hungrig ist oder Kopfschmerzen hat, fällt seine Leistung nicht so gut aus wie die eines Kindes, das entspannt ist und sich wohl fühlt.

Außerdem mischen sich in einem IQ-Wert mehrere verschiedene «Intelligenz» - Aspekte. Manche Kinder sind für Sprache und verbale Bereiche hochbegabt, andere für Musik oder bildende Künste. Manche sind höchstbegabt für visuelle oder räumliche Beziehungen auf Gebieten wie Architektur oder Technischer Entwurf. Für Sprachgebrauch können diese Kinder hochbegabt sein oder nicht.

Wie es scheint, hängen solche Variationen mit den Unterschieden zwischen der rechten und der linken Hirnhälfte («rechtes Gehirn» und «linkes Gehirn») zusammen, die Kane und Kane unlängst (1979) beschrieben haben.

Trotz ihrer Unvollkommenheit sind die derzeit angewandten Intelligenz- und Kreativitätstests nützliche und wichtige Instrumente zur Messung der geistigen Fähigkeiten eines Kindes: Sie ermöglichen diesbezügliche Vergleiche mit denen anderer Kinder desselben Alters.

Der Durchschnittswert ist ein IQ (Intelligenzquotient) von 100. Das schraffierte Feld ganz rechts in Abbildung 1 zeigt den Prozentsatz, der am häufigsten dazu dient, «hochbegabt» zu definieren (2,14%).

Allgemein wird ein IQ von 130 als Grenzwert betrachtet, bei dem Hochbegabung beginnt, doch mögen viele Fachleute und Schulsysteme mit anderen Ergebnissen, z. B. einem IQ von 125, nebst anderen Kreativitäts- oder Talent-Indikatoren arbeiten. Eine Person mit einem IQ von über 130 hat das Potential für Erfolg in fast jeder beruflichen oder sonstigen Tätigkeit.

Wie Abbildung 1 zeigt, gehen die meisten Intelligenztests nur bis zu einem Intelligenzwert-Höchstbereich von 145 – 160. Man kann Scores indes darüber hinaus extrapolieren. Intelligenz hat keine absolute Höchstgrenze; niemand weiß, wie hoch Intelligenz sein könnte. Bei manchen Leuten werden die IQ-Werte auf bis 180, ja sogar 200 geschätzt. Es gibt zwar mehrere normale Definitionen, doch gewöhnlich bezeichnet man Menschen mit einem IQ von über 160 als «höchstbegabt».

Abbildung 2 der nächsten Seite zeigt graphisch den Anteil von Personen, die als hochbegabt gelten, und in Zahlen, wie viele es unter den 226 Millionen Einwohnern der Vereinigten Staaten tatsächlich gibt.Ungefähr fünf Millionen Personen in den Vereinigten Staaten sind hochbegabt. Von ihnen sind weniger als eine Million «höchstbegabt». Noch mehr schrumpfen die Zahlen, wenn wir über einen IQ-Wert von 140 hinausgehen. Nur bei rund 7.200 Personen liegt der IQ über 160. Weniger als 120 Personen erreichen 180 oder mehr – extrem selten.

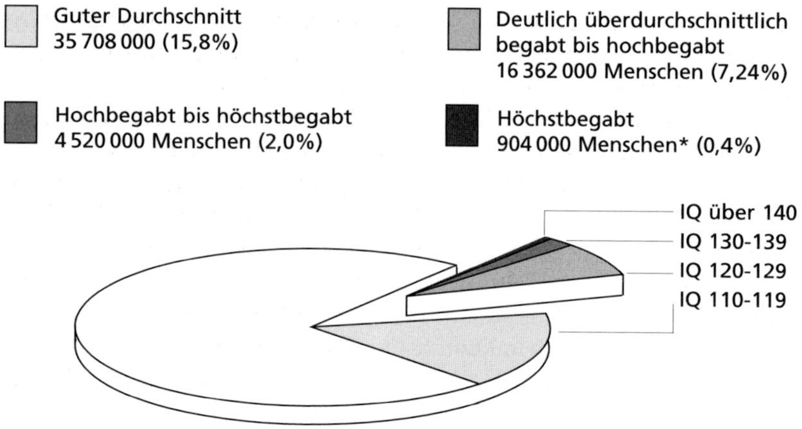

* Anteil der Höchstbegabten an der Gesamtbevölkerung (Zugrundegelegt ist eine US-Einwohnerzahl von 226 Mio)
1 Person von 260 Personen kann einen IQ von über 140 haben
1 Person von 2 330 Personen kann einen IQ von über 150 haben
1 Person von 31 560 Personen kann einen IQ von über 160 haben
1 Person von 652 600 Personen kann einen IQ von über 170 haben
1 Person von 2 000 000 Personen kann einen IQ von über 180 haben

Abb. 2: Wieviele Hochbegabte gibt es?

Hochbegabte Personen sind keine einheitliche Gruppe. Die untere Grenze des Hochbegabten-Bereichs bildet ein IQ von 130, die höchste Punktzahl beträgt annähernd 200. Das ergibt eine Bandbreite von 70 Punkten. Das heißt: Die Menschen an der Grenze zum Schwachsinn (IQ von 85) trennt von den Menschen an der Grenze zur Hochbegabung (IQ von 130) nur ein Intelligenzwerte-Bereich von 45 Punkten. Weiterhin ist zu bedenken, daß zwei Drittel aller Testpersonen IQ-Werte von 90-110 erzielen - hier beträgt die Differenz also nur 20 IQ-Punkte.

Man denke nicht, daß alle Hochbegabten gleich seien. Insbesondere zeigt sich bei «höchstbegabten» Personen (IQ über 140), wenn sie auch eine Minderheit sind, ein breiterer Begabungsbereich als bei den übrigen Hochbegabten (IQ von 130-140), die uns häufiger begegnen.

Identifikation hochbegabter Kinder

Das Identifizieren hb Kinder anhand der im Klassenzimmer gezeigten Fähigkeiten hat genau wie das Intelligenzmessen mittels Intelligenztests seine Grenzen. Untersuchungen haben gezeigt, daß Lehrer über die Hälfte der Kinder, die sich in Einzel-Intelligenztests als hochbegabt erwiesen, nicht als hochbegabt identifizieren können (Fox, 1981).

Das Kind muß sowohl willens als auch fähig sein, seine Hochbegabung auf die übliche, erwartete Art und Weise zu offenbaren. Anpassungsdruck kann insbesondere bei hochbegabten Mädchen dazu führen, daß sie ihr Licht unter den Scheffel stellen (underachievement). Die Stärken hochbegabter Kinder mit Teilleistungsschwächen und hochbegabter Schulversager werden häufig durch ihre Schwächen verdeckt. Dies können neben der Apathie, Gleichgültigkeit und Unwissenheit von Fachleuten und der zu einseitigen Definition von Hochbegabung durch Fachleute diejenigen Faktoren sein, die erklären, wieso in den Schulen Hochbegabung bei Kindern so selten erkannt wird.

Oft sind die Eltern die ersten, denen die Hochbegabung eines Kindes auffällt. Eltern sehen schon ziemlich früh im Leben eines Kindes, daß es «weiter» ist als andere Kinder seines Alters. Eine Mutter charakterisierte die Neugierde und das Denkvermögen ihrer dreijährigen Tochter mit den Worten: «Beim Einkaufen macht sie mich verrückt mit ihren Fragen und ihrer Energie!» Manchmal zeigt sich früh ein ungewöhnlicher Sinn für Humor. Obwohl die meist unregelmäßig auftretenden Entwicklungsschübe bei Kindern Vergleiche erschweren, gibt es Anhaltspunkte für typische Verhaltensweisen in der Entwicklung (Tannenbaum & Neuman, 1980).

Eltern sollten ihren natürlichen Stolz einkalkulieren sowie darauf achten, ob sie nicht dazu neigen, ihre eigenen Kinder unbedingt für hochbegabt halten zu wollen. Aber sie müssen auch Zutrauen zu ihren eigenen Beobachtungen und ihrem Urteil über die Fähigkeiten ihres Kindes haben.

1.1 Phänomenologie der Hochbegabung nach Dabrowski

Kasimierz Dabrowski lebte von 1902 bis 1980 und war ein polnischer Psychiater und Psychologe.

Warum ist Dabrowskis Theorie interessant für das Verständnis der Hochbegabung? Die meisten Beschreibungen von Hochbegabung und auch der vorangehende Abschnitt «Was ist Hochbegabung?» beziehen sich in erster Linie auf intellektuelle Spitzenleistungen, auf Talente zum Beispiel musikalischer oder künstlerischer Art oder auf schnell denkende Normalbegabte.

In seiner Theorie verdeutlicht Dabrowski, daß diese Leistungen und Talente nicht notwendigerweise eine Hochbegabung identifizieren, sondern *ein Bestandteil* von Hochbegabung sein können. Das bedeutet, daß bei ihrem Nicht-Vorhandensein nicht davon ausgegangen werden kann, daß keine Hochbegabung vorliegt.

Hochbegabung entsteht nach Dabrowski – wie bei anderen Theorien auch – im Zusammenspiel von Anlage- und Umweltfaktoren. Die «Anlage-Elemente», die Voraussetzung für die Entwicklung einer Hochbegabung sind die «overexcitabilities» (freie Übersetzung: hohe Sensibilität der Sinne), sie erweitern jedoch die allgemeine Intelligenz-Talent-Diskussion um emotionale, soziale und moralische Inhalte. Dabei gewinnt der Prozess der emotionalen Entwicklung des Menschen in seiner Gesamtpersönlichkeit an Bedeutung. In diesem Prozess sind Krisen und Verunsicherungen durch das Infragestellen von Traditionen und Werten wichtige, notwendige und förderliche Entwicklungsvoraussetzungen.

Diese Krisen sind typisch für hochbegabte Kinder und werden oft in einem Alter beobachtet, wo andere Kinder sich zum Beispiel noch keine Gedanken über den Sinn des Lebens machen. Die unwissende Erziehung versucht entweder, Kinder in Krisen an Normen anzupassen, oder sie stempelt sie als böswillig und krankhaft ab. Beide Versuche führen zu einer Steigerung der Krise statt zu einer Integration der Persönlichkeit auf einer nächsthöheren Entwicklungsstufe.

Und darin liegt der Unterschied zwischen Integration und Anpassung an die Norm, gegen die sich hb Kinder oft verzweifelt wehren müssen, da diese Anpassung an die Norm zum Verlust ihrer Identität führt.

… Theorie der positiven Desintegration

Das Aufgeben und den Zusammenbruch bereits bestehender psychologischer Strukturen als Voraussetzung für eine Weiterentwicklung bezeichnet Dabrowski als Desintegration. Dieser Zusammenbruch ist von inneren Spannungen, Desillusionierung und Enttäuschungen begleitet.

Verläuft dieser Prozeß in dem Sinne positiv, daß das Aufgeben alter Denkweisen und Verhaltensmuster zum Gewinn größerer Integrität und größeren Altruismusses für den Menschen führt, spricht Dabrowski von positiver Desintegration. Negative Desintegration hingegen enthält keine moralische oder ethische Komponente und bringt damit den Menschen in seiner emotionalen Entwicklung nicht weiter.

Möchte man die emotionale Entwicklung eines Kindes zur Identifikation einer Hochbegabung heranziehen, dann sind nach Dabrowski folgende Aspekte zentral: Moral, Ethik, Ästhetik und Spiritualität. Er geht davon aus, daß hb Menschen mit einem gut entwickelten Wertesystem auf eine Verletzung dieser Werte emotional intensiver reagieren, was besondere Anforderungen an die Erziehung hochbegabter Kinder und damit an das Können der Eltern stellt.

Diese Intensität hochbegabter Individuen erklärt Dabrowski mit den «overexcitabilities», die eine erweiterte Wahrnehmung und Reaktion auf Reize verschiedenster Art darstellen. Nach Dabrowski treten diese overexcitabilities (OE) oder diese hohe Sensibilität der Sinne in der frühen Kindheit auf und werden daher als angeboren betrachtet.

Dabrowski unterscheidet fünf Arten von OE´s: psychomotorische, sensorische, intellektuelle, imaginäre und emotionale OE.

- *«Psychomotorische OE»* äußert sich z.B. früh in einem reduzierten Schlafbedürfnis, in schnellem Sprechen, in einer Vorliebe für schnelle Sportarten und in Handlungsdruck. Weitere Anzeichen sind eine deutliche Begeisterungsfähigkeit, Schauspielen, zwanghaftes Reden und Plaudern, impulsive Handlungen, nervöse Angewohnheiten, Arbeitssucht oder zwanghaftes Organisieren und Konkurrieren. Psychomotorische OE ist nicht zu verwechseln mit Hyperaktivität, da diese Kinder bei Interesse zu fokussierter Aufmerksamkeit und Konzentration fähig sind.

- *«Sensorische OE»* kann sich in der Unverträglichkeit bestimmter Textilien und Nahrungsmittel, Gerüche oder Geräusche ausdrücken. Kinder mit sensorischer OE sind genußfähig und zeigen häufig eine ausgeprägte Wertschätzung für schöne Objekte, Schreibstile oder Wörter. Auf der anderen Seite kann sich sensorische OE als Ausdruck von emotionalen Spannungen in Überessen, einem zügellosen Sexualleben, in Großeinkäufen oder dem starken Bedürfnis danach, im Mittelpunkt zu stehen, äußern.

- *«Intellektuelle OE»* äußert sich z. B. schon im Alter von einem bis drei Jahren darin, daß das Kind untersuchende und testende Fragen stellt sowie in langen Phasen von Konzentration und Ausdauer in der Beschäftigung mit neuen Inhalten. Intellektuelle Sensibilität zeigt sich ab dem vierten bis fünften Lebensjahr in leidenschaftlichem Lesen, in detailliertem Planen und vorausschauendem, gedanklichem Verarbeiten von Handlungen oder Ereignissen. Häufig beobachtet man die

Fähigkeit zu ausgedehnten intellektuellen Anstrengungen wie zum Beispiel das Denken über das Denken, die Fähigkeit zur Introspektion, moralisches Denken und die Entwicklung eigener Wertehierarchien. Diese Eigenschaften sind nicht mit denen schnell denkender Normalbegabter zu verwechseln, die als gute Schüler im Klassenverband integriert sind und bis zur Pubertät einen Entwicklungsvorsprung haben, der sich oft nach der Pubertät zur Norm hin ausgleicht. Intellektuelle OE schließt moralische und intuitive Aspekte mit ein und geht somit über das Konstrukt «intellektuelle Intelligenz» hinaus.

- *«Imaginäre OE»* ist eng verbunden mit Kreativität. Kinder mit imaginärer OE erfinden oft Begleitpersonen oder -objekte als Gesellschaft für sich – oder auch als Freundesersatz – und weisen einen ausgeprägten Sinn für Humor auf, der oft ans Bizarre grenzt. Sie träumen komplex und in Farbe und sind anfällig für Alpträume. Manchmal haben sie Schwierigkeiten, sich konkret auszudrücken, da ihr Denken in Bildern abläuft und sie deswegen auf Metaphern zurückgreifen. Die ausgeprägte Vorstellungskraft dieser Kinder führt weiterhin zu Angst vor Unbekanntem, da vieles vorstellbar, aber emotional noch nicht verarbeitbar ist.

  Die Phantasie dieser Kinder ist sehr lebendig, was unter anderem an der Fähigkeit zu detaillierter Visualisierung und an dem poetischen und dramatischen Ausdrucksvermögen zu beobachten ist. Animistisches und magisches Denken, wie zum Beispiel das Beleben von Objekten oder die Vermischung von Realität, Fiktion und Illusion, sind häufige Anzeichen imaginärer OE und nicht zwingender Hinweis auf ein krankhaftes Geschehen.

- *«Emotionale OE»* ist wahrscheinlich die wichtigste der fünf genannten OE´s. Sie drückt sich in der Fähigkeit zu Intensität, Sensibilität und Empathie aus, in der Zuneigung und emotionalen Bindung zu anderen und auch zu Tieren. Oft erleben sich Kinder mit emotionaler OE, als wäre etwas mit ihnen nicht in Ordnung, da sie von Inhalten betroffen sind, an denen andere sich nicht stören. Es hilft ihnen nicht, sie als zu sensibel zu bezeichnen, sondern sie brauchen Hilfe, um ihre Emotionen schätzen und nutzen zu lernen.

  Extrem intensive positive und negative Gefühle sind z.B. Angst, Wut, Sorgen und Schuldgefühle, depressive und suizidale Stimmungen, Begeisterung, Glück, Langeweile, Gefühle von Ungenügen und Unterlegenheit oder Einsamkeit. Typisch für die Gefühlstiefe sind Äußerungen über den Tod, Anpassungsschwierigkeiten in neuen Umgebungen, das

Gefühl des Unverstandenseins und Konflikte mit anderen über die Tiefe einer Beziehung. Kinder mit emotionaler OE identifizieren sich oft mit den Gefühlen anderer. Sie können sich mit anderen mitfreuen oder mit ihnen mitleiden. Emotionale Anspannungen bei hoher Sensibilität in diesem Bereich drücken sich in intensiven Hemmungen und Schamgefühlen aus, körperlich auch in einem nervösen Reizmagen, in Herzschlagveränderungen oder Erröten.

Die fünf oben beschriebenen Formen der hohen Sensibilität verbinden sich im Laufe des Lebens zu einem individuellen Persönlichkeitskonzept, das sich im Idealfall fortschreitend bis zur höchsten Stufe eines ethisch-moralisch integrierten Selbst weiterentwickelt.

Die Stärke und Zusammensetzung der OE´s, kombiniert mit Talenten und besonderen Fähigkeiten, sagt theoretisch das Entwicklungspotential eines Individuums voraus. Verschiedene Kombinationen von OE´s führen zu verschiedenen Arten von Hochbegabung. Gemeinsam ist ihnen jedoch, daß sie bewirken, daß das Individuum Reize und Informationen vermehrt aufnimmt, die verarbeitet und kanalisiert werden müssen. In der Entscheidung, auf welche Reize aus verschiedenen OE´s das Kind reagieren soll, lernt es täglich, Prioritäten zu setzen.

Dies ist nach Dabrowski eine der Voraussetzungen für die Entwicklung eines hierarchisch aufgebauten, inneren Wertesystems. Für den geschulten Beobachter ist das Streben nach Autonomie, Perfektion und Selbstbestimmung schon beim Kleinkind beobachtbar. Tragischerweise wird dieses Streben jedoch meistens als unerwünschtes Verhalten abgelehnt.

Beispielhaft sind: autodidaktisches Lernen, ein starker Wille, sich gleich wert fühlen und gleiche Rechte zu fordern wie die Erwachsenen, «ungehorsam sein» im Sinne von selber machen wollen, Verweigerung des blinden Gehorsams, Gerechtigkeitssinn für andere, Sorgen für sich selbst (häufig als Egoismus im negativen Sinne mißverstanden), Freude an Auseinandersetzung oder eine hohe Risikobereitschaft.

All dies sind Schritte auf dem Wege zur Entwicklung einer reifen Persönlichkeit, und Förderung muß genau dort und so früh wie möglich einsetzen. Die tragischen Konsequenzen von Ablehnung und Unverständnis dieser Eigenschaften können sich in delinquentem Verhalten, psychischem Leid oder Rückzug und Einsamkeit äußern.

Das Erreichen höherer Entwicklungsstufen kann sich auf viele verschiedene Arten ausdrücken und ist unabhängig von Berühmtheit, hohem Einkommen oder Status. Es ist wichtig, dabei als Ausdruck von Hochbegabung emotionale, spirituelle, moralische oder versorgende Aspekte wie zum Beispiel Elternschaft und Erziehung wahrzunehmen. So soll auch an dieser Stelle nochmals auf die Wichtigkeit von emotionaler Unterstützung und Erziehung hingewiesen werden, da mit Hochbegabung die Wahrscheinlichkeit emotionaler Intensität und damit Verletzbarkeit wächst.

1.2 Hochbegabung: Fluch und Segen

Warum schöpfen manche hochbegabte Menschen ihr großes Potential nicht aus? Warum nehmen sich manche das Leben? Woran könnte ein intellektuell hochbegabter Mensch denn so sehr verzweifeln? Wie können große geistige Fähigkeiten für ein Kind oder eine Familie Probleme aufwerfen?

Hochbegabung mag vielen als eine Art besonderes Privileg erscheinen. Das hochbegabte Individuum erlebt sie jedoch häufig als deutlichen Nachteil. Es ist schmerzhaft, in einer Gesellschaft anders zu sein, die Abweichung vom Normalen angreift. Auch kann Leid intrapsychisch – durch eine fein abgestimmte psychologische Struktur, die alle Lebensaspekte intensiver erfährt – verursacht werden.

Hochbegabung kann auch als verstärkt asynchrone Entwicklung im kognitiven, emotionalen und körperlichen Bereich beschrieben werden. Sie kann in diesen Bereichen zu enormen Spannungen führen, wenn zum Beispiel ein fünfjähriges Kind ein Pferd durch die Augen eines achtjährigen Kindes wahrnimmt, dann aber diese Wahrnehmung nicht psychomotorisch in einer Zeichnung umsetzen kann. Diese Diskrepanz frustriert das Kind sehr, und da es ihm fortgesetzt mißlingt, zu produzieren, was es sich vorstellt, gibt es die Sache vielleicht ganz auf.

Ebenso können durch den Vergleich mit Gleichaltrigen Schwierigkeiten entstehen, da sich das Kind als anders oder unpassend erlebt und andere Bedürfnisse als die meisten Kinder seines Alters hat.

Vor allem führt die fehlerhafte Gleichsetzung von Begabung mit Leistung zu Problemen. Wie schon das Wort «überdurchschnittlich» sagt, ist der Durchschnitt die Meßlatte für normale Leistungen. Begabter als die Norm soll demnach sein, wer zu genormten Konditionen größere Erfolge erzielt. Das trifft aber in erster Linie auf schnell denkende Normalbegabte zu, die sowohl im Ergebnis als auch im Verfahren mit den Mehrheitsbedingungen konform gehen. Hochbegabung ist im Gegensatz dazu aber gerade die Abweichung von der Norm. In der Fähigkeit, ganz andere Dinge auf ganz anderen Wegen zu erreichen und Sachverhalte zu begreifen, die für andere unverstehbar sind, liegt die Stärke Hochbegabter.

Durchschnittliche Ziele mögen Hochbegabten nicht nur langweilig vorkommen – wo alternative Lösungswege nicht gefragt sind, sind sie für Hochbegabte bisweilen sogar schwieriger zu erreichen.

An Institutionen, die für die Mehrheit geschaffen wurden, sind Hochbegabte nicht zwangsläufig erfolgreicher. Zum Beispiel schließen viele Hochbegabte nicht trotz, sondern wegen ihrer Begabung ihre Schulausbildung nicht ab, denn unkonventionelle, im Lehrplan nicht vorgesehene Arbeitsmethoden eines Schülers erleichtern dem Lehrkörper an einer allgemeinbildenden Schule seine Aufgabe nicht. Viel eher hat ein nicht dafür ausgebildeter Lehrer das Gefühl, daß fordernde Kreativität seine Autorität in Frage stellt. Er lobt und fördert hochbegabte Schüler nicht, sondern er maßregelt sie, weil ihre Beteiligung für den Rest der Klasse unnütz ist und den Fluß des allgemeinbezogenen Unterrichts behindert. In logischer Konsequenz dieser Tragik liegt der IQ der in der Schule besonders Erfolgreichen oft im Mittelfeld um 100, denn niemand entspricht den Anforderungen besser.

Mythen

Es gibt viele elementare Mythen über hochbegabte Kinder. In den frühen Jahren des 19. Jahrhunderts war das Sprichwort «Früh gereift – früh dahin» weit verbreitet. Auf Hochbegabte übertragen bedeutete dies, daß das aufgeweckte Kind als Heranwachsender mit einem Mal dumm werde. Diese einfältige Verallgemeinerung wurde durch neuere Mißverständnisse abgelöst (s. Box 1).

Leider scheinen sich viele Eltern, Erzieher und führende Persönlichkeiten in unserer Gesellschaft nicht darüber bewußt zu sein, daß ihr Verhalten von diesen falschen Voraussetzungen beeinflußt ist. Zu oft schon hat sich die Gleichgültigkeit von Schulverwaltungen verhängnisvoll ausgewirkt. Man hört Bemerkungen wie: «Damit haben wir hier in unserem Kreis keine Probleme. Diese Kinder lassen sich schon nicht die Butter vom Brot nehmen» – «Sie brauchen bloß ein bißchen zusätzliche Arbeit, die sie fordert» – «Wenn ich hätte, was die haben, wäre ich reich, berühmt oder beides» – «Warum sollten wir ausgerechnet diesen Glückskindern eine Extrawurst braten?»

Auch wenn die meisten Menschen vom Gegenteil überzeugt sind – ein Hochbegabter ist nicht unbedingt fähig, seinen Weg allein zu machen. Trotz außergewöhnlicher Fähigkeiten können die meisten hochbegabten Schüler und Studenten ohne Unterstützung nichts Überragendes leisten. Die Hochbegabten brauchen Unterstützung im intellektuellen Bereich, aber

Box 1: Mythen zum Thema «hochbegabte Kinder»

In der Öffentlichkeit häufig begegnende Mythen:

- Das sind doch die reinsten Sonntagskinder, für die läuft alles.
- Sie schaffen es ohne Hilfe.
- Ihre besonderen Fähigkeiten werden in ihren Familien immer sehr geschätzt.
- Man sollte sie in erster Linie ihrer Intelligenz wegen schätzen.
- Sie sind emotional gefestigter und reifer.
- Die haben wirklich was gratis gekriegt.
- Sie wollen von Natur aus Einzelgänger sein.

Unter Eltern und Erziehern verbreitete Mythen:

- Solange es ihnen keiner sagt, wissen sie gar nicht, daß sie anders sind.
- Sie werden ihre Hochbegabung zeigen.
- Der größte Wert ist auf ihre Hochbegabung zu legen, sie ist das wichtigste.
- Sie brauchen die ständige Herausforderung durch andere, um Leistung zu bringen.
- Man muß strenger mit ihnen sein als mit anderen Kindern.
- Sie sollten zusätzliche Verantwortung für andere übernehmen.
- Sie genießen es, wenn andere Kinder sich an ihnen «ein Beispiel» nehmen.

sie brauchen Unterstützung auch in gefühlsmäßiger Hinsicht. Sie wollen verstanden und akzeptiert werden; sie möchten, daß man ihnen hilft und sie ermutigt.

Selbst in Berichten der berühmten Längsschnittstudie von Terman (Coleman, 1980) werden solche, die weniger leisten als sie könnten, oft übersehen. Nacherhebungen haben aufgedeckt, daß ungefähr zwanzig Prozent dieser Kinder eindeutig emotionale Probleme hatten. Ihre Minderleistung und ihre emotionalen Schwierigkeiten traten auf, obgleich Termans Identifikations- und Stichprobenauswahl-Verfahren geeignet waren, Kinder auszuschließen, bei denen die Wahrscheinlichkeit für personale oder emotionale Fehlanpassungen bestand (Terman, 1925). Die meisten Kinder in der Terman-Studie wurden von ihren Lehrern nominiert und dann aufgefordert, bei in der Gruppe dargebotenen Tests hohe Punktzahlen zu erreichen – Prozeduren, die tendenziell Kinder begünstigen würden, die willig und fähig sind, ihre Hochbegabung unter Beweis zu stellen. Hochbegabte Kinder, die bereits gefühlsgestört oder für das Arbeiten im Klassenzimmer nicht motiviert waren oder ihr psychisches Leistungsvermögen auf ungewöhnliche Weise zum Ausdruck zu bringen pflegten, hat dieses Verfahren wahrscheinlich eher ausgegrenzt.

1.3 Was schätzt unsere Gesellschaft wirklich?

Schätzt unsere Gesellschaft Hochbegabung wirklich? Vielleicht in einigen bestimmten, eng umschriebenen Situationen, wo Hochbegabung «am rechten Platz» ist. Die amerikanische und europäische Kultur neigen zur Verstärkung und Unterstützung von Mittelmäßigkeit und Konformismus. Schüler werden vor allem auf das passive Aufnehmen und konforme Wiedergeben von Ideen trainiert.

Unsere Gesellschaft legte bis vor kurzem keinen großen Wert auf bildungskritische Anregungen, auf geistigen Pluralismus und sozial-ethische Kreativität in den Bildungseinrichtungen. Wohl mögen wir unaufhörlich dazu angehalten werden, unsere Körper, unsere musischen und sozialen Fertigkeiten zu entwickeln, aber die Entfaltung unseres geistig-seelischen Potentials schien gesellschaftlich weniger erwünscht zu sein. Mit dem in letzter Zeit modern werdenden Begriff der «Emotionalen Intelligenz» (EQ) deutet sich eine Erweiterung des Bewußtseins auf breiterer Ebene an. Das Wissen um die Unteilbarkeit des Menschen zwingt uns heute, in der Konzeption eines modernen und auf die persönlichen und gesellschaftlichen Realitäten des nächsten Jahrhunderts zugeschnittenen Bildungs- und Erziehungsgeschehens, auch die emotionale Entwicklung des Kindes als Grundlage für humanistischen und sozialen Wohlstand miteinzubeziehen.

Es sagt schon etwas aus über den Stand der amerikanischen Kultur, daß bis 1979 in den Vereinigten Staaten weniger als dreißig Universitäten Hochschulprogramme speziell auf dem Gebiet der Hochbegabtenerziehung anzubieten hatten und daß Schuldistrikte nur ein gutes Drittel ihrer Hochbegabten-Bevölkerung mit Schulungsprogrammen bedienten (Lyons, 1981). Landesweit bot sich das Bild, daß nur jede sechste Lehrkraft für Hochbegabtenklassen und -kurse ein formales Training für diese spezielle Arbeit erhalten hatte (Lyons, 1981). In Europa sieht es bis heute trotz der Sensibilisierung der Öffentlichkeit für dieses Thema durch die Tagespresse kaum besser aus.

Überall, wo Schulprogramme für Hochbegabte existieren, steht jedoch immer noch allzu oft nur das beschleunigte Wiederholen von Fakten im Mittelpunkt. Manche progressiven Programme betonen Prinzipien, Konzepte und kritisches Denken. Vielleicht mögen D-Zug-Klassen hilfreich für schnell denkende, normalbegabte Kinder sein, jedoch fallen die Hochbegabten mit ihrer anderen Art des Denkens und Fühlens auch da aus dem Raster und scheitern wieder an den schulischen Leistungsanforderungen. Selten wünschen individuelle Eltern- und Lehrerpersönlichkeiten Wißbegierde und divergentes Denken im Unterricht. Im allgemeinen wird in Klassenzimmern noch immer vor allem Wert auf Konformität gelegt. Verständnis des Selbst, die Fähigkeit, auf ersprießliche Weise zu anderen in Beziehung zu treten, Sensibilität für Gefühle, für ein positives Selbstkonzept und für ein individuelles Eingehen auf die Besonderheiten im Fühlen und Denken aller Kinder in der Schule (innere Differenzierung) - all dem wird nur wenig Gewicht beigemessen. Eine fundamentale Veränderung in der Erziehung und im Unterrichten aller Kinder wird dann Wirklichkeit werden können, wenn in der Ausbildung von Eltern, Lehrern und Pädagogen das pädagogisch-didaktische um das psychologische Bilden und Lehren erweitert wird.

Niemandem nützt ein umfassendes Theorie- und Faktenwissen, wenn er emotional oder sozial einfach nicht zurechtkommt oder sein Leben als eine große persönliche Misere erfährt. Es lohnt sich, für die Zukunft unserer Kinder zu lernen, wie alle Menschen und im besonderen Hochbegabte emotionale Erfüllung für sich selbst, aber auch in der und durch die Gesellschaft finden können.

2. Häufige Probleme und Schwierigkeiten Hochbegabter

Hochbegabte Kinder kennzeichnet eine unkonventionelle Weltsicht, nämlich das divergente (abweichende) Denken, meist verbunden mit großer Intensität des Fühlens, Verhaltens und der Anschauungen.

Was hochbegabten Kindern an Gedanken und Erfahrungen im Kopf herumgeht, ist für sie charakteristischerweise viel wichtiger und interessanter als das, was um sie herum vorgeht. Vielleicht kann dies zum Teil erklären, warum so viele hochbegabte Kinder im vorschulischen Alter imaginäre Spielkameraden haben. Als «Hochbegabte» aufgewachsen, erwarten diese Kinder, daß die Welt für andere auch so aussieht wie für sie selbst, und daß andere Kinder genauso intensiv interessiert sind wie sie. Meist wundern sie sich sehr, wenn sie merken, daß andere ihre Perspektiven, ihre Neugierde und ihre Intensität nicht teilen, und daß sie von anderen anders gesehen werden, als sie sich selbst sehen.

Hochbegabte Kinder sehen die Dinge nicht nur anders, sie versuchen auch, sie anders zu bewältigen, und tun das mitunter selbst bei ganz gewöhnlichen Aufgaben oder Aktivitäten.

Die Kinder können viele Möglichkeiten sehen, aber da ihre Erfahrung begrenzt ist, machen sie sich manchmal falsche Vorstellungen davon, wohin sie führen. So verlegen sie sich in der Regel auf ausgiebiges Experimentieren, mit oftmals interessanten oder sogar verheerenden Ergebnissen. Die Neugierde und das Experimentieren des hochbegabten Kindes können Familienmitgliedern arg auf die Nerven gehen, aber noch größere Spannungen entstehen für sie bisweilen obendrein wegen der Energie und des Enthusiasmus, die es dabei an den Tag legt. Hb Kinder zeigen typischerweise ein ausnehmend hohes Energieniveau und brauchen vielleicht weniger Schlaf als die restliche Familie. Es ist nicht ungewöhnlich, daß Eltern darauf achten, daß das Kind regelmäßig sein Schläfchen hält – damit sie selbst mal ein bißchen Ruhe haben.

Weil ihr Aktivitätsniveau so hoch ist, werden hochbegabte Kinder manchmal von Eltern oder Kinderärzten irrtümlich für hyperaktiv gehalten und vielleicht sogar medikamentös behandelt. Dieser Irrtum läßt sich indessen durch ein genaues Beobachten der Aktivität des hochbegabten Kindes vermeiden. Während das echt hyperaktive Kind eine sehr kleine

Aufmerksamkeitsspanne hat, kann sich das hb Kind über lange Zeitstrecken auf eine einzige Aufgabe konzentrieren. Und wo die Aktivität des hyperaktiven Kindes sowohl konstant als auch ungerichtet ist, gilt die Aktivität des hochbegabten Kindes gewöhnlich ganz bestimmten Zielen.

Das übliche schulische Milieu wird langweilig, besonders, wenn das Kind nicht richtig plaziert ist, oder wenn das System ihm das für seine Altersstufe vorgegebene Durchschnittsmaß aufzwingen will. Manche Experten vermuten, daß hochbegabte Kinder in der Grundschule ein Viertel bis die Hälfte ihrer Zeit im Klassenzimmer «übrig haben». Höchstbegabte Kinder mögen drei Viertel der Zeit im Klassenzimmer geistig ungefordert herumsitzen und werden oft mit irgendwelchen Fleißarbeiten beschäftigt oder völlig sich selbst überlassen. Mit ihren Klassenkameraden verglichen, koppeln sich die Kinder im Laufe ihrer Schulzeit immer mehr von der Arbeit auf dem jeweiligen durchschnittlichen Klassenniveau ab, wenn ihr Bildungsprogramm es erlaubt (Marland, 1972).

Was sie mit ihrer überschüssigen Zeit anfangen, das ist von Kind zu Kind oder von Tag zu Tag verschieden. Kinder, die nicht zum Störfaktor werden wollen, werden vielleicht in kreativer Weise unaufmerksam und entwickeln allerlei Methoden, um sich die Zeit zu vertreiben. Ein sechsjähriger Junge erklärte zu seinem offensichtlichen Tagträumen über seinem Buch mit Übungsaufgaben: «Ich spiele im Geiste.» Als er acht Jahre alt geworden war, hatte er gelernt, seiner Lehrerin gegenüber Aufmerksamkeit zu markieren, während er heimlich die Zahl der Silben, die sie sprach, aus dem Dezimal- ins Dualsystem übersetzte. Andere Kinder berichten, daß sie mit der Zunge ihre Zähne zählen oder sich selber das Rückwärtsschreiben beibringen.

Die Tragik des hochbegabten Kindes ist, daß seine Stärken wie die unkonventionelle Weltsicht, das divergente Denken, ein interessantes Innenleben und der Spaß daran unbeantwortet bleiben oder abgelehnt werden. Daraus entstehen tiefe Einsamkeit, Selbstwertzweifel, innere Leere und Langeweile.

2.1 Freunde finden: Gleich alt heißt nicht gleich befähigt

Während Erwachsene hochbegabte Kinder häufig nicht als hochbegabt identifizieren, erkennen sich diese Kindet selber einander schon früh im Leben. Sie haben Spaß miteinander, und das wirkt gegenseitig anziehend.

Wenn das junge hochbegabte Kind keine anderen hochbegabten Kinder findet, wird ihm bewußt, daß es anders fühlt und anders handelt als andere. Schon im Vorschulalter empfindet es sich dann womöglich als ausgegrenzt. Unglücklicherweise versteht das Kind nicht, wieso es anders ist, und bekommt vielleicht das Gefühl, daß mit ihm etwas nicht stimmt.

Gleichaltrigenbeziehungen sind oft problematisch. Manchmal bewegen sich diese Kinder schon im Alter von drei oder vier Jahren nicht mehr im Gleichschritt mit ihren Freunden. In seinen Interessen, seiner intellektuellen Reife und seinen Spielaktivitäten ist das hochbegabte Kind in vieler Hinsicht weiterentwickelt als andere Kinder seines Alters.

Die intellektuelle Differenziertheit und das Voraussein im Verhalten erstrecken sich aber nicht gleichmäßig auf alle Aktivitäten und Interessen. Es könnte zum Beispiel sein, daß seine manuelle Geschicklichkeit hinter seinem Wissensniveau und seinem Interessenspektrum im Rückstand ist (asynchrone Entwicklung). Folglich braucht das hochbegabte Kind oft Gleichaltrige verschiedener Art oder Gleichbefähigte als Gefährten ... manche für Sport und Spiel, andere für den intellektuellen Bereich, wieder andere für emotionale Freundschaften.

Mitunter sind hochbegabte Kinder auf einen ihrer Interessenschwerpunkte derart fixiert, daß sie sich fast bis zum Fanatismus darin verbeißen. Sie können dann nicht recht begreifen, warum andere nicht in demselben Maße wie sie von Dinosauriern oder Violinen oder Quarks fasziniert sind. Oft, zumal früh im Leben, wechseln hb Kinder ihre Interessenschwerpunkte sprunghaft und gelten deswegen bei anderen womöglich als «durcheinander» oder «zerfahren». Aber selbst das Kind mit breit gefächerten und unterschiedlich akzentuierten Interessen widmet sich intensiv dem Thema, das bei ihm momentan Vorrang hat.

Die Bereitschaft eines Kindes, seine Interessen zu kultivieren, scheint zum Teil mit seiner angeborenen Gemütsart und zum Teil damit zusammenzuhängen, welchen Stellenwert Neugierde daheim und in der Schule hat. Wenn Neugierde oder darin sogar eine gewisse Zersplitterung akzeptabel sind, wird das Interessenspektrum des hochbegabten Kindes wahrscheinlich ein breites sein. Später kommt es dann durch gezielte Unterstützung allmählich zur Zusammenfassung in einem Brennpunkt.

Bietet die Umwelt aber keine Unterstützung, ist es wahrscheinlicher, daß sich das Kind immer mehr auf begrenzte, vielleicht sogar ausgefallene Interessengebiete verlegt. Das ist für das Kind ein Weg, sich zurückzuziehen und sich seine Identität zu erhalten. Bei den meisten hochbegabten Kindern zeigt sich eine erstaunlich früh entwickelte Sprachbeherrschung. Ihr großer Wortschatz, mit dem sie ihre Gleichaltrigen rasch überflügeln, kann viele Kommunikationsprobleme heraufbeschwören. Sie werden sich daher wahrscheinlich mehr an Erwachsene und ältere Kinder anschließen, die nicht nur ihre Interessen, sondern auch ihren Wortschatz teilen. Diese Beziehungen können für das Kind befriedigend sein und die Eltern mit Stolz erfüllen. Aber altersgemischte Beziehungen separieren das begabte Kind von Klassenkameraden seines Alters; sie können die Zahl seiner Freundschaften verringern und den Eindruck erwecken, es versuche, «zu erwachsen» zu wirken. Andere Probleme können auftauchen, wenn sich das soziale Urteilsvermögen und die soziale Reife des hochbegabten Kindes nicht im selben Tempo entwickeln wie seine Neugierde oder sein Faktenwissen.

Viele Erwachsene vergessen, daß beim hochbegabten Kind die geistige Entwicklung und die emotionale Reife selten miteinander Schritt halten. Sie erwarten vom hochbegabten Kind Verhalten, dessen Reife seiner Intelligenz entspricht, aber keines, das seinem Alter gemäß ist, und wenn es sich altersgerecht verhält, sind sie oft fassungslos. Wahrscheinlich wird das hochbegabte Kind ein verwirrend mannigfaltiges Muster zeigen. Manchmal wird es ziemlich reif erscheinen, manchmal ziemlich kindisch. Am Morgen möchte es sich eine anspruchsvolle, technisch-wissenschaftliche Fernsehsendung wie «Genetik: Transformation durch Klonen» anschauen, und noch am selben Abend will es den Horrorfilm «Screaming Eyeball» gucken oder mit Puppen spielen. Ein Junge diskutiert vielleicht vernünftig über die Möglichkeit eines nuklearen Weltkrieges und zankt sich gleich danach mit seinem Bruder darum, wer auf der Fahrt zum Einkaufen im Auto vorne sitzen darf.

2.2 Reaktionen anderer auf Hochbegabung

Kürzlich sagte eine Mutter zu Beginn ihres Gesprächs mit uns: «Mein Sohn ist mit Hochbegabung geschlagen.» Vielleicht verstehen Sie jetzt schon,warum Eltern, Geschwister und andere manchmal wünschen, ein Kind wäre nicht hochbegabt. Die weniger begabten Geschwister mag es ärgern, daß andere der hochbegabten Schwester so viel Aufmerksamkeit schenken und daß sie so im Mittelpunkt steht.

Wenn es in einer Familie ein als hochbegabt identifiziertes Kind gibt, reagieren andere Geschwister in der Familie oft so, als sei Hochbegabung ein «Entweder/Oder». Daraus resultieren Eifersucht, Ressentiment und Versuche, ihm Dämpfer aufzusetzen, was dann oft schlimme Folgen hat. So empfängt das hochbegabte Kind häufig eine doppelte Botschaft von seinen Geschwistern und Eltern. Es liegt auf der Hand, daß es aufgrund seiner Fähigkeiten anders ist. Einerseits scheinen Familien und Lehrkräfte dieses Anderssein zu würdigen, zu schätzen und zu belohnen. Andererseits spotten dieselben Menschen manchmal über dieses Anderssein, versuchen vielleicht, das Kind in eine normale Form zu pressen, oder sagen ihm immer wieder, daß es nicht «besser» sei als irgendein anderer und sich auf sein Anderssein ja nichts einbilden solle.

Diese komplexe Lebenssituation hat manche (z. B. Hollingworth, 1975) auf den Gedanken gebracht, es gebe eine «optimale Intelligenz». Eine Person mit einem IQ zwischen 125 und 145 ist so gescheit, daß sie Aufgaben mühelos lösen kann, aber nicht so gescheit, daß sie sich vom Hauptstrom der Gesellschaft merklich unterscheidet, das heißt, sie kann sich als ihrer Umwelt zugehörig empfinden. Die meisten Schrittmacher in unserer Kultur kommen wahrscheinlich aus diesem Bereich der «optimalen Intelligenz». Nach diesem Konzept sind Menschen oberhalb des besagten Bereichs oft zu weit entrückt und werden deshalb von den meisten Menschen nicht akzeptiert.

Hochbegabte Kinder mögen von unserer Gesellschaft allgemein vernachlässigt werden, aber als Individuen ignoriert man sie selten. Ihr Eifer, ihre Intensität und die plötzlichen Umschwünge in ihrem Verhalten lösen bei anderen starke Affektreaktionen aus mit dem Tenor, man müsse das hochbegabte Kind in die Schranken weisen oder ihm einen Dämpfer aufsetzen. Allzu oft werden Begriffe wie die in Box 2 genannten auf hochbegabte Kinder in einem negativen Sinne angewandt oder sogar als Zuchtrute benutzt.

Box 2: Hochbegabte Kinders muß man in die Schranken weisen, denn sie sind:

- hyperaktiv
- nicht im Schritt mit anderen
- sonderbar
- Angeber, die alles besser wissen
- boshaft
- egoistisch
- anderen gegenüber gefühllos
- imstande, meine Art, mein Verhalten in Frage zu stellen
- immer nur mit sich selbst beschäftigt
- eingebildet
- rechthaberisch
- respektlos
- aggressiv und undiszipliniert
- gesellschaftsfeindlich
- eigensinnig
- manipulatorisch
- impertinent und herausfordernd
- nicht bereit, sich an die herkömmlichen Wege zu halten
- anders

Die unterschwellige Botschaft lautet: «Besser, sie lernen es gleich, daß sie wie alle anderen zu sein haben!».

Aber denken wir einmal eine Minute über die deskriptiven Termini in Box 2 nach. Was sie negativ macht, ist, daß sie nicht unseren Vorstellungen von Verhalten entsprechen! Jeder dieser Begriffe könnte auch eine positive Bedeutung haben. «Manipulatorisch» zum Beispiel könnte einfach widerspiegeln, daß das Kind sich konstruktiv und kreativ um das bemüht, wonach ihm der Sinn steht. «Hyperaktiv» könnte meinen, daß es an viele Dinge neugierig und tatkräftig herangeht.

Leider haben zu viele Erwachsene das Gefühl, sie müßten das hochbegabte Kind ducken, indem sie seine Fähigkeiten vor aller Ohren kritisieren oder sarkastisch andeuten, daß seine Hochbegabung unerwünscht und ein Problem sei. Sie machen Hochbegabung zu etwas Belastendem, statt sie als Aktivposten zu werten. So wird eine Hauptstärke des Kindes in etwas umgemünzt, was gegen es spricht, und damit einer Entwicklung Vorschub geleistet, die bei dem Kind zu emotionalem Sich-Zurückziehen, mehr Streß, Unsicherheit und schlechter Anpassung führt. Der Ausweg aus dieser Situation liegt in der Akzeptanz des So-Seins des hochbegabten Kindes mit allen Konsequenzen.

2.3 Hohe Sensibilität - Intuition, aber auch Verletzbarkeit

Hochbegabte Kinder empfinden intensiv und besitzen besondere Gefühlsantennen. Das kann sich nicht nur in ihren Interaktionen mit anderen und in ihren Einstellungen zu sich selber zeigen, sondern auch in ihren Reaktionen auf Alltagsereignisse – sie staunen über die Verfärbung des Herbstlaubs, beim ersten Hören Beethovenscher Musik sind sie tief berührt und ergriffen, ein lichtzerlegendes Prisma fasziniert sie unendlich. Sie sehen die Implikationen und Wechselbeziehungen von Ereignissen und empfinden die emotionale Wirkung. So erinnerte sich eine Mutter, daß ihr sechsjähriger Sohn ihr, als seine heißgeliebte Maus starb, sagte: «Mama, für jemanden meines Alters habe ich zuviel Tod gesehen!»

Einstellungen und Emotionen anderer üben eine starke Wirkung auf hochbegabte Kinder aus. Schon viel früher, als die meisten Menschen annehmen, können hb Kinder Körpersprache interpretieren und die Emotionen deuten, die im Klang einer Stimme mitschwingen. Auch wenn sie die Worte sinngemäß nicht verstehen – die Gefühle verstehen sie . Viele

Eltern stellen zu ihrem Kummer fest, daß ihre hochbegabten Kinder oft übersensibel reagieren – sie nehmen sich eine kleine Kränkung oder einen kleinen Scherz zu sehr zu Herzen, oder sie fühlen sich in ein anderes Kind dermaßen ein, daß sie anscheinend noch mehr leiden als das Opfer selber.

Wie die meisten Kinder möchten auch hochbegabte von anderen geliebt werden. Sie trachten nach Akzeptierung und Billigung, sie versuchen typischerweise, dadurch zu gefallen, daß sie eine von anderen anerkannte, persönliche starke Seite hervorkehren. Oft handelt es sich bei dieser Stärke um intellektuelle Leistung, und das kann zur Folge haben, daß die überragendc geistige Potenz häufig demonstriert wird.

Wenn die Eltern Leistung zu sehr betonen, kann dies das hochbegabte Kind zu Perfektionsstreben antreiben. Hochbegabte Kinder gehen sowieso leicht und ohne Druck von außen in die Falle, Perfektionisten zu sein. Sie setzen sich selbst hohe Standards, auch wenn ihnen die Fertigkeiten fehlen, diesen selbstgestellten Anforderungen zu genügen. Im Endergebnis interpretiert das Kind dann vielleicht das, was objektiv eine ungewöhnliche Leistung war, als Mißerfolg.

Die Familie eines hochbegabten Kindes kann leicht in ein Verhaltensmuster hineingleiten, in dem sie Ausführung und Leistung zu sehr belohnt, mit dem Resultat, daß die geistige Hochbegabung zu dem einzigen Eisen wird, welches das Kind im Feuer hat. Das hb Kind mag sich dann bald denken, wenn es keine Leistung zeige, sei es nicht viel wert. Uns hat schon mehr als ein hochbegabtes Kind zu verstehen gegeben, daß man es dazu gebracht hat, sich wie ein egoistischer Tagedieb vorzukommen, wenn es nicht «arbeitete» oder wenn es mit Gleichaltrigen spielte, «von denen du nichts lernen kannst». Andere Eltern mögen zwar so viel Verstand haben zu wissen, daß man nicht auf Leistung dressieren soll, erwecken aber trotzdem bei ihrem Kind den Eindruck, seine Hochbegabung sei sein hauptsächlicher oder einziger Aktivposten.

Bei allzu vielen hochbegabten Kindern basiert das Selbstkonzept weitgehend, wenn nicht gänzlich, auf dem «Hochbegabt»-Sein und auf Leistungen. Es ist aber für jeden Menschen eine heikle Sache, sein Selbstkonzept an einem einzigen Haken aufzuhängen, besonders, wenn der Haken das unmöglich zu erreichende Ziel ist, perfekt zu werden! Die «Peanuts»-Figur Linus bemerkte, es gebe keine schwerere Bürde als ein großes Potential. Mit Perfektionsstreben kombiniert, kann solches Potential lähmend wirken.

Außer ihrer Sensitivität besitzen hochbegabte Kinder in der Regel eine lebhafte Phantasie. Wenn sie zu anderen in Beziehung treten, sind subtile, verdeckte, ablehnende Bemerkungen und Einstellungen für sie oft ein

Anlaß, sich auszumalen, was alles dahinterstecken könnte, und darüber zu grübeln, ob sie akzeptiert oder geliebt werden oder nicht. Sie interpretieren vielleicht in ganz normale Situationen zuviel Bedeutung hinein und ziehen womöglich noch voreilige Schlüsse. Man muß ihnen helfen zu lernen, ihre Gedanken und Ängste zu kontrollieren und von anderen Gemeintes so zu interpretieren, wie es gemeint ist.

Gefallen wollen und Streben nach Zugehörigkeit verführt hochbegabte Kinder besonders im Jugendalter mitunter dazu, ihre Hochbegabung zu tarnen und im «System» unterzutauchen. Akzeptiert werden von Gleichaltrigen ist in dieser Periode für hochbegabte wie für andere Kinder wichtig. Deswegen legen es manche dieser Kinder mit voller Absicht auf miserable Zensuren für ihre schulische Arbeit an. Andere lassen es bei Minderleistung bewenden.

Wenn es einem hochbegabten Kind nicht recht gelingen will, mit chronologisch Gleichaltrigen in Beziehung zu treten, zieht es sich vielleicht zurück und hofft dabei, daß andere zu ihm kommen werden. Absichtlich keine Freunde zu haben ist nicht so unangenehm wie ein Buhlen um Freundschaft, mit dem man sich nur Abfuhren einhandelt. Diese Kinder und ihre Familien sollten verstehen: obwohl Einsamkeit eine Zuflucht des Genies sein mag, braucht jeder Mensch Beziehungen zu anderen. Einsamkeit, auch als notwendige Zuflucht, kann aber zum Gefängnis werden, und zwar besonders dann, wenn das Kind sie sucht, weil es ihm an sozialer Geschicklichkeit fehlt, oder weil es sich den meisten Menschen in seiner Umgebung entfremdet fühlt.

Paradoxerweise werden manche Kinder gerade dadurch zu Einzelgängern, daß Eltern, Schule und Gesellschaft sie hartnäckig zur Teilnahme an Gruppenaktivitäten oder dazu anhalten, mehr Freunde zu gewinnen. Hochbegabte Kinder verspüren schon früh das Bedürfnis, von Gruppen wegzukommen, damit sie sich ihren aus dem Rahmen fallenden Interessen auf dem Niveau widmen können, das sie für unabdinglich halten.

Kreative Menschen brauchen die Einsamkeit, um ihre kreativen Energien zu hegen. Wenn diese Kinder das Gefühl haben, daß man sie auf Kosten ihrer persönlichen Interessen zum Anschluß an andere Kinder zwingen will, ist es möglich, daß sie rebellieren, auch wenn sie ihrerseits durchaus gern Freunde hätten. Wiederum wird den Eltern ein Balanceakt abverlangt. Ohne das Recht ihrer Kinder auf die benötigte Zeit für sich allein zu schmälern, müssen die Eltern ihnen helfen, sinnstiftende Beziehungen mit anderen Kindern und Erwachsenen anzuknüpfen.

2.4 Zweifel an Traditionen und Normen

Schon in den frühen Grundschuljahren sind manche hochbegabte Kinder unzufrieden mit der Welt um sie herum und beginnen, Regeln, Bräuche und Traditionen aktiv in Frage zu stellen. Oft ist dieses Zweifeln und Brechen mit Traditionen Familienmitgliedern, Lehrern und anderen unbehaglich, die es peinlich oder unbequem finden oder ihre eigene, eingefahrene Lebensweise angezweifelt sehen.

Gewöhnlich schätzt das hb Kind Logik und rationale Ansätze. Aber viele Traditionen, Bräuche, Regeln und Grenzen sind unlogisch, irrational oder zumindest willkürlich gesetzt und deswegen für dieses Kind schwer zu akzeptieren. Das kann dazu führen, daß das Kind mit Traditionen bricht oder Werte in Zweifel zieht und dadurch bei anderen Reaktionen auslöst, die ihm zu schaffen machen.

Heranwachsenden hochbegabten Kindern fällt es bei vielen Alltagsaspekten unserer Gesellschaft oft schwer, sie einfach hinzunehmen. Sie suchen Folgerichtigkeit und sind irritiert, wenn sie innere Widersprüche, Hintertürchen und Ausnahmen entdecken. Sie erblicken Fassaden, die sozial zweckdienlich, aber verlogen sind. Schon im Vorschulalter durchschauen sie Schwächen und Spiele der Erwachsenen. Sie wollen verstehen, kommen zu ihrer Enttäuschung aber nicht dahinter, warum sich ältere Menschen so kindisch aufführen und warum Erwachsene auf der Hand liegende Probleme nicht lösen. Und dabei haben diese älteren Menschen doch offenbar soviel Macht! Wie geht das zu? Oft stellt sich dann ein Zynismus ein, hinter dem sich blockierter Idealismus verbirgt.

Das Gefühl der Frustration und das des Andersseins treiben hochbegabte Kinder in Revolten mancherlei Art. Jüngere hochbegabte Kinder lehnen sich meist passiv auf; man könnte es mit einem Sitzstreik vergleichen. Hochbegabte Teenager dagegen rebellieren eher ganz offen in der Schule, daheim oder in der Gesellschaft und werden mitunter sogar direkt delinquent. Hinter dem Revoltieren, ob passivem oder aktivem, stehen Grundgefühle des Entfremdetseins. Wenn hochbegabte Teenager die Überzeugung gewonnen haben, daß sie mit dem Rest der Welt völlig über Kreuz sind, gehen sie vielleicht vorzeitig von der Schule ab, zerschneiden das Tischtuch zwischen sich und der Familie oder sagen sich von der traditionellen Gesellschaft los.

Mit fünf, sechs oder sieben Jahren beginnen viele hochbegabte Kinder, sich schon recht ernsthaft mit moralischen, sozialen, humanitären und religiösen Fragen zu beschäftigen. Die Erwachsenen in ihrer Umgebung stellt das meist vor ein Rätsel. Kann sich ein so junges Kind denn wirklich

Gedanken über den Weltfrieden oder die Ungerechtigkeit in der Gesellschaft machen? Oft tun Erwachsene diese Sorgen des Kindes als trivial oder als eine Phase ab. Es läßt tief blicken, daß sich hochbegabte GrundschülerInnen für gravierende Probleme wie die Erhaltung des Weltfriedens mehr und intensiver interessieren als viele Erwachsene!

Wie schon angemerkt, wird ein früh erwachtes Interesse für moralische Kernfragen beim hochbegabten Kind vor allem deswegen so problematisch, weil seine Fähigkeit, diese Dinge intellektuell zu verstehen, viel größer ist als seine Fähigkeit, sie emotional zu bewältigen. So kann es dazu kommen, daß das Kind sich verantwortlich fühlt wie ein Erwachsener, jedoch mangels der nötigen emotionalen Reife nicht zu berücksichtigen vermag, daß Menschen eben fehlbar sind, oder daß es vielleicht keine schnellen Lösungen gibt. Zudem mögen ihm Erwachsene erklärt haben, gerade wegen seiner Gaben werde von ihm erwartet, daß es später, wenn es groß ist, spezifische Verantwortung für Weltfragen übernimmt. Oft liegt man diesen Kindern damit in den Ohren, sie seien die Zukunftshoffnung der Welt - eine schwere Bürde für Kinder, deren Urteilskraft, emotionale Reife und Sinn für allmählichen Wandel oder langfristige Lösungen noch bei weitem nicht das Niveau ihrer intellektuellen Fähigkeiten erreicht haben.

2.5 Anpassung ohne Ende – und keiner sieht es!

Hochbegabte Kinder fühlen, daß sie anders sind und dadurch entfremdet und alleine in einer Welt leben, die ihre Ansichten und Wertorientierungen nicht teilt. Das trifft umso drastischer Kinder mit IQ-Werten über 160. Vieles in der Welt, die sie umgibt, kommt ihnen irrational vor, und viele Menschen, mit denen sie zu tun haben, denken vergleichsweise langsam und scheinen töricht zu handeln. Dies trifft auch auf Autoritäten des gesellschaftlichen Lebens zu.

Nun weiß das hochbegabte Kind bei einem Problem oft schneller, wie es sich vernünftig lösen läßt. Es erschrickt, wenn es sieht, daß die Geschicke der Welt anscheinend in den Händen dieser bisweilen inkompetenten Erwachsenen liegen. Und keiner hört hin!

Wenn wir uns dafür öffnen, wie sich die Welt in den Augen eines hochbegabten Kindes darstellt, wird uns vielleicht klarer, daß es für hochbegabte Kinder schon sehr früh zur Existenzkrise kommen kann.

Eine nicht eben leichte Aufgabe besteht für das hb Kind darin, daß es lernen muß, auf andere zu warten, bis sie nachgekommen sind. Hochbegabte Kinder erkennen bald, daß sie in ihrem Leben viel warten müssen und daß ihnen durch andere viel Zeit verlorengeht. Aber irgendwie müssen diese Kinder lernen, zu warten und «Torheit lächelnd zu ertragen», eine Pflicht, die sie ihr Leben lang nicht mehr loswerden (Hollingworth, 1975). Stellen Sie sich ein Leben in einer Welt vor, in der der mittlere IQ 50 oder 60 ist und die meisten anderen eigentlich retardiert sind! Bedenken Sie, daß es keine andere Welt gibt, in der Sie leben könnten, und daß die Welt ja meist nur Mittelmaß hervorbringt! Die große Frage lautet also, ob wir lernen könnten, gern in jener Welt zu leben, persönlich zufrieden, teilhabend und freudig, oder ob wir zornig, niedergestimmt und unglücklich wären ... und schließlich vielleicht zu der Überzeugung gelangten, ein solches Leben sei nicht lebenswert.

3. Emotionale Sicherheit als Prävention

Wie hilft man einem Kind zu lernen, tolerant zu sein und andere Menschen zu akzeptieren? Geistige «Hochbegabung» ist wertvoll, aber noch mehr kommt es auf die soziale Fähigkeit an, mit sich selbst und mit anderen in Harmonie zu leben. Die unwahrscheinlichste Gescheitheit nützt einem Menschen nichts, wenn er zugleich unwahrscheinlich unglücklich oder sein Gefühlsleben so beeinträchtigt ist, daß er sich destruktiv verhält. Die Geschichte beschreibt viele intellektuell Hochbegabte, deren Selbstkonzept und deren Emotionalität so gestört waren, daß ganze Länder und sogar die Welt unter den Folgen ihrer fehlgeleiteten Intelligenz zu leiden hatten.

Hochbegabte Kinder müssen Verständnis für das eigene Selbst, ein positives Selbstkonzept und spezifische Streßmanagement-Methoden lernen. Da ihre Stärke unter anderem im schnellen Erfassen von Konzepten, im begrifflichen Denken und in der Sprachbeherrschung liegt, können sie sich Methoden der Streßreduktion rasch aneignen.

Bei hochbegabten Kindern und ihren Familien ist die Wahrscheinlichkeit für bestimmte Streßarten zwar etwas größer, doch heißt das nicht, daß alle Hochbegabten emotionale Probleme bekommen. Wenn Eltern und Lehrer die häufigsten Streßzustände und -ursachen kennen, können sie den Kindern frühzeitig beibringen, wie man Streß vermeidet und abbaut.

Gefühle

Sowohl die asynchrone Entwicklung als auch das Minderheitenschicksal Hochbegabter sind am effektivsten und dauerhaft über Gefühlsprozesse handhabbar. Wenn das hb Kind seine Gefühle erkennt und sie richtig einzuordnen weiß, kann es sie als Instrumente zur Förderung seiner Entfaltung benutzen. Solange es seine Gefühle nicht als willkommen und wichtig anerkennt, wird es ihm außerordentlich schwerfallen, eventuell sogar unmöglich sein, ein gutes Selbstkonzept zu entwickeln. Es braucht die Gewißheit, daß es in Ordnung ist, die eigenen Gefühle zu erforschen, und daß es bei seinen Gefühlen kein «falsch» oder «richtig» gibt. Wie es diese Gefühle im Handeln ausdrückt, mag falsch oder richtig sein, aber die Gefühle selbst sind spontan und gehören ganz einfach zur menschlichen Natur. Der angemessene Ausdruck im Verhalten kann und soll im Laufe der Zeit gelernt werden.

Gespräche mit hochbegabten Kindern über Gefühle erfordern ein besonderes Feingefühl. Da hochbegabten Kindern das Erörtern von Gefühlen unangenehm werden kann, geben sie dem Gespräch gern eine Richtung, die ihnen mehr behagt – sie stellen Fragen zu Tatsachen, sie versuchen, zum Hauptthema zu machen, was sie wissen oder empirisch lernen können und weichen Meinungen und Emotionen aus, die sie heikler finden. Aber sie müssen früh im Leben einsehen, daß Gefühle mächtig und häufig unlogisch sind.

Das hb Kind, das nicht gelernt hat, seine Gefühle wahrzunehmen und zu interpretieren, verliert gewöhnlich seine Lebenslust; insbesondere dann, wenn es schon eine Menge entmutigender Behauptungen, Zurückweisungen und Rügen hat einstecken müssen. Noch wahrscheinlicher wird der Motivationsverlust, wenn es daheim oder in der Schule seine Ansichten nicht äußern oder sich nie beklagen darf. Nach unserer Überzeugung ist Entmutigung auch die Erklärung für Befunde (Marland, 1972), daß hochbegabte Kinder trotzdem in der Schule versagen, und wie wir häufig beobachtet haben, aggressiv oder depressiv werden.

3.1 Selbstmotivation, Selbstdisziplin und Selbstkonzept

Eltern und Lehrer können ganz bestimmte Maßnahmen ergreifen, um einem hochbegabten Kind zu positiver Motivation zu verhelfen sowie erwünschte Verhaltensweisen und die Entwicklung eines guten Selbstkonzepts bei ihm zu fördern. Handelt es sich um ein sich selbst im Wege stehendes (self-defeating) und anscheinend nicht motiviertes hochbegabtes Kind, so dürfen die Eltern und Lehrer nicht außer acht lassen, daß sie am aktuellen Niveau des Kindes ansetzen müssen, ohne Rücksicht darauf, in welchem Maße das Kind zu der Zeit negativ motiviert zu sein scheint.

Gewöhnlich kommen Sie nicht weiter, wenn Sie von dem Kind gleich zu Anfang verlangen, daß es Ihre hohen Erwartungen erfülle. Wenn sich ihr Kind verweigern sollte, besteht die Wahrscheinlichkeit, daß es kein Interesse daran hat, etwas zu tun, weil Sie es möchten. Das Anfangsziel muß bescheiden und leicht zu erreichen sein. Vermutlich sind Sie gerade jetzt beweglicher und flexibler als Ihr Kind.

Zunächst werden Sie sich vielleicht fragen, warum das Kind denn anscheinend unmotiviertes Verhalten vorzieht. Es gibt viele zweckdienliche Techniken und Fertigkeiten, mit deren Hilfe Sie das ergründen können; viele dieser spezifischen Schritte werden wir später im Kapitel über Motivation erörtern. Wichtig ist: Man muß sich darüber klar sein, daß es bei einem hochbegabten Kind, das «Null Bock» hat, eine ganze Weile dauern kann, bis sich eine Spur von Motivation zeigt (wenigstens in den Bereichen, an denen Lehrern und Eltern liegt!). Da es vielleicht nur langsame Fortschritte macht, muß man viel Geduld haben. Motivieren Sie sich selbst, indem Sie sich vor Augen halten, daß dieses Kind möglicherweise Motivation von einem Gebiet auf ein anderes überträgt.

Oft ist es so, daß hochbegabte Kinder hochgradig motiviert sind für das, was sie tun möchten, und keine Lust zu dem verspüren, was andere von ihnen verlangen. Mit Geduld und Behutsamkeit kann man ihre Motivation gewöhnlich umleiten und auf erwünschte Gebiete transferieren, zumal, wenn sich das Selbstkonzept des Kindes verbessert. Zum Beispiel ist es möglich, daß sich ein hochbegabtes Kind wenig aus Schönschreiben und Orthographie macht, bis man es dazu ermuntert, eine Kollektion für eine Ausstellung zusammenzustellen, oder ein Gedicht zwecks Veröffentlichung an eine Zeitschrift zu schicken, oder einen Brief an einen seiner Helden zu schreiben.

Man muß dem Kind erkennen helfen, wer «seine» Fäden in der Hand hat. Das höchste Ziel ist dann, ihm zu helfen, die Fäden in die eigene Hand zu nehmen, sich selbst Ziele zu setzen und an sich selber zu glauben. Wenn man dem hochbegabten Kind hilft, sich in seiner Haut wohl zu fühlen, wirkt sich dies ebenso positiv auf seine Meinung von seinem Platz in der Welt aus. Es soll ja nicht nur lernen, andere mit Toleranz zu behandeln, sondern auch, sich in weniger Begabte einzufühlen.
Wenn ein hochbegabtes Kind einen Blick dafür bekommt, wie die Welt in den Augen anderer aussieht und wenn es sich in andere hineinversetzen kann, werden ihm manche Frustrationen erspart bleiben. Dazu gehört, daß es andere nicht von vornherein für «Idioten» hält, sondern Probleme und Situationen so durchdenkt, wie sie sich anderen darstellen.

Das hochbegabte Kind muß Selbstdisziplin, Geduld und Verständnis entwickeln. Rollenspiele und Aktivitäten, die gegenseitige Abhängigkeit bedingen, schlagen bei hochbegabten Kindern offenbar besonders gut an und können bei ihnen schon früh Verständnis für die Einstellungen, Gefühle und den Wert anderer in verschiedenen Situationen wecken. Fassen wir zusammen: Wichtiger als Hochbegabtsein ist, daß man sich in seiner Haut wohl fühlt, spürt, daß das, was man tut, wichtig ist, und daß man mit der Welt harmoniert. Man muß hochbegabten Kindern bei der Einsicht helfen, daß sie, obwohl sie anders sind, mit anderen vieles gemeinsam haben. Hochbegabte Kinder haben dieselben menschlichen Grundgefühle und Grundbedürfnisse nach Zugehörigkeit und Selbstachtung wie andere Kinder, wenngleich das hochbegabte Kind diese Bedürfnisse vielleicht stärker empfindet und intensiver nach emotionaler Befriedigung strebt. Zweifellos sind sie Kinder, man kann von ihnen nicht erwarten, daß sie «ihren Weg selber finden». Sie brauchen eine besondere Führung und Unterstützung.

Unterschiede

Von zentraler Bedeutung sind für uns und unsere hochbegabten Kinder die Kernfragen des Themas Unterschiede. Wie es scheint, besteht bei uns eine schreckliche Ambivalenz in bezug auf Unterschiede, möglicherweise, weil unsere Gesellschaft so sehr auf Konformität ausgerichtet ist. Vielleicht muß der Mensch als ein soziales Lebewesen konformistisch sein. Unser kulturelles Erbe läßt uns glauben, daß das Individuum wichtig, ja von höchster Bedeutung ist. Aber die praktischen Bedürfnisse einer Arbeitsgesellschaft basieren notwendigerweise darauf, Gruppen zu identifizieren und ihre Mitglieder als auswechselbar zu behandeln. Folglich besteht in bezug auf individuelle Unterschiede anscheinend eine fundamentale Ambivalenz.

Als Eltern hochbegabter Kinder haben Sie täglich mit Unterschieden zu tun, genauso wie die Eltern behinderter Kinder. Wenn eine Mutter Gesell (Ilg & Ames, 1955) liest, findet sie vielleicht, daß ihre zweieinhalbjährige Tochter schon manches tut, was bei Gesell für Fünf- oder Sechsjährige angegeben ist. Sie begreift, daß sie ein Kind aufzieht, das nicht der Norm entspricht. Was fängt sie mit dieser Information an? Wer die «Experten» um Hilfe bittet, kriegt immer wieder zu hören: «Das Kind ist in erster Linie ein Kind und erst in zweiter Linie ein hochbegabtes!»

Aber wir können hochbegabte Kinder nicht zergliedern und so tun, als ob sie durchschnittliche, der Norm entsprechende Kinder wären, nur eben mit ein paar Extras versehen wie ein Kleid mit Spitzenbesatz. Hochbegabte Kinder sind nicht einfach normale Kinder mit Zierat, sie sind wirklich fundamental anders.

Ein Kind mit einem IQ von 145 unterscheidet sich von dem Mittelwert-IQ 100 ebenso wie das Kind mit einem IQ von 55. Wenige Fachleute würden Eltern eines Kindes mit einem IQ von 55 raten, es in erster Linie als ein Kind und nur beiläufig als retardiert zu behandeln. Für Kinder mit einem IQ von über 145 hat ihr intellektuelles Potential eine derart elementare Bedeutung hinsichtlich allem, was sie betrifft, daß es vom Personsein des Kindes nicht getrennt werden kann. Das gilt um so mehr, je höher der IQ ist. Wir müssen also zuvorderst anerkennen, daß diese Kinder anders sind, und ihnen sodann helfen, die sozialen, zwischenmenschlichen und Selbstverwirklichungs-Fertigkeiten zu erwerben, die es braucht, um mit der übrigen Menschheit in Beziehung zu treten.

«Identität» und «Vergleich mit anderen» sollten sich die Waage halten. Eltern müssen lernen, die Identität des Kindes als solche zu akzeptieren, nicht im Vergleich mit irgendeiner Norm, die für die meisten anderen gilt. Solange eine Mutter oder ein Vater diese Identität nicht sieht und nicht wirklich begrüßt, ist es schwer für sie oder ihn, bei dem Kind darauf hinzuwirken, daß es sich selbst akzeptiert.

Es ist aber auch klar, daß es ohne Vergleiche nicht geht; denn das hochbegabte Kind lebt in einer Welt der andern; aber das Vergleichen sollte nicht der primäre Bezugspunkt der Interaktionen mit einem begabten Kind sein. Es ist eine ständige Gratwanderung. Wir wollen Unterschiede nicht zu sehr betonen, müssen sie aber zugeben, damit wir die Dinge bewältigen können. Ein hochbegabtes Kind beschrieb es in «On Being Gifted» (1978) wie folgt:

> «Hochbegabt und talentiert ist nichts, was du an freien Wochenenden eben mal so aufgreifen kannst. Vielmehr beeinflußt es alles in deinem Leben, vierundzwanzig Stunden am Tag, 365 1/4 Tage im Jahr. Es kann dich zwingen, reif zu sein, bevor du dazu bereit bist; du kannst daran völlig scheitern und bleibst zerrissen liegen.»

Wichtig ist, daß man die Grundlagen der Menschlichkeit in die Führung hochbegabter Kinder einbezieht, selbst wenn es bedeutet, daß sie deswegen ein paar Fakten weniger lernen. Hochbegabte Kinder müssen erfahren, daß es Menschen gibt, die verstehen und anteilnehmen und wissen, daß Hochbegabtsein manchmal weh tut. Sie müssen erfahren, daß andere die Welt auch so sehen wie sie, und sie müssen einen Sinn für den Wert vieler gewöhnlicher Dinge und gewöhnlicher Menschen entwickeln. Einer, der das Dilemma begriff, war George Bernard Shaw. Er sagte mit einem Unterton von Ironie:

> «Der vernünftige Mensch paßt sich der Welt an; der unvernünftige besteht auf dem Versuch, die Welt sich anzupassen. Deshalb hängt aller Fortschritt vom unvernünftigen Menschen ab.» (Mensch und Übermensch, Aphorismen für Umstürzler)

Aber das hochbegabte Kind muß lernen, ein zumindest zeitweilig vernünftiger Mensch zu sein und ein Bewußtsein entwickeln, das ihm sagt, wann es unvernünftig ist. Man muß ihm helfen, zu lernen, daß «unvernünftig» zweierlei bedeuten kann, nämlich, echt unlogisch zu sein oder bloß in den Augen der übrigen Gesellschaft anders zu sein.

Man muß dem hochbegabten Kind helfen, herauszufinden, in welchem Sinne es unvernünftig ist. Es muß lernen zu beurteilen, wann was klüger ist – auf seinem Standpunkt ungeachtet der Wahrnehmungen anderer zu beharren oder seinen Standpunkt preiszugeben. Es mag lernen müssen, Kompromisse zu schließen, aber es muß auch die Charakterstärke haben, manchmal Kompromisse abzulehnen. Es muß lernen, während dieser Zeit mit sich selbst in Frieden zu leben. Ein starkes Selbstkonzept ist wesentlich für hochbegabte Kinder, und ihre emotionale Entwicklung verdient mehr Aufmerksamkeit, als Eltern, Lehrer und andere Fachleute ihr bisher gewidmet haben.

Teil II

Beziehungen

Hochbegabte Kinder ins Leben zu begleiten ist eine Erziehungskunst, die erlernbar ist. Sie stellt hohe Anforderungen an die Persönlichkeit der Erzieher. Die außergewöhnliche Sensibilität der Kinder erfordert eine Beziehungsqualität von Erwachsenen, die Selbstkritik und Offenheit für das Neue enthält und somit die Voraussetzung für echte zwischenmenschliche Begegnungen schafft. Aus diesen Begegnungen erwächst die Bereitschaft für Lernen und Wachsen und Verändern auf beiden Seiten. Gleichberechtigung und Toleranz, Mut zum Risiko und zum Fehler führen zu Innovation und Aufbruch in neue Denk- und Begegnungsräume und zu neuen Rollen in der Erwachsenen-Kind-Interaktion. Dies ist das etwas unbequeme Geschenk des hochbegabten Kindes jenseits seiner Leistung an die Welt der Erwachsenen, das uns weckt und auffordert, uns aus unseren gewohnten Bahnen hinauszubewegen und für uns und unser eigenes Leben neue Ansätze zu finden.

1. Einige Probleme, aber so viele Chancen!

Unterstützung und positive Verstärkung seitens Eltern, Lehrern und anderer Erwachsener haben einen großen Einfluß auf die Entstehung des Selbstkonzepts, den Bildungsgang und die Entwicklung der Kreativität des hochbegabten Kindes. Wir lehren, was wir sind, und manche Erwachsene geben hervorragende Vorbilder, an denen hochbegabte Kinder lernen, ihr Leben in gefühlsmäßiger und in beschäftigungsmäßiger Hinsicht mit Erfolg zu strukturieren. Was zeichnet diese Menschen aus, wie erklärt sich ihre wegweisende Wirkung auf hochbegabte Kinder?

Paul Torrance, ein bekannter Autor, der über Kreativität schreibt, hat viele Jahre lang mehrere Gruppen von hochbegabten und kreativen Kindern studiert. Jahre später bat er sie um Kommentare über «Lehrer, die ihr Leben verwandelt haben». Die mehrfach genannten kennzeichnenden Merkmale, die dabei auffielen, sind in Box 3 zusammengefaßt.

Bei Torrance ging es zwar um Lehrer, doch gelten diese Verhaltensweisen und Ansätze unseres Erachtens auch im Fall von «Eltern, die das Leben des Kindes verwandeln», ja überhaupt von jedwedem Erwachsenen. Ermunterung, Akzeptanz als Person, gemeinsame Interessen, gemeinsames fesselndes Erleben – sie sind entscheidend für die gesunde Entwicklung des Selbstwertgefühls eines Menschen und für das Wecken einer lebenslang anhaltenden Lern- und Schaffenslust. Dieselben Merkmale wurden auch von hochbegabten Schülern in ihrem Buch On Being Gifted (American Association for Gifted Children, 1978) genannt.

Solche Unterstützung ist besonders wichtig, wenn das hochbegabte Kind sich nicht in Einklang mit seiner Umwelt fühlt. Es braucht das Zuhause als Zufluchtsort, wo es seine «Batterien aufladen» kann und wo es Menschen hat, die ihm helfen können, das Vorhandensein der vielen sonderbaren Verhaltensweisen in unserer Außenwelt zu erkennen, zu verstehen und zu akzeptieren (nicht unbedingt: zu billigen).

Wo das Zuhause ein solcher Zufluchtsort ist und wo zumindest eine Lehrkraft, ein Nachbar oder andere Erwachsene für das hb Kind wichtig sind, da sie sein Selbstkonzept in gefühlsmäßiger Hinsicht unterstützen, werden diese Kinder blühen und gedeihen. Sie können ihr geistiges Potential so nutzen, daß es ihnen selbst und der Gesellschaft zugute kommt. Unterstützung und Ermutigung zuhause haben Vorbildcharakter als

Box 3: Über Menschen, die das Leben hochbegabter Kinder verwandelten

- «Sie ermutigte zu aktivem Mitmachen, stellte viele Fragen und akzeptierte alle Antworten, ohne mich zu demütigen; sie hat mir geholfen, mich kompetent zu fühlen, auch wenn ich etwas Neues ausprobierte.»
- «Sie gab mir das sehr starke Gefühl, daß ich Dinge verstehen und tun konnte, und mir schien, daß ich diese Begeisterung mit ihr zu teilen vermochte. Sie verstand es, begrüßte es und hatte selbst Freude daran, so daß ich mitbekam, daß Lernen aufregend ist und sich gut gemeinsam tun läßt.»
- «Er ermunterte uns dazu, uns in etwas zu verlieben; einige von uns sind dabeigeblieben und führen es weiter als Mittelpunkt unserer Vorstellung von der künftigen Karriere.»
- «Er ermutigte jeden Schüler einzeln und orientierte sich vor allem an meinen eigenen Bedürfnissen; er gab mir zu verstehen, für ihn sei wichtig, daß es mir glückt und daß ich mich selbst mag.»

Alle diese besonderen Menschen:

- brachten zum Ausdruck, daß das Kind, seine Überzeugungen, seine Gefühle und seine Verhaltensweisen wichtig sind;
- erleichterten Identifikation, Ausdruck und Akzeptanz der Gefühle des Kindes;
- bekundeten Verständnis und Akzeptanz ihrer eigenen Gefühle;
- machten klar, daß sie das ganze Kind schätzten, nicht nur seine Fähigkeiten oder Leistungen;
- zeigten, daß sie seine einzigartigen Eigenschaften schätzten;
- gestatteten ihm oder ermunterten es, seinen besonderen Interessen nachzugehen;
- nahmen sich Zeit dafür, sich dem einzelnen Kind speziell zu widmen;
- ermutigten und unterstützten Versuche, drängten nicht nur auf Erfolge;
- betonten den Wert der produktiven Zusammenarbeit und demonstrierten selber vorbildlich, daß Teilnehmen und Teilnehmenlassen funktionierte.

attraktives Verhalten und impfen das hb Kind zugleich gegen die Wirkung zwischenmenschlicher Pressionen, die die Zukunft bringen wird.

Dieses Konzept des Impfens hat sich in der Medizin bewährt und kann auch auf Emotionen angewandt werden. Wie es scheint, «immunisieren» positive Erfahrungen mit einem Erwachsenen, der ungewöhnlich viel Unterstützung bietet, ein Kind gegen negative Erfahrungen mit etlichen anderen Erwachsenen. Ein Fachmann schätzte die «Impfwirkungsrelation» auf eins zu sechs und meinte, ein Kind könne in der Schule mindestens vier mittelmäßige und zwei sehr schlechte Lehrer überstehen, wenn es einen phantastischen Lehrer habe! Dieselbe Relation scheint auch auf zwischenmenschliche Beziehungen außerhalb der Schule zuzutreffen. Mit dem positiven Selbstgefühl, zu dem ihm eine Person verholfen hat, kann es die Streßwirkung von destruktiver Kritik, Tadel oder sogar Spott von anderer Seite verringern.

2. Die SENG – Elternweiterbildungsseminare

Auch was Probleme betrifft, ist natürlich Vorbeugen besser als Heilen. Man kann aber auch im Hinblick auf Probleme, mit denen zu rechnen sein wird, Lösungsstrategien entwickeln. Wenn Probleme existieren, können wir sie als Chancen für Impfung und Entfaltung nutzen. Wir wissen, daß hochbegabte Kinder und ihre Familien für bestimmte Arten von Streß und psychologischen Problemen anfälliger sein können als für andere. Andererseits sehen wir aber auch, daß einige intellektuell hochbegabte Kinder ein hohes Potential für eine befriedigende emotionale Anpassung an das Beziehungsgefüge in Familie und Schule besitzen.

Streßerleben zieht nicht unbedingt emotionale Probleme nach sich. Es kann unter glücklichen Umständen dazu führen, daß die Gefühlsstärke zunimmt und die Fähigkeit wächst, Unsicherheit und Komplexität zu ertragen. Streßtoleranz und Streßmanagement fördern jene Ausdauer und Beharrlichkeit, die es Menschen erlaubt, kreativ zu sein und Freude daran zu haben.

Wenn man hochbegabten Kindern hilft, Streßmanagement-Techniken zu erlernen, ihnen Bewältigungsfertigkeiten beibringt und sie emotional und intellektuell bereichert, können sie aufregend und kreativ sein und mit sich und anderen in Harmonie leben.

Wir sind überzeugt, daß die Eltern die besten Möglichkeiten für effektive Unterstützung, Anleitung und Problemprophylaxe haben. Während die Schule oder andere Zusatzprogramme als bereichernde Faktoren ja immer nur für begrenzte Zeit verfügbar sind, ist die Mutter oder der Vater eines hochbegabten Kindes viel länger präsent. Untersuchungen bestätigen immer wieder, daß die Persönlichkeit und Leistung eines Kindes am signifikantesten durch das Verhalten seiner Eltern beeinflußt werden.

Emotionale Bereicherung und Entwicklung beginnen in der Säuglingszeit und im vorschulischen Alter, und wenn das Kind ins Schulalter kommt, sind größere Persönlichkeitsdimensionen bereits festgelegt. Leider gehen die meisten formalen Programme für hochbegabte Kinder außerhalb der Familie auf die speziellen Bedürfnisse dieser Kinder erst ab Altersstufe acht ein. Folglich obliegt die Unterstützung in den frühen Jahren praktisch ausschließlich den Eltern.

Da hochbegabte Kinder in vielen Familien noch zu wenig verstanden und ermutigt werden, haben die Autoren ein Programm für Eltern entwickelt: SENG (Supporting Emotional Needs of Gifted).

Dieses erfolreiche Programm für Elternselbsthilfegruppen in Amerika ist im Münsteraner Zentrum für Begabungsförderung (MZB) an den deutschsprachigen Kulturraum angepaßt und zu Elternweiterbildungsseminaren unter Berücksichtigung der neuesten Erkenntnisse aus den Gebieten der Pädagogik und Psychologie weiterentwickelt worden. Angesprochen werden im amerikanischen SENG insbesondere Eltern junger Kinder, doch sind die deutschsprachigen Seminare für Eltern von Kindern aller Altersstufen geeignet.

Im Laufe der dreijährigen Erfahrung mit den Weiterbildungsseminaren hat sich gezeigt, daß die erzieherische Haltung, die in SENG vermittelt wird, sich auch als effektiv und hilfreich erweist, wenn das Kind nicht hochbegabt ist. Auch dann profitieren die Eltern von SENG für die erfolgreiche Umsetzung ihres erzieherischen Handelns in ihren Alltag.

In Amerika treffen sich die Eltern zu Gruppensitzungen mit den gemeinsam amtierenden Leitern (von denen einer Psychologe ist) und diskutieren über bestimmte Themen, die sich auf emotionale und zwischenmenschliche Fragen beziehen. Eltern berichten, daß sie in diesen Gruppen einzigartige Hilfe und Unterstützung bekommen haben.

Inhaltlich sind diese Beratungsgruppen praxisorientiert, Theorie wird nicht besonders berücksichtigt. Gerade mit den spezifischen, praktisch anwendbaren Techniken der Einstellungs- und Verhaltensänderung ist den Eltern am meisten gedient. Die Eltern wollen wissen, wie die Ziele einer Hochbegabtenförderung zu erreichen sind! Die Beratungs- und Diskussionsgruppen sind als Veranstaltungsreihe konzipiert. Jede Sitzung rückt ein Thema in den Mittelpunkt. Die Reihe besteht aus folgenden zehn Themen:

- Identifikation und Testen von Hochbegabten (Lektion 1)
- Motivation (Lektion 2)
- Disziplin (Lektion 3)
- Streßmanagement (Lektion 4)
- Kommunikation von Gefühlen (Lektion 5)
- Beziehungen zu Gleichaltrigen (Lektion 6)
- Beziehungen von Geschwistern untereinander (Lektion 7)
- Brechen mit Traditionen (Lektion 8)

- Depression (Lektion 9)
- Eltern (Lektion 10)

Diese Themen wurden gewählt, weil sie Problembereiche sind, mit denen vor allem hochbegabte Kinder, ihre Geschwister und ihre Eltern häufig zu tun haben. In jeder Sitzung schildern die Eltern themarelevante Situationen, Erfahrungen und Sorgen. Die Gruppenleiter und andere Eltern kommentieren, raten, geben Leitlinien.

Ein wichtiger Hinweis: Diese Gruppen sind keine Therapiegruppen. Sie sind auch keine Encounter-Gruppen, Sensitivity-Gruppen, T-Gruppen oder dergleichen. Sie sind vielmehr Beratungsgruppen, die sich damit beschäftigen, wie man Lebenssituationen handhabt, die einem über den Kopf wachsen könnten. Wie neulich ein Kollege bemerkte: «Es gibt zwei Sorten von Menschen in dieser Welt: Die einen haben Probleme und die anderen kennt man noch nicht so gut, daß man wüßte, welches ihre Probleme sind.»

Uns ist klar, daß das Leben Probleme mit sich bringt und wir erörtern, welche vorbeugenden Verhaltensweisen und Methoden zur Förderung positiver Entfaltung angewandt werden können. Oft können Sie ein potentielles Problem in einer heilsamen, wachstumsorientierten Weise für Sie arbeiten lassen, statt daß Sie seine negativen Konsequenzen passiv hinnehmen.

Wenn aus den Situationen bereits ernste Probleme entstanden sind, werden die Eltern an andere Fachleute zwecks individueller Hilfe verwiesen, nehmen aber gewöhnlich weiter an den Gruppensitzungen teil. Uns haben sich mehrere Psychologen als fachlich kompetente Vertrauensleute angeschlossen. Wir wissen, daß wir in dieser Hinsicht vom Glück begünstigt sind. Viele Eltern haben uns gesagt, daß sie große Schwierigkeiten hatten, einen Fachmann für Psychohygiene zu finden, der die Probleme hochbegabter Kinder und ihrer Familien versteht.

Mit den von uns gelieferten Informationen können andere Interessenten Gruppen wie die unseren ins Leben rufen. Wir hoffen, daß wir interessierten Personen Beratung und Training bieten können. Eine bestimmte Vorsichtsmaßregel hat sich bereits als notwendig erwiesen: Es ist wichtig, daß ein einschlägig qualifizierter Fachmann für Psychohygiene die Gruppe beaufsichtigt. Man braucht einen solchen Experten, der überwacht, kontrolliert und gelegentlich eingreift, denn es gilt bei manchen Zusammenkünften zu verhindern, daß sie in Gruppentherapie oder «Mecker»-Sitzungen umkippen. Mitunter werden Eltern während der Gespräche von ihren Gefühlen überwältigt und schildern ihre niederschmetternden Lebenssituationen derart quälend bis ins letzte persönliche Detail, daß es manchen Gruppenmitgliedern entschieden peinlich wird. Manchmal sind die persönlichen Eigenschaften eines Gruppenmitglieds ein so offensichtliches Problem, daß die übrigen Teilnehmer diese Person zur Rede stellen, tadeln oder sogar verbal angreifen. Nach unserer Erfahrung sind Übung und die Überwachung durch einen versierten Fachmann erforderlich, um eine fortschreitende Diskussion zu lenken, Hauptpunkte hervorzuheben und Gruppenmitglieder daran zu erinnern, daß man Einsicht und Verhaltensänderungen nicht erzwingen kann.

Die SENG-Elternweiterbildungsseminare im Münsteraner Zentrum für Begabungsförderung (MZB) haben folgende Aspekte des amerikanischen Modells beibehalten: die zehn Themenbereiche und deren Abfolge, den Fokus auf die emotionalen Bedürfnisse des hochbegabten Kindes, den zeitlich-organisatorischen Rahmen von einem Treffen pro Woche, den Elternratgeber als Basislektüre und die Moderation der Seminare durch mindestens eine Psychologin. Die Seminare sind – wie die amerikanischen Gruppen auch – keine Therapiegruppen, sondern sie verfolgen das Ziel, die elterliche Handlungskompetenz durch Wissen, Einstellungs- und Verhaltensänderungen zu erhöhen. Veränderungen sind die Erweiterung der SENG-Selbsthilfegruppen zu Elternweiterbildungsseminaren durch die Ergänzung der einzelnen Themen mit psychologischen Techniken und Theorien. Diese wurden danach ausgewählt, ob sie sich in der langjährigen Erfahrung in Beratung und Therapie von Familien mit hochbegabten Kindern als erfolgreich und in der erzieherischen Praxis als umsetzbar erwiesen haben. Eine weitere Veränderung der Elternweiterbildungsseminare ist die stärkere Anleitung der Eltern und daß mehr geübt wird, «wie es geht».[1]

[1] Weitere Informationen über Programmberatung können schriftlich bei den Autoren – School of Professional Psychology, Wright State University, Dayton,Ohio 45435, USA – und im Münsteraner Zentrum für Begabungsförderung (Adresse siehe Adressenliste) angefordert werden.

3. Nicht alles auf einmal

Wir gehen davon aus, daß Sie als Eltern eines hochbegabten Kindes über ein hohes Maß an intuitivem Wissen verfügen und die Stärken, Schwächen und Andersartigkeit ihres Kindes genau kennen. Damit bringen Sie die Voraussetzungen für die Entwicklung einer befriedigenden Eltern-Kind-Beziehung bereits mit.

Viele Eltern fühlen sich verantwortlich oder sogar schuldig für die Andersartigkeit ihres hochbegabten Kindes. Schuldgefühle setzen häufig schon beim Gedanken daran ein, daß das Kind hochbegabt ist. Durch die Information und den Austausch mit anderen Eltern hochbegabter Kinder in den SENG-Seminaren verändern sich diese belastenden Gefühle schon bald. Geduld und Verständnis sich selbst und dem Kind gegenüber wachsen. Für einige Eltern löst die Konfrontation mit der Hochbegabung ihres Kindes einen Prozeß des Trauerns um die eigene Zeit aus, die sie in Unkenntnis ihrer eigenen Hochbegabung verloren haben. Und das braucht Zeit!

Die Elternseminare finden im Abstand von einer bis zwei Wochen statt. Die Eltern benötigen nach einem Hauptthema mindestens eine Woche Zeit, um die verschiedenen Aspekte des Themas im Hinblick auf seine Relevanz für ihre eigenen Familien zu verarbeiten. Auch können sie in dieser Zeit spezifische Vorschläge ausprobieren.

Vielleicht wollen Sie beim Studium dieses Buches ähnlich vorgehen. Das heißt, eine Lektion lesen, in Ruhe durchdenken und dann in der Praxis anwenden. Eine andere, vielleicht bessere Methode wäre die, daß Sie zunächst das ganze Buch durchlesen und sich hierauf gründlicher mit jedem thematischen Hauptabschnitt befassen. Doch ob Sie es so oder so machen, eines ist wichtig: Nicht alles auf einmal verdauen wollen! Beginnen Sie mit *einem* Gebiet, arbeiten Sie es durch und bauen Sie dann darauf auf.

Teil III

Über die zehn Lektionen

Wir haben jeder der zehn Lektionen ein Kapitel gewidmet, in dem wir Ihnen die wesentlichen Grundinformationen geben. Dieser Aufbau wird Ihnen hoffentlich helfen, jedes einzelne Gebiet besser zu verstehen und viele falsche Auffassungen erneut zu überprüfen. Die Kapitel bauen inhaltlich auf den Informationen auf, die Teil I gibt. Manchmal wiederholen wir früher Gesagtes, um es zu unterstreichen. Nach jedem der nächsten zehn Kapitel folgt ein kurzer Abschnitt mit Fragen, die uns häufig gestellt werden, und ausführlichen Antworten.

Im Zusammenhang mit den einzelnen Themen kommt vieles zur Sprache, was einfach zu den Grundlagen einer guten elterlichen Betreuung gehört und sich nicht nur auf hochbegabte Kinder bezieht. Wir haben dieses Material aufgenommen, um Ihnen einen Rahmen zu bieten, in dem Sie sich mit denjenigen Punkten befassen können, die speziell für den Umgang mit und die Erziehung von hochbegabten Kindern von Belang sind.

Gute elterliche Betreuung ist grundsätzlich unerläßlich, egal, ob das Kind hochbegabt ist oder nicht. Daß Sie ihr Kind lieb haben, genügt nicht: Sie müssen wissen, wie Sie vorgehen wollen. Wie alle anderen Kinder brauchen auch die hochbegabten Grenzen, Disziplin und Lenkung. Sie brauchen Ermunterung, Fürsorge, Anregung und Herausforderungen zu ihren Begegnungen mit der Welt, und sie brauchen die Freiheit, ihre Erfahrungen mit den natürlichen Konsequenzen ihres Verhaltens zu machen. Nur so können sie lernen, Prioritäten zu setzen und ihr Leben selbst zu gestalten. Durch die verantwortungsbewußte Betreuung und Lenkung Erwachsener finden diese Kinder zu persönlicher Integrität, zu einem tragfähigen Ethik- und Werte-System und zu sozialer Verantwortung. Zugleich können sie lernen, was Erholung, Freizeit und Streßmanagement wert sind. Wie bei allen Kindern besteht das Ziel darin, daß sie sich selbst erkennen und daß sie lernen, sich selbst zu vertrauen und zu schätzen und sich zugehörig zu fühlen. – Wir hoffen, daß Ihnen diese Kapitel helfen werden. Für Kommentare unserer Leserinnen und Leser zu den Kapiteln wären wir dankbar.

1. Lektion: Identifizieren und Testen von Hochbegabten

Über Intelligenz ist schon immer viel diskutiert worden; wir haben es da sicher nicht mit einem einfachen Konzept zu tun. Bemühungen um eine präzise, verbindliche Definition sind bislang gescheitert, und auch gegenwärtig ist man sich nur in einem allgemeinen Sinne einig. Anerkannt wird weithin, daß es hohe Intelligenz gibt und viele Möglichkeiten, Intelligenz auszudrücken. Wie in Teil I angemerkt, unterscheiden sich hochbegabte Kinder stark voneinander. Vermutlich stellen hochbegabte Kinder in intellektueller Hinsicht eine mannigfaltigere Gruppe dar als durchschnittliche Kinder. Dessen ungeachtet weisen hochbegabte Kinder gemeinsame intellektuelle, soziale und emotionale Merkmale auf.

Box 4: Typische intellektuelle Merkmale hb Kinder

- Für ihr Alter ist ihr Wortschatz ungewöhnlich groß.
- Sie können früher lesen als die meisten anderen Kinder, oft schon, bevor sie in die Schule kommen.
- Sie erfassen die Feinheiten von Sprache besser.
- Längere Aufmerksamkeitsspanne, Ausdauer und intensive Konzentration
- Sie erlernen Grundfertigkeiten schneller und brauchen dazu weniger Übung.
- Breites Interessenspektrum
- Hochentwickelte Neugierde und unerschöpfliches Fragenreservoir
- Interesse am Experimentieren und daran, Dinge anders zu tun
- Die Neigung, Ideen oder Dinge nach Gesichtspunkten miteinander zu verknüpfen, die ungewöhnlich sind oder nicht auf der Hand liegen (divergentes Denken)
- Sie können sehr viele Informationen behalten.
- Ungewöhnlicher Sinn für Humor
- Sie sind sensibler als andere Kinder.

Diese ihnen gemeinsamen Eigenschaften sind detailliert in mehreren anderen Veröffentlichungen beschrieben (z.B. Clark, 1979) und im vorliegenden Buch in Box 4 zusammengefaßt.

Wie ausgeprägt muß jedes dieser Merkmale bei einem Kind sein, damit bei ihm von Hochbegabung gesprochen werden kann? Verglichen womit? Muß ein Kind in allen diesen Bereichen oder Verhaltensweisen «Spitze sein»? Wer entscheidet, wann auf ein Kind soviele dieser Kriterien zutreffen, daß es als hochbegabt gelten kann? Auf welcher Basis wird dies ermittelt?

Unter Fachleuten gehen die Debatten um die beste Definition von Hochbegabung und die Diskussionen über Definitionen anderer Begriffe wie «Genialität», «Talent», «Intelligenz» weiter. Diese Erörterungen sind fruchtbar und werden dazu führen, daß wir unsere Kinder besser verstehen, aber Eltern, Schule und andere können nicht solange warten, bis diese Fragen geklärt sind. Dieses Kapitel wird Ihnen einen ersten Eindruck über Vielfalt und Besonderheiten der Hochbegabung geben.

In der Praxis identifizieren heute vor allem Lehrer und Eltern hochbegabte Kinder, entweder auf Grund des von ihnen beobachteten schulischen oder häuslichen Verhaltens oder anhand von Gruppen-Leistungstests. An diese von Lehrern und Eltern identifizierten Kinder richten sich die meisten Hochbegabtenprogramme.

Bei der Identifizierung hochbegabter Kinder via Nominierung durch Lehrer werden jedoch viele hochbegabte Kinder übersehen. Mehrere Studien (z.B. Jacobs, 1971) haben gezeigt, daß von Lehrern weniger als die Hälfte jener Schüler korrekt identifiziert werden, die sich später im Einzeltest als hochbegabt erweisen. In der Regel bestehen die Irrtümer darin, daß hochbegabte Schüler übersehen werden, andererseits waren ungefähr zehn Prozent derjenigen Schüler, die von ihren Lehrern die Qualifikation «geistig hochbegabt» erhalten hatten, geistig nicht hochbegabt. Selbst höchstbegabte Schüler sind nicht dagegen geschützt, übersehen zu werden. Bis zu 25% werden von Lehrern nicht erkannt (Marland Report, 1972).

Auch Gruppentests werden häufig zur Identifizierung hochbegabter Schüler herangezogen. Gewöhnlich sind das Leistungstests; sie werden aber an den Schulen eingesetzt, als ob es Intelligenztests wären. Es ist eine typische Annahme von Schulleuten, daß Kinder, die 90% der Aufgaben oder mehr lösen, die geistig hochbegabten seien. Eine solche Annahme ist indes nicht immer richtig, und dies aus mehreren Gründen:

Erstens: Kinder aus den unteren Schulklassen erreichen in Leistungstests manchmal dank extrem hoher Motivation hohe Punktzahlen. Man bezeichnet diese hochgradige Entschlossenheit zur Leistung mitunter auch als «overachievement». Die geistige Fähigkeit dieser Kinder liegt aber vielleicht nur knapp über dem Durchschnitt.

Zweitens: Viele hochbegabte Kinder sind nicht motiviert, ihre Fähigkeiten in einem standardisierten Rahmen von Leistungstests zu demonstrieren. Ihre kreativen Lösungsansätze oder der Umstand, daß diese Tests zu sehr auf verbale Geschicklichkeit und weniger auf andere Fertigkeiten abgestellt sind, könnten sie sogar behindern. Charakteristischerweise zeigen hochbegabte Kinder mit schweren Lernstörungen oder Entwicklungsrückständen ein hochvariables Muster bei den Unterabschnitten dieser Tests, wiewohl ihre Gesamt-Punktzahlen durchschnittlich aussehen mögen.

Dritter und letzter Punkt: Normalerweise bieten diese Leistungstests nur eine begrenzte Zahl von Einzelaufgaben, und wenn eines oder zwei dieser Items falsch beantwortet oder ausgelassen werden, kann sich das als eine Verschlechterung um fünf oder zehn Prozentpunkte niederschlagen.

Gruppen-Intelligenztests sind in ihrer Aussagekraft genauso begrenzt wie Gruppen-Leistungstests, und daher identifizieren diese Gruppentests fast die Hälfte der getesteten hochbegabten Kinder nicht. Zudem scheint es, daß gerade Gruppentest-Werte die höchstbegabten Kinder am meisten benachteiligen. Die Diskrepanz zwischen Gruppentest-Werten und Einzel-Intelligenztest-Werten nimmt in dem Maße zu, wie sich das Intelligenzniveau des Kindes dem oberen Extrem nähert.

Folglich sollten Eltern den Gedanken, daß ihr Kind hochbegabt sein könnte, nicht zu rasch verwerfen, solange sie von der Richtigkeit ihrer eigenen Beobachtungen überzeugt sind. Wo immer möglich, sollten sie mit den Lehrern reden und Beobachtungen und Informationen austauschen und mit der Kinderpflegerin oder dem Kinderpsychologen oder -arzt sprechen. Selbst wenn Zweifel darüber bestehen, ob das Kind «knapp überdurchschnittlich» oder hochbegabt ist, empfehlen wir den Eltern, sich wenigstens bis zur zweiten oder dritten Klasse so zu verhalten, als ob das Kind hochbegabt wäre. Aber wir raten zugleich: Üben Sie nicht etwa starken Druck aus, sondern geben Sie dem Kind Unterstützung und Anregung und ermutigen Sie es, damit es sein Selbstwertgefühl und Zuversicht entwickelt.

Wenn Eltern an einer realistischen Beurteilung des Potentials ihres Kindes gelegen ist, mögen sie von einem qualifizierten Psychologen oder Schulpsychologen bei ihrem Kind eine individuelle Intelligenz- und Leistungsbewertung vornehmen lassen. Eine detaillierte biographische Anamnese der Entwicklungsgeschichte des Kindes ist neben der Testdiagnostik unabdingbar. Zusätzlich sollte sie durch das Besprechen der Schullaufbahn und durch eine aktuelle Verhaltensbeobachtung in der Schule und zu Hause ergänzt werden. Diese Schritte helfen bei der Identifikation derjenigen Kinder, die zum Beispiel ihr Leistungspotential verbergen, Lese-Rechtschreibschwierigkeiten haben oder nicht über die Lerntechniken verfügen, die die Voraussetzung für schulisches Lernen sind. Sie erhalten dadurch zumindest zusätzliche Informationen für Ihre weitere Planung und Sie wissen dann, auf welche Basis Sie sich beziehen können, wenn Sie mit seiner Schule darüber verhandeln, inwiefern in dem Fall Ihres Kindes anders vorgegangen werden könnte.

Die Eltern hochbegabter Kinder müssen sich über psychologische Tests und die Testverfahren ebenso informieren wie über Merkmale hochbegabter Kinder. Auch wenn Eltern persönlich keinen Wert darauf legen, daß man ihr Kind testet, müssen sie sich sachkundig machen, da Schulen zur schulischen Einstufung gewöhnlich Tests verwenden. Obwohl diese Einstufungsentscheidungen in signifikantem Maße von verschiedenen psychologischen und Schul-Tests bestimmt werden, fehlt es Schulverwaltungsleuten oft an einer zureichenden klinisch-psychologischen und psychotherapeutischen Ausbildung. Was Statistik, Tests und Messungen betrifft, mögen sie sogar weniger geschult sein als viele Eltern.

Testen nimmt die Bewertung einer Person zum großen Teil aus dem Bereich des subjektiven Eindrucks heraus. Im Vergleich zu der Durchführung eines Gruppentests hat die eines Einzeltests einige bestimmte Vorzüge. Das Testen auf individueller Basis bietet mehr Gelegenheit sicherzustellen, daß die Leistung des Kindes nicht durch Ablenkung beeinträchtigt wird und daß sich das Kind während der Durchführung des Tests wirklich mit aller Kraft konzentriert und bemüht. Da standardisiert, liefert das Testen einen Fixpunkt, der Vergleiche zwischen dem geistigen Funktionieren eines Kindes und dem anderer Kinder seines Alters gestattet. Solches Testen kann besonders wichtig sein, wenn objektive Daten benötigt werden, um Schulleute davon zu überzeugen, daß etwas Bestimmtes unternommen werden sollte. Manche Eltern haben uns allerdings von Schulbehörden berichtet, wo man felsenfest davon überzeugt ist, daß hohe IQ-Werte «falsch sein müssen», selbst wenn sie in Einzeltests erzielt werden. Dann muß man sich vielleicht mit einem Psychologen verbünden, der den Zuständigen zusätzliche einschlägige Daten über die verwendeten Tests erläutert.

1.1 Das Renzulli-Modell

Die Identifizierung hochbegabter Kinder innerhalb von Schulsystemen bezieht gewöhnlich drei sich überschneidende Elemente ein, wie in Abbildung 3 gezeigt. Nach diesem weit verbreiteten, von Renzulli und Smith (1980) entwickelten Modell wird ein Kind für die Teilnahme an einem Hochbegabtenprogramm nur dann vorgesehen, wenn sich diese drei Elemente beträchtlich überschneiden.

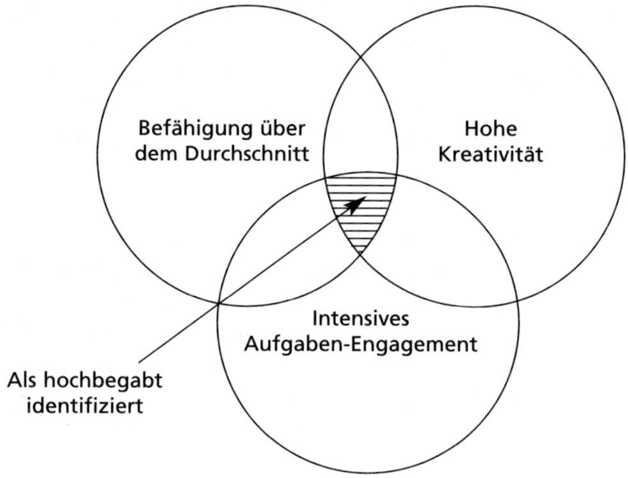

Abb. 3: Das Renzulli-Modell für die Identifizierung von Hochbegabten

Man kann das Renzulli-Modell auch so erklären: Deutlich überdurchschnittliche Begabung allein reicht nicht, es muß auch die hohe Motivation vorhanden sein, diese Fähigkeit zu nutzen, und sie muß sich in kreativer Weise oder in einem ungewöhnlichen Grade ausdrücken. Da das Renzulli-Modell den klaren Ausdruck von Hochbegabung fordert, werden in der Anwendung viele hochbegabte Kinder übersehen, die aus mancherlei Gründen nicht fähig oder willens sind, ihre Talente just so zu demonstrieren, wie sie gemessen werden sollen. Oft werden zum Beispiel hochbegabte Kinder mit Zerebrallähmung (Gehirnlähmung), schweren Lernstörungen, wie zum Beispiel Lese-Rechtschreibschwierigkeiten oder Hör- und Sehbehinderungen, nicht als hochbegabt identifziert.

In der Praxis begegnet einem gar nicht so selten der Fall, daß ein hochintelligentes Kind mit hohen IQ-Werten schwache Schulleistungen zeigt oder sogar bei standardisierten Leistungstests niedrige Punktwerte erreicht. Diese Kinder bedürfen einer zusätzlichen Ermutigung, wenn nicht fachmännischer Hilfe. Wie wir in späteren Kapiteln erörtern werden, sind sie unseres Erachtens durch irgend etwas entmutigt oder daran gehindert, ihre Fähigkeit auszudrücken. Hier könnte ein Motivationsproblem, eine Lernstörung, ein emotionales Problem wie Depression oder Angst oder eine Beziehungsstörung zwischen dem Kind und der Lehrperson vorliegen. Möglich wäre auch, daß der Lernstil des Kindes und der Unterrichtsstil an der Schule nicht zusammenpassen. Im Falle von Kindern in den höchsten Bereichen käme als Erklärung auch die Unangemessenheit typischen Schulmaterials in Frage.

Da das Renzulli-Modell so weitgehend akzeptiert ist, und da es die demonstrierte Leistung mit schulischem Material betont, muß darauf hingewiesen werden, daß nicht alle Kinder in der gleichen Art und Weise lernen oder die gleiche «Sorte» Intelligenz haben.

Außer individuellen Unterschieden scheint es starke geschlechtsspezifische Unterschiede zu geben. In den Grundschuljahren lernen Mädchen im allgemeinen besser, wenn die Materialien verbal dargeboten, und Jungen, wenn sie graphisch oder visuell präsentiert werden. Aber bei dem meisten Material in diesen Schulmilieus liegt der Akzent auf verbalen Fähigkeiten und Ansätzen. Manche Eltern wird es vielleicht interessieren, daß mit dem Erreichen des Erwachsenenalters eine Umkehrung geschlechtsspezifischer Unterschiede erfolgt – die meisten Männer kommen mit dem verbalen Lernen besser zurecht.

Die Betonung des Verbalen in Schulen, zumal in den unteren Klassen, wirkt sich zum Nachteil der Kinder mit Lese-Rechtschreibproblemen und der Kinder aus Minderheitengruppen aus. Viele Kinder der zweiten Gruppe wachsen in Familien und Vierteln auf, wo die tatsächlich gesprochene Sprache von der traditionell in der Schule praktizierten Sprache abweicht und wo das Angebot an verbalen Konzepten und komplexer Stimulation eher dürftig ist. Das erschwert in der Folge die Identifikation von hochbegabten Kindern aus Minderheitengruppen wesentlich und vergrößert die von Gruppentests und der Benennung durch Lehrer herrührenden Probleme.

Bei manchen Kindern, besonders bei hochbegabten, gehen Denken und Lernen noch andere, mitunter ungewöhnliche Wege, auf denen diese Kinder indes am besten vorankommen. Manche dieser hochbegabten Kinder denken musikalisch oder situativ oder via innerer Veranschaulichung mit Hilfe geistig vorgestellter mathematischer Beziehungen oder

Raumbeziehungen. Andere lernen am besten, wenn sie eine Aufgabe physisch angehen, wie es zum Beispiel das hochbegabte Kind tat, das die Tabelle der chemischen Elemente durch Tanzen auswendig lernte: Erst tanzte es die Elemente physisch, dann stellte es sich vor, daß es sie tanzt.

1.2 Rechtes Gehirn – linkes Gehirn

Einige faszinierende neue Vorstellungen über Intelligenz und Leistung sind unlängst in Diskussionen über «Rechtshirn» - und «Linkshirn» - Kinder aufgetaucht. Obwohl offensichtlich jedermann beide Hirnhälften benutzt, wird von der Forschung ins Auge gefaßt, daß manche Menschen eine Hirnseite stärker in Anspruch nehmen als die andere. Mit dieser Hirnseitendominanz hängen deutliche Unterschiede im Denk-, Problemlöse-, Leistungs- und Intelligenzstil eines Menschen zusammen (Box 5).

Menschen mit überlegener linker Hirnhälfte sind mehr an den Prozessen von Logik, Analyse, Fakten, Einzelheiten und Organisation interessiert und packen Probleme lieber verbal an. Menschen, bei denen die rechte Hirnseite dominiert, bevorzugen visuelle Erklärungen, arbeiten mit Bildern und integrieren flüssig, intuitiv.

Was ist besser? Es kommt jeweils auf die Aufgabe an, die zu lösen ist. In unserer Gesellschaft hat zweifellos beides Platz. Der «rechte» Typ gibt einen viel besseren Künstler oder Musiker oder, vielleicht, theoretischen Physiker ab. Der «linke» Typ würde als Chemiker oder Buchhalter deutlich über dem Durchschnitt liegen.

Aber was wird, wenn man ein «Rechtshirn»-Kind in einer Klasse ist, die von einem Lehrer mit Linkshirndominanz unterrichtet wird? Das könnte ausgehen wie ein Versuch, Öl mit Wasser zu mischen oder einem Delphin das Maschinenschreiben beizubringen. Der Lehrer ist für organisierte, logische, verbale Lerntechniken; das Kind erlernt am besten – und es bevorzugt – intuitive, visuelle, offene Methoden. Eltern von «Rechtshirn»-Kindern sind gut beraten, wenn sie stets bedenken, daß die meisten schulischen Aufgaben und Erwartungen «Links»-Prozesse betonen.

Allgemeine Leistungs- und Intelligenzmessungen mit Gruppentests stützen sich stark auf die Funktionen der linken Hirnhälfte. Was ihnen an Informationen über Muster spezifischer Aktivitäten und Leistungsniveaus zu entnehmen ist, genügt daher nicht für eine adäquate Einstufung in ein Programm. Besonders die Denkansätze «rechtsdenkender» Kinder beim kreativen Problemlösen werden mit den typischen der Gruppe

Box 5: Spezialisierung der Hirnhälften – Einige bevorzugte Wege zum Wissen

«Links» - Denker:	*«Rechts» - Denker:*
– Bevorzugt verbale Erklärungen	– Bevorzugt visuelle Erklärungen
– Erinnert sich mit Hilfe von Sprache	– Erinnert sich mit Hilfe von Vorstellungsbildern
– Produziert Ideen mittels Logik	– Produziert Ideen intuitiv
– Bevorzugt Denkarbeit mit konkreten Aufgaben	– Bevorzugt Denkarbeit mit konstruierten Aufgaben
– Beschäftigt sich nicht mit zwei o. mehr Aufgaben gleichzeitig	– Beschäftigt sich mit mehreren Aufgaben gleichzeitig
– Bevorzugt das Analysieren von Aktivitäten	– Bevorzugt das Integrieren von Aktivitäten
– Bevorzugt zweckentsprechendes Material	– Improvisiert mit dem vorhandenen Material
– Mag strukturierte Erfahrungen	– Mag offene, fließende Erfahrungen
– Lernt lieber Fakten und Einzelheiten	– Verschafft sich lieber einen allgemeinen Überblick
– Geht mit Ernst an die Probleme heran	– Geht an Probleme spielerisch heran
– Verarbeitet Informationen sequentiell	– Verarbeitet Informationen holistisch

Adaptiert aus: E.Paul Torrance, Your Style of Learning and Thinking. The Gifted Child, 1977, V0l.XXI, No. 4, Winter

dargebotenen Leistungs-, Begabungs- oder Intelligenztests nicht ausreichend gemessen.

1.3 Intelligenztests

Intelligenztests können das Funktionieren und das Potential eines Kindes nur soweit prüfen, wie diese bei der Testabnahme in Erscheinung treten. Nicht alle Kinder haben immer ihren guten Tag. Emotionale Erregung,

Krankheiten, Angst vor der Testsituation, Mangel an intellektueller Stimulation und andere Faktoren können Abwärtsfluktuationen in den Intelligenztest-Werten des Kindes verursachen. Bedeutungshaltig sind die Test-Werte nur im Zusammenhang mit der Lebenssituation des Kindes, und deshalb müssen sie von einem verantwortungsbewußten Psychologen interpretiert werden. Wichtig ist, daß der Psychologe Erfahrung in der Identifikation von Hochbegabung hat, die sich nicht in der Testdiagnostik zeigt, und über ein sicheres Urteilsvermögen verfügt und es versteht, mit anderen Menschen in Beziehung zu treten. Der Psychologe muß Eltern und anderen klarmachen, daß ein IQ keine heilige, unveränderliche Zahl ist, sondern nur ein brauchbares Stück Information aus einer standardisierten Situation, das dem versierten Fachmann einige leidlich genaue Voraussagen ermöglicht.

Wie wir schon früher anmerkten, ist Intelligenz nicht dasselbe wie Leistung, und Intelligenztests sind nicht dasselbe wie Leistungstests. Ein Intelligenztest mißt Potential allgemein und einige Fähigkeitsbereiche spezifisch. Leistungstests messen, was das Kind von dem, was es bisher gelernt hat, innerhalb dieses engen Bereichs zum Ausdruck bringt. Spezielle Talente und Kreativitätsfelder hängen mit Intelligenz zusammen, sind aber nicht dasselbe. Es gibt Spezialtests zur Prüfung spezifischer Talente auf musikalischem und anderen künstlerischen Gebieten und zur Beurteilung verschiedener Kreativitätsbereiche.

Schon seit langem streitet man sich darüber, inwieweit Intelligenz erblich angelegt und inwieweit sie umweltbedingt ist. Die meisten einschlägigen Untersuchungen konzentrieren sich auf eineiige Zwillinge, die von Geburt an in verschiedenen Familien aufwachsen. Die Resultate haben gezeigt, daß rund 60 bis 70% der Ähnlichkeit in Intelligenztest-Ergebnissen auf angeborene Fähigkeit zurückgehen (Sattler, 1982). Man schließe daraus aber nicht, daß alle Hochbegabten und Talentierten aus privilegierten Milieus kommen. Zwanzig bis dreißig Prozent stammen aus Arbeiter- oder Facharbeiterfamilien oder aus ländlichem Milieu. Unter hochbegabten Kindern finden sich Repräsentanten aller ethnischen Gruppen und Lebensstile.

Zweifellos hat die Umwelt Einfluß auf die Intelligenzentwicklung. Intelligenz kann gesteigert werden, und sie kann bei Vernachlässigung und Mißbrauch verkümmern. Verstärkte emotionale Unterstützung und verstärkte intellektuelle Stimulation führen bei Kindern, zumal jungen, oft zu einer signifikanten Zunahme der Intelligenz. IQ-Werte können um zehn, zwanzig oder mehr Punkte steigen.

Obwohl «Intelligenz» ein allgemeines Merkmal ist, setzt sie sich aus zahlreichen Einzelkomponenten zusammen, die in ihrem potentiellen Niveau oder in ihrem Entwicklungsquantum stark variieren können. Manchmal sind bei einem geistig allgemein hochbefähigten Kind ein oder zwei bestimmte Gebiete (zum Beispiel Mathematik) unterdurchschnittlich entwickelt. Dies erklärt man unter Umständen mit einer Lernhemmung. Viele hochbegabte Kinder weisen solche Lernhemmungen auf – eine für sie sehr frustrierende Situation!

Die häufigsten verwendeten Einzel- (nicht: Gruppen-) Intelligenztests für Kinder sind: der Hamburg-Wechsler-Intelligenztest für Kinder, Revision 1983 (HAWIK-R), Anwendungsalter ab 6 (1998 erscheint die neue Überarbeitung, Hans Huber Verlag, Bern), und der Hannover-Wechsler-Intelligenztest für das Vorschulalter (HAWIVA), Anwendungsalter 4 bis 6 1/2. Sie messen verbale Aspekte der Intelligenz («Verbal-IQ») und in einem anderen Teil die visuell-räumliche Intelligenz («Handlungs-IQ»). Dies korrespondiert in gewissem Grade mit den Spezialisierungen der zwei Hirnhälften, da in den Arbeitsbereich des linken Gehirns Tätigkeiten fallen, die meist der Verbal-IQ widerspiegelt, während das rechte Gehirn mehr für Handlungs-IQ-Funktionen wie Raumbeziehungen zuständig ist.

HAWIK-R und HAWIVA sind aber nicht nur in einen Verbal -und einen Handlungsteil gegliedert. Jeder der beiden Großbereiche dieser Tests besteht wiederum aus getrennten Untertests. Diese Untertests messen Faktoren wie allgemeines Wissen, verbales Abstraktionsvermögen, visuelle Abstraktion/Organisation und die Fähigkeit, Symbole zu verwenden.

Auch der Stanford-Binet-Intelligenztest ist ein weit verbreiteter Intelligenztest für Kinder und wird besonders im Vorschulalter eingesetzt. Auf dem Niveau von Dreijährigen beginnend, geht er bis zu dem Niveau von Erwachsenen und umfaßt etwa sechs verschiedene Arten von Aufgaben für jede Altersstufe in seinem Anwendungsalterbereich. Beim «Binet» gibt es keine getrennten Verbal- und Handlungs-IQ-Werte; dafür hat der Test den potentiellen Vorteil, daß bei ihm die Grenze, bis zu der differenzierte Resultate erwartet werden können (ceiling score), zumal für sechsjährige oder jüngere Kinder, höher liegt.

Einzel-Intelligenztests messen bei Fünf- oder Sechsjährigen leidlich genau. Stabilität und Genauigkeit nehmen bis etwa Altersstufe 14 zu. Von dieser Altersstufe an bleiben die Werte im allgemeinen ziemlich stabil. Bei jüngeren Kindern können die aktuellen IQ-Punkte auf Grund der oben genannten Faktoren von Testdurchführung zu Testdurchführung variieren. Bei Sechs- bis Achtjährigen wird die Variation beim IQ in 85 bis 90 Prozent der Fälle weniger als 8 Punkte betragen, ein Genauigkeitsgrad, der für die meisten Situationen ausreicht. Ein Hinweis: Wenn ein IQ-Wert ungenau ist, dann wahrscheinlich in Richtung Unterschätzung. Die

Konstruktion der Tests macht es unwahrscheinlich, daß ein Kind durch Zufall eine hohe Punktzahl erreicht.

Bei hochbegabten Kindern empfiehlt es sich, Intelligenz und Leistung etwa auf Altersstufe 5 und erneut auf Altersstufe 10 oder 11 testen zu lassen. Dies ermöglicht realistische Erwartungen und realistische Planung innerhalb der Schule des Kindes. Im übrigen wird in den meisten Schulsystemen keine Intellektbewertung vorgenommen, solange sich kein Problem bemerkbar macht. Leistungstests identifizieren das Kind vielleicht erst im Alter von etwa zehn Jahren als hochbegabt, und auch den Lehrern fällt die Hochbegabung oft nicht früher auf. Einigen Untersuchungen zufolge (z.B. Bloom, 1964) sind bei einem Kind ungefähr 50 Prozent des intellektuellen Potentials im Alter von vier Jahren und 80 Prozent im Alter von acht Jahren entwickelt. Mit Hilfe früher Identifikation könnten Eltern und Schule einer chronischen Minderleistung (underachievement) vorbeugen – das ist auch hier besser als heilen.

Die Fähigkeiten, die die Intelligenz ausmachen, entwickeln sich nicht in konstanter, gleichmäßiger Bewegung. Bis zur Pubertät scheint es bei manchen Kindern genetisch angelegte Entwicklungstendenzen zu geben, bei denen das Muster der intellektuellen Entfaltung wie das des physischen Wachstums aus einer Reihe von Schüben und Pausen besteht. Wenn individuelle Entfaltungsmuster signifikant variieren, sollte vielleicht per Retest ermittelt werden, in welchem Maße Entwicklungsrückstände die Leistung oder das sonstige Funktionieren des Kindes beeinträchtigen.

Mitunter ist es ratsam, das Kind außerhalb des Schulsystems testen zu lassen, zum Beispiel, wenn Sie vorhaben, mit der Schule alternative Maßnahmen zu erörtern, oder wenn die Schule ein Teil des Problems mit dem Kind ist und Sie deshalb auf Informationen von unabhängiger Seite Wert legen. Zudem mögen Eltern bedenken, daß viele Schulpsychologen eine Ausbildung erhalten haben, die sie auf die besonderen Bedürfnisse hochbegabter Schüler, ja selbst auf große klinische und therapeutische Bereiche, nur wenig vorbereitet hat. Die meiste Zeit konzentrieren sie sich auf Kinder mit Lernproblemen und dabei insbesondere auf hinderliche Lernbedingungen. Auch viele klinische Psychologen sind für die Arbeit mit hochbegabten Kindern kaum geschult. Egal also, ob die für Sie in Frage kommenden Psychologen innerhalb oder außerhalb des Schulsystems tätig sind – fragen Sie sie nach ihren Befähigungszeugnissen, Diplomen und Referenzen und lassen Sie sich angeben, für welche Gebiete sie speziell ausgebildet sind.

Zweitgutachten und Wiederholung der Auswertung sind in der heutigen psychologischen Praxis kein befremdliches Ansinnen mehr. Diese Optionen können für Sie besonders wertvoll sein, wenn Sie glauben, daß der Psychologe oder die Schule mit psychologischen Tests nicht sachgemäß arbeiten oder sich eine fehlerhafte Beurteilung geleistet haben.

So hat z.B. jeder US-Einzelstaat einen Leiter des Bereichs Hochbegabtenprogramme. Sein Büro nennt Hilfesuchenden den nächsterreichbaren Koordinator von Hochbegabten-Bildungsprogrammen. Der wiederum kann über Mittel und Wege, Hilfsquellen und Möglichkeiten der Überweisung zu Fachleuten informieren.

Fassen wir zusammen: Sie brauchen sich nicht mit dem Urteil Ihrer örtlichen Schule über die Begabung Ihres Kindes zufriedenzugeben; Sie haben da noch andere Möglichkeiten. Zum Beispiel können Fachleute außerhalb des schulischen Rahmens Intelligenz- und Leistungs-Einzeltests durchführen (Adressen s. Anhang). Da aber auch Einzel-Intelligenztests Grenzen haben, sind auch Ihre Beobachtungen und Ihr Urteil wichtig.

Was die Identifikation betrifft, sollten Sie nicht vergessen, daß viele hochbegabte Kinder ihre Fähigkeiten nicht durch schulische Leistung demonstrieren. In den folgenden Kapiteln erfahren Sie mehr über Minderleistung (underachievement), Motivation und damit zusammenhängende Gebiete.

1.4 Hochbegabt und Lese-Rechtschreibschwierigkeiten?

Einige hochbegabte Kinder bringen sich sehr früh selbst das Lesen und Schreiben bei, aber das tun eben nicht alle. Entwicklungsasynchronien, Wahrnehmungsstörungen, divergente Lerntechniken und Denkstile, emotionale Blockaden, psychomotorische Probleme und geschlechtsspezifische Unterschiede im Denken führen bei erstaunlich vielen hochbegabten Kindern unter anderem zu Lese-Rechtschreibschwierigkeiten. Diese haben nichts mit mangelnder Intelligenz zu tun.

Fachleute untersuchen fortlaufend den Zusammenhang zwischen Teilleistungsschwierigkeiten und Hochbegabung und es besteht der begründete Verdacht, daß die Schwierigkeiten durch das divergente Denken Hochbegabter mitbestimmt werden.

Auf jeden Fall handelt es sich hier um ein ernstzunehmendes Problem, das in der Regel nicht von alleine wieder verschwindet und behoben werden sollte. Auffällig ist, daß die Kinder trotz ihres Wissensdurstes wenig lesen und wenn, dann eher Handbücher mit kurzen Informationen oder Comics. Man wird das Kind kaum über Stunden in einen Roman vertieft finden, aber es wird vermehrt versuchen, über Gespräche, Fernsehen und Computer an Informationen zu kommen. Dennoch verfügen diese Kinder über ein geringeres Allgemeinwissen und ein schlechteres Konzentrationsvermögen als die «Vielleser». Die mit zunehmendem Alter sinkenden Deutschzensuren entmutigen das Kind umso mehr, da es nicht versteht, warum es den Schulstoff intellektuell erfaßt, aber in der schriftlichen Umsetzung trotz regelmäßigen Übens immer wieder versagt. Diese ausweglos erscheinende Situation bewirkt mit der Zeit, daß die Kinder Folgeprobleme wie zum Beispiel Konzentrationsstörungen, Kopf- und Bauchschmerzen, motorische Unruhe, Müdigkeit und Aggression entwickeln und in die Schulverweigerung fliehen.

Die individuelle Identifikation und Behebung der Ursachen des Leistungsversagens und die Installation besser funktionierender Lerntechniken sollte in qualifizierten, außerschulischen Förderprogrammen durchgeführt werden, um anschließend in Kooperation mit der Schule den Übergang vom Mißerfolg zum Erfolg zu gewährleisten.

1.5 Fragen

Man hat unsere Tochter als hochbegabt identifiziert. Sie weiß es nicht. Was nun? Soll ich meinem Kind sagen, daß es hochbegabt ist? Ich habe Angst, daß sie überheblich wird und glaubt, sie sei anders als andere.

Irgendwie werden Sie Ihrer Tochter beibringen müssen, daß sie hochbegabt ist. Im Alter von drei oder vier Jahren merkt sie von allein, daß sie sich von anderen Kindern tatsächlich unterscheidet, und sobald sie in die Schule kommt, braucht sie eine Erklärung. Wenn Sie ihr keine geben, wird sie sich Erklärungen anderswo holen oder sich selber welche ausdenken, zum Beispiel, daß sie nicht liebenswert ist oder daß andere Kinder nicht viel wert sind.

Da viele hochbegabte Kinder den Ausdruck «hochbegabt»nicht mögen, sollten Sie vielleicht lieber mit Begriffen wie «besonders» oder «aufgeweckt» oder «talentiert» operieren. Doch wie Sie sich hier auch entscheiden – es ist wichtig, Ihr Kind immer wieder darauf hinzuweisen, daß andere Kinder besondere Talente haben, die anders, aber nicht weniger wertvoll sind als seine Gaben. Es wird dadurch immer wieder an die gegenseitige Abhängigkeit zwischen ihm und anderen erinnert, und das ist eine gute Vorbeugung gegen Dünkel.

Was ist von Früheinschulung und Klassenüberspringen zu halten? Wie wirkt sich das im emotionalen Bereich aus?

Fünfzig Prozent aller hochbegabten Kinder können schon lesen, bevor sie in die Schule kommen - sie haben es sich selbst beigebracht. Manche lernen es mit zwei Jahren, viele mit vier Jahren. Insofern ist die Frage völlig berechtigt. Die Antwort hängt weitgehend von der emotionalen Reife des Kindes ab. Die Praxis hat uns gezeigt, daß Früheinschulung oder Auslassen einer Klasse den meisten hochbegabten Kindern keine oder nur geringe Schwierigkeiten bereitet. Das heißt aber nicht, daß nicht doch einige Probleme auftreten werden. Wenn Ihr Kind das kleinste in der Klasse ist, ergeben sich daraus mit Sicherheit viele für diese Situation typische Schwierigkeiten. Das sind Schattenseiten, aber wenn man sie mit denen der Langeweile vergleicht, ist zu sagen, daß Langeweile gewöhnlich auf weite Sicht mehr Nachteile mit sich bringt. Das gilt vielleicht nicht für manche Schulen, die ihr Curriculum mit mehr als einem ein- oder zweistündigen Zusatzangebot für Hochbegabte wöchentlich hinlänglich an die Bedürfnisse einzelner Schüler anpassen können. Die Frage des Überspringens von zwei oder drei Klassen bedarf sorgfältiger Prüfung. Wir würden Ihnen empfehlen, daß Sie sich zunächst mit sachkundigen Pädagogen und Psychologen beraten. Vielleicht wäre es besser, nur eine einzige Klasse zu überspringen, dann aber gezielt für individuelle Förderung zu sorgen (durch den Besuch spezieller Klassen oder Kurse oder durch ein reiches außerschulisches Erfahrungsangebot). Aber wir kennen auch Situationen, in denen ein höchstbegabtes Kind zwei Klassen zugleich übersprungen hat und für das neue Klassenniveau immer noch zu gut war.

Der Psychologe an unserer Schule meint, meine Tochter sei hochbegabt, aber er will mir nicht genau sagen, welchen IQ sie hat. Muß ich den kennen?

Den genauen IQ-Wert wahrscheinlich nicht; es würde Sie schon weiterbringen, wenn Sie den Bereich von acht oder zehn IQ-Punkten kennen, in den der Wert fällt. Damit wird die natürliche Schwankungsbreite berücksichtigt, mit der in den meisten Situationen beim Testen zu rechnen ist. Bedenken Sie, es gibt einen «optimalen» Intelligenzbereich etwa zwischen IQ 125 und IQ 145. Dort kommt es auf die Punktzahlen im einzelnen nicht mehr sehr an, denn dann ist das Kind so gescheit, daß es sich auf fast jedem Gebiet erfolgreich betätigen kann, an dem ihm liegt. Oberhalb eines IQ-Wertes von 145, insbesondere ab IQ 160, muß schon etwas gezielter geplant werden, und dazu brauchen Sie mehr Informationen über die spezifischen Testergebnisse. Viel wichtiger als der Gesamt-IQ-Wert ist für Sie, welche starken Seiten und relativen Schwächen des Kindes der Test offenbart hat. Sie können dann realistischere Erwartungen in Ihre Tochter setzen und herausfinden, wie Sie ihr helfen können, mit dem, was ihre besondere Stärke ausmacht, auf denjenigen Gebieten voranzukommen, auf denen sie nicht so gut ist.

Mein Sohn ist nicht für das Hochbegabtenprogramm der Schule ausgewählt worden, dabei scheint er viele Hochbegabtenmerkmale aufzuweisen. Kann es sein, daß die Schule ihn übersehen hat?

Ja, es ist ohne weiteres möglich, daß er hochbegabt und bis jetzt trotzdem nicht so eingestuft worden ist. Es gibt für Sie mehrere Möglichkeiten, zu prüfen, ob Sie das richtig sehen. Vergleichen Sie die Fähigkeiten Ihres Kindes mit denen von Kindern seiner Altersstufe. In Bibliotheken finden Sie Bücher mit Tabellen, die Entwicklungsstufen und Marksteine angeben. Sprechen Sie z.B. mit dem Kinderarzt darüber, wie Ihr Kind entwicklungsmäßig bei Vergleichen abschneidet. Sprechen Sie mit anderen Eltern, vor allem mit Eltern hochbegabter Kinder. Sie können Ihr Kind außerhalb des Schulsystems von einem qualifizierten Psychologen oder Schulpsychologen beurteilen lassen. Wenn Sie mit den Ergebnissen Ihre Eindrücke bestätigt sehen, sollten Sie Ihr Kind so behandeln, als ob es hochbegabt wäre. Sprechen Sie mit den Zuständigen in der Schule und wirken Sie dort darauf hin, daß man den Fall überprüft.

Meine Tochter ist ihren Leistungstest-Ergebnissen nach in der Schule zwei Klassen zu tief eingestuft, aber nach ihren Zeugnissen zu urteilen, ist sie eher mittelmäßig. Was soll ich denn nun für verbindlich halten – ihre Zensuren oder ihre Leistungstest-Werte?

Was ihre Leistungsfähigkeit betrifft, die Test-Werte. Sie hat diese hohen Punktzahlen nicht zufällig oder durch Täuschung des Tests erreicht. Wahrscheinlich hat es irgendeinen bestimmten Grund, daß sie nicht in der Klasse zeigt, was sie kann. Vielleicht sind ihr Zensuren nicht wichtig; vielleicht will sie ihre Hochbegabung vor den Klassenkameraden verbergen; vielleicht ist sie in einen Machtkampf mit ihrem Lehrer oder mit Ihnen verstrickt. Besonders Teenager treibt ihr Streben nach Unabhängigkeit und danach, Selbstbeherrschung zu demonstrieren, zu solchen Machtkämpfen. Wenn Sie Ihre Tochter emotional ermutigen und unterstützen und ihr eine Chance geben, wird sie sich in ihrem täglichen Leben schließlich ihrer Test-Werte würdig erweisen. Dies wird ihr eher gelingen, wenn sich die Schule nicht zum Schlachtfeld entwickelt.

2. Lektion: Motivation

Hochbegabte Kinder, die in der Schule weniger leisten, als sie in der Lage wären und ihr Licht unter den Scheffel stellen (underachievement), ist vielleicht das von Eltern am häufigsten beobachtete Motivationsproblem, aber nicht das einzige. Wenn hochbegabte Kinder in die Schule kommen, beginnt bei den Eltern die Sorge, ob sich ihre Kinder ihres Potentials würdig erweisen werden. Im vorschulischen Alter haben diese Kinder eine derart enthusiastische Neugierde gezeigt, daß höchstwahrscheinlich nicht Motivation, sondern Disziplin das Hauptproblem war. Disziplin und Motivation hängen zwar zusammen, doch wollen wir Disziplin als eigenständige Lektion in einem späteren Kapitel behandeln.

Auf das hochbegabte Kind im Vorschulalter passen meist die folgenden Selbstcharakterisierungen (American Association for Gifted Children):

- «Ich brenne vor Lernbegierde!»
- «Ich erinnere mich, daß ich ganz versessen darauf war zu lernen, wie bestimmte Dinge funktionieren, wie sie zusammengesetzt sind. Von A bis Z wollte ich Bescheid wissen; vorher gab ich mich nicht zufrieden.»

Wie kommt es, daß bei so vielen hochbegabten Kindern Potential und gezeigte Leistung so weit auseinanderklaffen? Wieso erlischt bei so vielen hochbegabten Kindern dieser Funke? Wie kann man das Feuer erneut anfachen? Wie läßt sich die wieder aufgelebte Energie kanalisieren? Wir möchten im vorliegenden Kapitel einige dieser Fragen entwirren helfen und Eltern und Lehrern Handlungsmöglichkeiten an die Hand geben.

2.1 Mangel an Motivation

Mangel an Motivation und eine daraus folgende Minderleistung kann physisch verursacht sein. Beispiele sind Seh- oder Hörprobleme, ein langwieriger Infekt, Unterernährung und Drogen- oder Alkoholmißbrauch. Diese Bedingungen müssen zum Verständnis von Motivationsmangel bedacht und abgeklärt werden.

Die emotionale Atmosphäre innerhalb der Familie beeinflußt entscheidend die motivationale Lage des Kindes. Möglicherweise gibt es Probleme oder Krisen, die so viel Gefühlsenergie kosten, daß für andere Leistungsbereiche nur wenig übrig bleibt. Beispiele sind die Scheidung oder Trennung der Eltern, häufige Umzüge, Zank und Streit oder andere Spannungen in der Familie oder Probleme in der Beziehung des Kindes zu Gleichaltrigen, Geschwistern oder Freunden. Praktisch können Eltern vielleicht wenig tun, um die Streßwirkung einer unabwendbaren Lebenssituation zu reduzieren. Trotzdem gebietet es die Vernunft, sorgsam zu prüfen, wieviel zusätzlichen Druck Sie möglicherweise auf das Kind ausüben, wenn Sie zu dieser Zeit allzu sehr auf Leistung dringen.

Wenn Sie meinen, daß seelische Belastungen und Hindernisse sowie Ablenkung als Probleme derzeit ausscheiden, und wenn Ihr Kind so viel vernünftige Unterstützung bekommt, wie Sie ihm bieten können, müssen Sie überlegen, wie Ihr Kind seine Beziehung zu Ihnen und wichtigen anderen Menschen in seiner Umgebung sieht. Prüfen Sie, was für Vorbilder Sie als Eltern Ihrem Kinde sind:

- Wieviel Zeit widmen Sie ihm?
- Inwieweit ermutigen Sie es?

Machen Sie ihm richtig klar, daß es unbesorgt mit Ihnen reden kann! Zeigen Sie ihm, wie lerneifrig Sie selbst sind! Das alles steht in Beziehung zu der Leistung Ihres Kindes und sogar zu seinen IQ-Werten.

Versuchen Sie sich zu vergegenwärtigen: Wann war das Kind besonders motiviert? Wozu? Im Zusammenhang mit wem? Besprechen Sie diese Situationen mit dem Kind und rufen Sie ihm durch behutsames Fragen in Erinnerung, wie stolz es auf das Geleistete war und wie dies sein Selbstwertgefühl hob. Vielleicht bitten Sie Ihr Kind dann, mit Ihnen einfach mal darüber zu sprechen, warum es jetzt offenbar «Null Bock» hat (s. Lektion 5: Kommunikation von Gefühlen). Sie wollen ja erreichen, daß Ihr Kind sich als ein Individuum sieht, das Leistungen erbringen kann, die der Mühe wert sind, und das stolz darauf ist. Wenn Diskussionen und aufmerksames Zuhören nicht weiterhelfen, müssen Sie sich mit einigen der folgenden Bereiche befassen.

Ebenso muß die Schulsituation bedacht werden. Normalerweise beginnt das hochbegabte Kind seine Schulzeit mit aktiver Neugier gegenüber seiner Umwelt und mit einem enormen Drang, sich auszudrücken und zu anderen in Beziehung zu treten. Es ist wichtig, dieses Verlangen und diesen Eifer als Einstellung zusammen mit selbstbewußtem Verhalten und Unabhängigkeit zu fördern. Der Grad der emotionalen Unabhängigkeit des

Kindes von seinen Lehrern und Gleichaltrigen läßt Vorhersagen in bezug auf Leistungszuwachs und weitere intellektuelle Entfaltung noch nach der zweiten Klasse zu.

Oft allerdings kann es diesen oberen drei Prozent der hochbegabten Kinder schwerfallen, in einem Erziehungssystem, das primär auf die anderen 97 Prozent hin orientiert ist, motiviert zu bleiben. Zu oft werden Enthusiasmus und Motivation des Kindes durch Personen erstickt, die mehr daran interessiert sind, daß es sich akzeptierten Mustern anpaßt. Manchmal hat es tatsächlich den Anschein, daß Lehrer gegen hochbegabte Kinder geradezu Opposition machen, indem sie sie durch Nichtbeachtung, schlechte Noten oder Bemerkungen demütigen oder ihnen so «Lektionen erteilen».

Doch nicht alle Lehrer bestrafen oder ignorieren hochbegabte Kinder, und viele Eltern schaffen es, daß ihre Kinder trotz motivationsgefährdender Hindernisse motiviert bleiben. Das sind die früher beschriebenen Menschen, die für das Leben des Kindes große Bedeutung erlangen. Ihre Charakteristika sind so wichtig, daß sie gar nicht genug hervorgehoben werden können. Diese Menschen ermutigten zu Beteiligung, zeigten Interesse an den Aktivitäten und Gefühlen des Kindes, ließen sich von ihm seine Entdeckungen und Gedanken mitteilen, machten es nicht lächerlich und bewiesen ihm, daß sie seine Gefühle verstanden und akzeptierten. Sie ließen keine Zweifel daran, daß ihnen sein Erfolg am Herzen lag, weil sie Erfolg für das Kind für wichtig hielten. Ein lernbereites und lernbegieriges Kind wird lernen, vorausgesetzt, es hat die Möglichkeit dazu und die nötige emotionale Reife. Zu fragen ist also:

- Was verhindert, daß das Kind lernbereit wird?
- Was blockiert es?

Wenn es emotional entmutigt ist und nicht lernen will, werden die Erziehungsversuche anderer scheitern, denn Sie können ein Kind vielleicht zwingen, sich mit seinen Büchern in sein Zimmer zu hocken, aber Sie können es nicht zwingen zu lernen. Wo die schulische Arbeit zum Schlachtfeld geworden ist, wird das Kind den Zensurenkampf fast immer nach seinen Vorstellungen für sich entscheiden, wenn es das will, und je länger der Kampf dauert, desto mehr verzögert sich die Selbstmotivierung. Man verhilft dem Kind also zu Motivation, indem man ihm hilft, Gründe zu entdecken, die es veranlassen können, lernen zu wollen und indem man Hindernisse beseitigt, die seinen Weg zur Motivation blockieren. Einige häufige Ursachen des Motivationsmangels bei hochbegabten Kindern haben wir in Box 6 auf der nächsten Seite zusammengestellt.

Box 6: Häufige Ursachen von Motivationsmangel

- Das Kind ist so oft kritisiert, korrigiert und in seinem Lebensentwurf in Frage gestellt worden, daß es nicht mehr daran glaubt, den Erwartungen der anderen genügen zu können; dann ist es sicherer, sich zu verweigern, als die Erwartungen anderer zu erfüllen.
- Der Motivationsmangel dient dazu, sich dem Zugriff von Lehrern und Eltern zu entziehen.
- Der Motivationsmangel ist eine Rebellion, gegen die seine Eltern machtlos sind, solange das Kind passiv streikt.
- Der Motivationsmangel ist ein Vermeiden von Risiko, da das Kind ja immer sagen kann, es wolle sich ja gar nicht ernsthaft bemühen, und damit schont es sein Ego.
- Der Motivationsmangel kann dem Kind helfen, von weniger begabten Gleichaltrigen akzeptiert zu werden.
- Der Motivationsmangel kann ein Ausdruck von Depression sein, vielleicht des Gefühls, mißverstanden zu sein.
- Der Motivationsmangel könnte andere dazu bewegen, ihm zu helfen und ihm die Beachtung zu schenken, die das Kind sich wünscht.

Wir fassen nochmal die wichtigsten Fragen zum Verständnis der Motivation Ihres Kindes zusammen:

- Wie erleben Sie die emotionale Atmosphäre in Ihrer Familie? Wohlwollend?, Kritisch?, Ungeduldig?, Tolerant?
- In welchen Bereichen sind Sie für Ihr Kind Vorbild?
- Wieviel Zeit widmen Sie täglich Ihrem Kind ausschließlich dazu, um es zu ermutigen?
- Wie schätzen Sie – zum Beispiel auf einer Skala von 1 bis 10 – den Grad der emotionalen Unabhängigkeit Ihres Kindes von Lehrern und Gleichaltrigen ein?
- Welche Gefühle blockieren möglicherweise die Lernfreude Ihres Kindes?
- Wo ist die Leidenschaft Ihres Kindes?

– Was fasziniert und begeistert es?
– Auf welche Art zeigen Sie Interesse an den Aktivitäten oder Gefühlen des Kindes?

2.2 Der Segen der intrinsischen Motivation

Wenn Sie einen Menschen motivieren wollen, müssen Sie ihm Ideen und Aufgaben so präsentieren, daß sie seinen Bedürfnissen entgegenkommen. Sie müssen bei den Gefühlen des Kindes ansetzen, wie sie zu diesem Zeitpunkt sind, und dürfen nicht vergessen, daß Menschen aus eigenen Bedürfnissen heraus handeln, nicht aus den Ihrigen. Zwei Beispiele:

– Vielleicht ist es für das Kind wichtiger, keine Fehlschläge zu riskieren, oder vielleicht «braucht» es den Gesichtsverlust eines Lehrers, der es steuern will. Sie müssen nun herausfinden, was die innere, intrinsische Motivation des Kindes ist. Welchen guten Dienst glaubt sich das Kind damit zu erweisen, daß es Widerstand leistet, sich zurückzieht oder sich weigert zu tun, was andere von ihm erwarten? Durch behutsames Fragen und Anerkennen seiner Gefühle können Sie Ihr Kind zu der Einsicht bringen, daß es sich letztlich selbst so sehr schadet, wie es das im Grunde gar nicht will.
– Ein Kind, das in einen Machtkampf mit einem Lehrer oder gar mit seinen Eltern verstrickt ist, hat vielleicht die Schule oder den Lehrer oder gar die Koalition Schule-Eltern zu seinem «Feind» erklärt, die von ihm immerfort – wie es findet – «lauter unheimlich blöden Kram» verlangt. So werden die Eltern die Schule dann manchmal als ein «notwendiges Übel» behandeln müssen.

Einerseits mutet die Schule dem Kind gewiß viel Leerlauf zu, andererseits hat sie manches zu bieten, worauf es Wert legt, zum Beispiel den Zugang zu späteren Bildungswegen, die seine Entscheidungsfreiheit vergrößern oder es seinen Wunschvorstellungen deutlich näher bringen können. Dies mag für die Eltern ein Seiltanz werden, da sie versuchen müssen, weder zu sehr für die Schule zu plädieren noch sie zu sehr zu kritisieren. Hochbegabte Kinder gewinnen grundsätzlichen Überlegungen oft mehr ab als pragmatischen, praktischen.

Sie können durchaus als Eltern in die Lage geraten, daß Sie bedenkliche grundsätzliche Mängel des Erziehungssystems sehr wohl sehen und nicht in Abrede stellen und gleichzeitig versuchen, Ihr Kind davon zu überzeugen, daß hier pragmatische Erwägungen Vorrang haben müssen. Während des minutiösen und komplexen sozialen Lernprozesses im Laufe der Entwicklung eines Kindes ist die Schule nur ein Aspekt des Lebens. Verlieren Sie nicht aus den Augen, daß es viele Dinge gibt, die wichtiger sind als schulisches Lernen. Das Sichaneignen von schulischem Wissen wird in Zukunft auch in anderen Formen möglich sein, die sich bereits heute andeuten.

Lebensfreude und Lernlust um der Sache willen – in tausend Variationen, auf mannigfaltige Ziele hin, motiviert durch Hingabe an die Sache, aus Liebe zum Lehrer oder um selber zur Geltung zu kommen – das gesamte Spektrum menschlicher Motive liefert dem Älteren Motivationswerkzeuge im Bemühen um den Jüngeren an die Hand. Intrinsische Motivation ist immer im Kind vorhanden. Anknüpfen, aufgreifen und modifizieren - das sind die Fähigkeiten und Fertigkeiten, um die es in dieser Lektion geht.

2.3 Ein kleiner theoretischer Exkurs

Im folgenden werden drei Theorien vorgestellt, die die Zusammenhänge von Motivation mit den physiologischen Bedürfnissen, den Emotionen und Gedanken eines Menschen beleuchten. Damit geben sie auf mehreren Ebenen Hinweise für die Erklärung von Motivationsmangel und für Ansatzpunkte zur Motivationssteigerung.

Die Bedürfnishierarchie nach Maslow

Maslow (1954) beschreibt eine Hierachie der Bedürfnisse (Abb. 3), die Ihnen helfen kann, manche Gründe des Verhaltens Ihres Kindes zu verstehen. Diese Hierarchie beginnt bei den Grundbedürfnissen des Menschen und baut sich über seine Wachstumsbedürfnisse bis zum Bedürfnis nach Selbstverwirklichung auf.

Sie ist eher als ein beschreibendes denn als ein normatives Modell zu verstehen, und Abweichungen tauchen immer auf. Dennoch kann man sagen, daß in den allermeisten Fällen die Bedürfnisse der unteren Stufen befriedigt sein müssen, bevor sich die Motivation auf Ziele der nächst höheren Stufe richten kann.

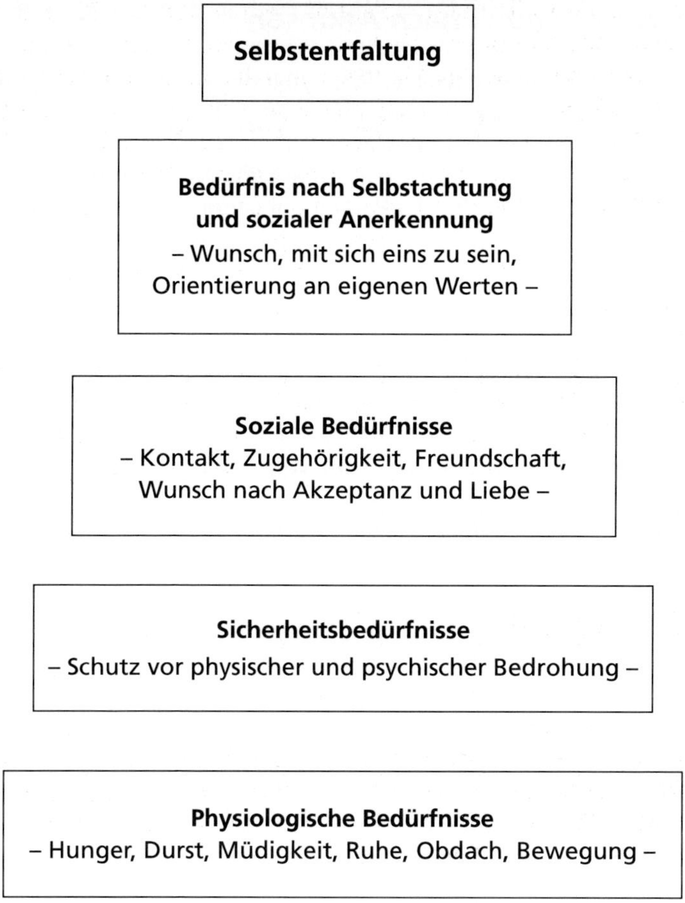

Abb. 4: Maslows Bedürfnishierarchie

Ein Beispiel: Ein hungriges, übermüdetes oder überanstrengtes Kind kann sich nur schlecht auf seine Hausaufgaben konzentrieren. Wahrscheinlich kann es auch nur schlecht lernen, wenn es unter psychischem Druck steht und Angst hat. Weniger offensichtlich ist die Möglichkeit, die gerade bei hochbegabten Kindern auftreten kann, daß ein Kind keinerlei Interesse an den Hausaufgaben zeigt, weil es sich zum Beispiel gerade damit auseinandersetzt, warum Menschen sterben müssen. Die Erledigung der Hausaufgaben erscheint ihm dann möglicherweise eher banal und sinnlos.

Risiko-Wahl-Modell nach Atkinson

Nach dem Modell von Atkinson (1957) hängt die Motivation, sich Aufgaben zu stellen und Leistung zu zeigen, davon ab, für wie wahrscheinlich eine Person das Ergebnis von Erfolg oder Mißerfolg hält und davon, welche Gefühle für die Person jeweils mit Erfolg bzw. Mißerfolg verbunden sind. Weiterhin entscheidend ist, ob eine Person eher motiviert ist, Erfolge zu erzielen (Erfolgsmotivation) oder Mißerfolge zu vermeiden (Mißerfolgsmotivation).

Wenn ein Kind Erfolgserlebnisse anstrebt, sich gute Erfolgschancen bei einer Aufgabe ausrechnet und sich vorstellt, wie es sich über diesen Erfolg freuen wird, dann wird es wahrscheinlich der Anforderung mit Interesse und Motivation begegnen. Ist es ihm wichtiger, Mißerfolgen aus dem Weg zu gehen, da diese vielleicht mit Gefühlen von Scham und Frustration verbunden sind, und geht es davon aus, die Aufgabe eher nicht bewältigen zu können, dann wird es eher unmotiviert reagieren und versuchen, sein «Versagen» zu begrenzen.

Mit dem Risiko-Wahl-Modell läßt sich erklären, wie durch Unterforderung hochbegabter Kinder Motivationsmangel entsteht: Das unterforderte Kind empfindet die Aufgaben als zu leicht und nicht herausfordernd und kann sich daher später über die erfolgreiche Bewältigung nicht freuen oder stolz darauf sein. Der entsprechende Anreiz durch die Erwartung positiver Gefühle als motivierender Faktor bleibt aus und das Kind verliert die Lust.

Hilfreich können aber auch folgende Fragen sein: Fühlt sich das Kind vielleicht durch die Aufgabe überfordert, weil sie in seinen Augen zu schwer oder zu umfangreich ist? Ist die Vorstellung von Mißerfolg für das Kind sehr bedrohlich und mit Scham- und Schuldgefühlen verknüpft? Dieser Aspekt ist besonders wichtig bei hochbegabten Kindern mit einem perfektionistischen Anspruch an sich selbst. Welchen Grund könnte das Kind haben, sich in erster Linie vor Mißerfolgen zu schützen? Wie gehen Sie in Ihrer Familie mit Erfolg und Mißerfolg um? Welchen Stellenwert hat Leistung und was gilt als Leistung?

Motivationssteuerung durch Attribution nach Weiner

Ob ein Erfolgs- oder ein Mißerfolgserlebnis sich dauerhaft positiv oder negativ auf die Motivation auswirkt, hängt auch damit zusammen, wie man sich das Erlebnis erklärt. Das heißt also, welche Ursachen der Leistung zugeschrieben werden. Die Art der Ursachenzuschreibung – man spricht auch von Attribution – beeinflußt die Motivation eines Menschen (Weiner, 1988). Es macht einen Unterschied, ob man sich einer Situation ausgeliefert fühlt oder eigene Möglichkeiten sieht.

Ursachen können einerseits als zeitlich stabil oder variabel beschrieben werden (Aspekt: Stabilität). Andererseits kann man sie internal, das heißt in der eigenen Person suchen oder external, in der Situation bzw. bei anderen Personen (Aspekt: Personenabhängigkeit). Dieser Prozeß der Ursachenzuschreibung durch eine Person erfolgt meist automatisch nach jeder leistungsbezogenen Situation, und das Ergebnis stellt kein Abbild der realen Zusammenhänge dar. Für die Person sind dic angenommenen Ursachen jedoch von großer Bedeutung – sie beeinflussen die Erwartung von und die Gefühle bei Erfolg und Mißerfolg. Die folgende Grafik stellt die Ergebnisse der Ursachenzuschreibungen schematisch dar:

		Personenabhängigkeit	
		internal	*external*
Stabilität über die Zeit	*stabil*	Attribution auf Fähigkeit	Attribution auf Schwierigkeit
	variabel	Attribution auf Anstrengung	Attribution auf Zufall

Nimmt zum Beispiel ein Prüfling nach einer guten Prüfung an, seine Leistungen hätten den Prüfer überzeugt und seine besondere Fähigkeit (internal) hätte ihm geholfen, so wird er wahrscheinlich zum einen Stolz und Freude empfinden und zum anderen im Vertrauen auf seine Stärken beruhigt in die nächste Prüfung gehen (Attribution auf Fähigkeit).

Jedoch könnte er sich den Prüfungserfolg auch damit erklären, daß er für diese Prüfung (zeitlich variabel) besonders viel gelernt hat und denken:

– *«Ob die nächste Prüfung auch gut wird, hängt dann davon ab, wieviel Mühe ich mir gebe.»* (Attribution auf Anstrengung)

Weitere Möglichkeiten sind, daß der Prüfling sich den Erfolg durch die Schwierigkeit der Prüfung (external) erklärt. Geht er davon aus, daß das nur dieses eine Mal und aus unbekannten Gründen der Fall war, erklärt er sich den Prüfungserfolg als Zufall. Wenn der Prüfling die Prüfung nicht bestanden hätte, gäbe es nach dem Modell wiederum vier Möglichkeiten, Ursachen für den Mißerfolg zu finden. Beispielhaft dazu die folgenden Gedanken:

- *«Ich kann das einfach nicht. Mit den mündlichen Prüfungen komme ich einfach nicht zurecht. Mir graut schon vor der nächsten.»* (Attribution auf Fähigkeit)
- *«Ich habe einfach nicht genug gelernt. Aber vielleicht habe ich dann bei der nächsten Prüfung eine Chance, wenn ich mich bemühe.»* (Attribution auf Anstrengung)
- *«Die Prüfung war viel zu schwer. Es wird doch sehr viel verlangt. Das gilt wahrscheinlich für alle kommenden Prüfungen auch.»* (Attribution auf Schwierigkeit)
- *«Das war einfach Pech. Der Prüfer hat mich genau das gefragt, was ich nicht konnte. Ich glaube nicht, daß alle Prüfer so gemein fragen.»* (Attribution auf Zufall)

Die Beispiele zeigen, wie unterschiedlich eine Situation erklärt und erlebt werden kann. Ähnlich variabel sind auch die Konsequenzen, die verschiedene Menschen aus Erfolgs- oder Mißerfolgserlebnissen ziehen. Die Art, wie ein Mensch sich Ereignisse erklärt, ist relativ stabil und wird daher auch als Stil bezeichnet. Ungünstige Attributionsstile, wie zum Beispiel Erfolg immer mit Zufall und Mißerfolg mit mangelnder Fähigkeit zu erklären, schaden nicht nur dem Selbstbewußtsein, sondern auch der Motivation.

2.4 Motivationsmöglichkeiten jenseits von Lob und Tadel

Vielleicht fragen Sie sich nun «Schön und gut, aber was fange ich mit diesen Informationen an? Was kann man denn praktisch tun?» Wenn Sie das bisher Gesagte verstanden und zu Ihrer eigenen Situation in Beziehung gesetzt haben, war das schon ein wesentlicher praktischer Schritt! Sie können zum Beispiel durch behutsames Nachfragen im Gespräch mit Ihrem Kind erfahren, wie es sich das Zustandekommen von Ereignissen, von Erfolg und Mißerfolg erklärt. Beachten Sie dabei, daß sich Gefühle wie Ungenügen oder Schuld nicht einfach wegreden lassen, sondern sprechen Sie mit Ihrem Kind über diese Gefühle und entwickeln Sie bei Erklärungen, die das Kind entmutigen oder behindern, gemeinsam alternative Denkmöglichkeiten. Wir werden darauf in dem Kapitel über Kommunikation von Gefühlen ausführlich eingehen.

Hier möchten wir betonen: *Sie müssen sich darüber klar sein, daß Ihr Kind nicht unmotiviert ist, sondern nur nicht so motiviert, wie Sie es gerne hätten.* Um das zu ändern, müssen Sie das Kind davon überzeugen, daß Sie es verstehen wollen, daß es Ihnen wichtig ist, daß es Ihnen heikle, schwierige Gefühle und Anliegen anvertrauen kann.

Nachdem Sie den Grundstein für ein solches Vertrauensverhältnis gelegt und den Eindruck gewonnen haben, daß Sie den Standpunkt und die Wünsche Ihres Kindes jetzt besser verstehen, können Sie drei Hauptansätze für einen Motivationstransfer bei Ihrem Kind ins Auge fassen. Diese drei Ansätze sind: Sukzessiv-Erfolge, Ziele setzen und persönliche Beziehungen.

Sukzessive Erfolge

Gleichgültig, ob Ihr Kind motiviert, zum Teil motiviert oder negativ motiviert ist, können Sie ein erwünschtes Verhalten nach dem Prinzip der «Sukzessiv- Erfolge» ansteuern. «Sukzessiv-Erfolge» heißt, daß Sie anfangs selbst dem winzigsten Schritt, den das Kind in die «richtige» Richtung tut, Aufmerksamkeit schenken und ihn dadurch verstärken. Wenn das anschlägt, bieten Sie Verstärkung fortan nur noch bei weiterer Annäherung an das erwünschte Verhalten. So gehen Sie in zahlreichen, aber kleinen, aufeinanderfolgenden Schritten vor. Natürlich ist es oftmals das beste, daß Personen etwas um ihrer selbst willen tun und nicht mit dem Blick auf eine von außen kommende Belohnung. Mit Belohnug meinen wir hier eher Aufmerksamkeit für die kleinen Schritte. Diese Belohnung soll den Anfangsimpuls geben.

Bemerken Sie daher anfangs wirklich schon den kleinsten Fortschritt und erkennen Sie auch den bloßen Versuch an! Sie wollen Ihrem Kind ja bei der Erfahrung helfen, daß es ihm selbst zugute kommt, wenn es sich bemüht, etwas zu erreichen. Belohnungen können auch nicht-materieller Natur sein! Aufmerksamkeit, ein paar freundliche Worte der Bewunderung oder Ermutigung oder der um die Schulter gelegte Arm können mehr Bedeutung haben als Geld oder Tokens (verstärkende «Wertzeichen», die gegen besondere Privilegien oder Gegenstände eingetauscht werden können). Beim Motivieren zu einem neuen Verhalten müssen die Belohnungen so oft erfolgen, daß das neue Verhalten aufrechterhalten wird. Nicht nur das Endergebnis zählt, sondern jeder Schritt auf dem Weg zum Ziel. Dieser Punkt sei hier hervorgehoben, denn er gehört wohl zu den am häufigsten übersehenen Verhaltensaspekten. Die Häufigkeit der Belohnung ist wichtiger als ihre Größe. Zum Beispiel wirken fünf lustige Luftballons viel mehr, wenn das Kind sie nicht alle auf einmal, sondern nach und nach bekommt.

Oft wird auch der Fehler gemacht, eine Belohnung oder eine andere Rückmeldung des Ergebnisses (Feedback) zu lange hinauszuzögern. Am wirksamsten sind sofortige Konsequenzen! Wenn Sie damit zu lange warten, laufen Sie Gefahr, daß das Kind das Verhalten aufgibt, das Sie verstärken wollen. Vielleicht bringt es Ihre Belohnung dann gar nicht mehr mit seinem Verhalten in Verbindung. Natürlich, das wissen wir, können Sie nicht immer zur Stelle sein, um das Verhalten Ihres Kindes zu verstärken. Tun Sie letzteres jedenfalls so prompt wie möglich. Schon ein rasch improvisiertes, kleines Zeichen der Anerkennung vermag, wenn unverzüglich gegeben, eine Brücke zu bauen. Dazu eignet sich alles mögliche, von einem Wink mit den Augen oder einem Lächeln bis zu einem richtigen Eintauschverstärker, zum Beispiel ein Schuldschein «Anrecht auf eine Leckerei».

Zielsetzung

Zu einem langfristigen Ziel, zum Beispiel ein ganzes Halbjahr hindurch, motiviert zu bleiben, ist schwierig und nicht ohne Unterstützung möglich. Dennoch stellen wir als Eltern oft Aufgaben, mit denen wir verlangen oder erwarten, daß sich das Kind sofort langfristig festlegt. Zum Beispiel: «Wenn du mir zeigst, daß du das einen ganzen Monat lang durchhältst...». Auf langfristige Ziele hinzuarbeiten will gelernt sein; diese Fähigkeit stellt sich nicht von heute auf morgen ein. Es setzt eine sorgsame Zielplanung mit Zwischenzielen als Etappen voraus, deren Erreichen jeweils belohnt wird. Es ist wichtig, daß Sie häufig kleine Belohnungen geben, aber außerdem muß das Kind mit Ihrer Hilfe lernen, sich für solche Teilerfolge selbst zu belohnen. Dies sind «Raststellen» auf dem Wege zum Hauptziel. «Unterwegs» können Belohnungen für hochbegabte Kinder besonders dann wichtig werden, wenn sie zum ersten Mal eine Aufgabe vor sich haben, die sie wirklich fordert und die fortgesetzter Anstrengung bedarf.

Unangemessene Zielsetzung kann das Kind dazu bringen, daß es sich als Versager empfindet. Vielleicht steckt es sich ein viel zu hohes oder ein viel zu niedriges Ziel, oder ein so vages (zum Beispiel «gut» sein), daß es nicht klar erkennen kann, wann es erreicht ist. Hb Kinder müssen wie die meisten anderen Kinder lernen, wie man sich Ziele setzt – vorläufige, erreichbare auf kurze Sicht ebenso wie Ziele auf lange Sicht. Manchmal hilft eine schriftliche Ziel-Vereinbarung, ein vom Kind aufgesetztes «Zielabkommen». Da sich hochbegabte Kinder so oft auf Ziele einstellen und sie zu ihrem Organisationsschwerpunkt machen, ist ein gutes Zielsetzungsvermögen für sie besonders wichtig. Viele Menschen lernen die Techniken des Zielsetzens und des Klärens von Wertorientierungen als Erwachsene. Hochbegabte Kinder können diese Methoden dank ihrer geistigen Fähigkeiten schon früh im Leben begreifen und selbst anwenden.

Zielsetzung führt gewöhnlich zu Zielklärung, zumal in komplexen menschlichen Situationen. Es ist schwierig, sich Ziele zu setzen oder sich klar zu motivieren, wenn man Motive hat, die miteinander konkurrieren. Besonders kann es dem Kind schwerfallen, sich bei Alternativen für das langfristig Erwünschte und nicht für das kurzfristig Lohnende zu entscheiden. Das hochbegabte Kind mag aus solchen leichter herausfinden, wenn es gelernt hat, wie man Werte klassifizieren und Prioritäten setzen kann. Zum Beispiel hilft es ihm vielleicht, sich in einem «Planspiel» zu überlegen, was es tun würde, wenn es nur noch sechs Monate zu leben hätte. Was würde es dazu brauchen? Wie könnte es in sich selbst investieren, so daß es das tun könnte? Welche Konsequenzen würden sich für andere ergeben? Wie wichtig ist das für es selbst?

Auch Eltern müssen ihre Wertvorstellungen prüfen. Wollen Sie als Eltern, daß Ihr Kind einmal die Abschiedsrede bei der Schlußfeier der Schule hält oder daß es Klassen- oder Schulsprecher wird, oder interessiert Sie mehr, was immer sich aus der einzigartigen Persona des Kindes und seinen Zielen entwickeln könnte? Verfolgen Sie als Eltern praktische Ziele mit Ihrem Kind? Möchten Sie, daß Ihr Kind einen finanziell einträglichen Beruf ergreift, der Sicherheit bietet, oder sind Ihre Ziele mehr philosophischer Art, wie zum Beispiel der Wunsch, daß Ihr Kind wahre Befriedigung finden möge? Oder wollen Sie für Ihr Kind beides, Befriedigung und Sicherheit? Welche Zwischenziele haben Sie für Ihre Kinder festgelegt? Woran werden Sie erkennen können, daß Ihr Kind eines dieser Ziele erreicht hat? Setzen Sie sich mit Ihren Zielen in unangemessener Weise über die Ziele Ihres Kindes hinweg, vielleicht, weil es eine Gelegenheit nutzen soll, die Sie in ihrer Kindheit versäumt haben? Als Eltern hochbegabter Kinder müssen Sie besonders Ihre eigenen Bedürfnisse nach sozialer Billigung kritisch durchleuchten, denn dieser Bereich wird einen gewaltigen Einfluß darauf haben, wie Sie und Ihre Kinder die entstehenden Probleme behandeln. Denjenigen von Ihnen, die sich eingehender mit Zielsetzungsfragen beschäftigen möchten, empfehlen wir das Buch «Values Clarification» (Simon et al., 1972).

Sinnvolle Zwischenziele zu Endzielen (Box 7) erleichtern dem Kind den Gesamtweg und ermöglichen ihm zwischendurch Erfolgserlebnisse. Wie wollen Sie das erreichen? In welchem Zeitraum soll es geschafft werden? Welches sind Ihre Erfolgskriterien? Wenn große Endziele Schritt für Schritt über Einzelaufgaben angesteuert werden, die das Kind jeweils gut bewältigen kann, bestärkt es das Gelingen von Etappe zu Etappe in dem Gefühl, daß es die Dinge im Griff hat und kompetent ist. Dies wiederum bestärkt es in seiner fortlaufenden Motivation und beugt Entmutigung vor.

Box 7: Kriterien für eine gute Zielformulierung

- Das Ziel sollte für Ihr Kind bedeutsam sein.
- Beschreiben Sie zusammen mit Ihrem Kind das Ziel so konkret wie möglich, am besten in Verhaltenskategorien.
- Beschreiben Sie das Ziel so klein wie möglich und so groß wie nötig.
- Formulieren Sie das Ziel positiv; das heißt, als Anwesenheit von etwas und nicht als Abwesenheit.
- Formulieren Sie das Ziel und sein Erreichen prozeßhaft; das heißt, das Ziel sollte eher den Anfang als das Ende von etwas beschreiben.
- Das Ziel sollte im Lebenskontext des Kindes realistisch und erreichbar sein.

Die motivierende Kraft persönlicher Beziehungen

Je mehr uns persönlich eine Aufgabe bedeutet und je stärker sie uns gefühlsmäßig anspricht, desto zwingender wird unser Bedürfnis, sie zu lösen. Ebenso gilt: Je wichtiger Wissen für persönliche Beziehungen ist, derer wir uns erfreuen, desto mehr sind wir daran interessiert, dieses Wissen zu erwerben. Die Motivation eines Kindes zur Leistung, zum Lernen, dazu, Wissen zu zeigen und zur Gruppe beizutragen, ist eng damit verknüpft, wie es sich selbst sieht, und wie es mit signifikanten anderen zusammenzupassen glaubt. Die meisten seiner Bedürfnisse befriedigt der Mensch direkt oder indirekt im Zusammenhang mit anderen Menschen, und bei Kindern ist Motivation oder deren Blockade zum größten Teil durch die Verhaltensweisen seiner Umgebungspersonen bedingt. Dieses Merkmal der menschlichen Existenz bietet Ihnen Gelegenheit, die Motivation Ihres Kindes positiv zu beeinflussen, indem Sie auf Ihrer Beziehung zu Ihrem Kind aufbauen. Es gibt für Sie mehrere Möglichkeiten, Ihrem Kind dadurch, daß Sie sich selbst einbringen, zu mehr Motivation zu verhelfen oder seine Motivation in verschiedenen Richtungen zu kanalisieren.

Leistung anerkennen – Zeigen Sie dem Kind, was Sie empfinden und wie Sie seine Gefühle interpretieren. Nur allzu oft ignorieren wir das Kind, oder wir stufen es ein oder bewerten es. Sagen Sie ihm zum Beispiel nicht: «Das ist ein gutes Zeugnis.», sondern: «Wenn ich so ein Zeugnis sehe, bin ich ganz stolz und glücklich. Und ich glaube, du bist auch selber stolz auf deine Fortschritte.» Das sind die «Ich-Botschaften», mit denen Sie vielleicht unter dem Schlagwort «Familienkonferenz» (Gordon, 1970) vertraut geworden sind.

Zu Versuchen ermutigen – Wenn Sie über Ihr Verhalten oder das des Kindes sprechen, sollten Sie deutlich machen, daß Sie Fortschritte erwarten, keine Perfektion. Geben Sie dem Kind das Gefühl, daß Sie darauf vertrauen, es werde verständig und verantwortungsbewußt handeln.

Gemeinsame Aktivität – Wenn Sie und Ihr Kind gemeinsam etwas tun, sieht es, wie Ihre Motivation am Werke ist, und kann einen Begriff von Ihren Wertorientierungen bekommen. Vielleicht können Sie es sogar ein bißchen «anstecken» mit Ihrer Begeisterung oder Ihrer Freude am Vollbringen.

Zielsetzung, Sukzessiv-Erfolge und persönliche Beziehungen lassen sich schlecht getrennt erörtern. Im Leben sind sie in den meisten Situationen unauflösbar miteinander verquickt. Alle drei sind gute Ansätze für die Herbeiführung eines Motivationstransfers.

Bedenken Sie, zu irgend etwas sind hochbegabte Kinder fast immer motiviert. Es ist eben nicht so, daß sie keinerlei Motivation haben – nur konzentrieren sie ihre Energien nicht auf das, was Sie für richtig halten. Über die persönliche Beziehung, durch Sukzessiv-Erfolge, mit Zielsetzung und anderen Techniken gelingt es oftmals, auf ihren aktuellen Aktivitäten aufzubauen und ihre Motivation zu formen, zu übertragen und zu kanalisieren. Ein hoher Leistungsgrad des Kindes auf einem Gebiet strahlt auf andere Gebiete aus und kann die Leistungs- oder Lernmotivation des Kindes dort günstig beeinflussen. Das Verhalten sollte nicht auf eine Art und Weise gelobt werden, die sein Handeln weniger selbstbestimmt sein läßt. Ein Beispiel: Eine Mutter hat mit ihrer zehnjährigen Tochter in Ruhe überlegt, welche Aufgabe im Haushalt die Tochter übernehmen möchte, nachdem die Mutter ihr deutlich gemacht hat, daß sie es unfair findet, die ganze Arbeit alleine zu tun. Die Tochter kümmert sich daraufhin die Woche über um das Abendessen und wird dafür von der Mutter folgendermaßen gelobt: «Du bist ein braves Mädchen. Ich bin dir sehr dankbar, daß du mir zuliebe im Haushalt hilfst.» Obwohl das Lob vielleicht gut gemeint ist, bleibt es für das Kind unannehmbar und unverständlich. Schließlich wollte es nicht brav sein und der Mutter zuliebe helfen, sondern hat verstanden, daß seine Unterstützung gebraucht wird und hat die Verantwortung für eine Aufgabe übernommen.

In Box 8 werden einige Prinzipien des Lobens und der Kritik angeführt.

Box 8: Prinzipien des Lobens und der Kritik

Prinzipien des Lobens:

- Achten Sie auf die Stärken des Kindes. Was hat es richtig gemacht? Was kann es bereits gut? Gehen Sie davon aus, daß nichts so selbstverständlich ist, daß es nicht erwähnt werden sollte.
- Jeder noch so kleine Fortschritt ist lobenswert. Erkennen Sie das Kind für das an, was es im Rahmen seiner Möglichkeiten leistet. Kinder freuen sich über die eigenen Fortschritte; der Vergleich mit anderen ist eher nebensächlich.
- Erkennen Sie nicht nur das Endergebnis, sondern auch die aufgebrachte Anstrengung an, insbesondere dann, wenn das Kind selber vom Ergebnis enttäuscht ist. «Wegloben» der Enttäuschung funktioniert nicht; ermöglichen Sie dem Kind die Freude über sein Durchhaltevermögen.
- Lob erreicht das Kind dann, wenn es die eigenen Maßstäbe des Kindes trifft. Lassen Sie sich zuerst von Ihrem Kind seine Aktivität beschreiben, um zu erfahren, worauf es dem Kind ankommt.
- Loben Sie nichts, was Sie nicht auch gefühlsmäßig anerkennen.

Prinzipien der Kritik:

- Trennen Sie Gefühl, Handlung und Absicht voneinander. Kritisieren Sie nur die Handlung und nicht die Person des Kindes.
- Finden bzw. unterstellen Sie Ihrem Kind eine gute Absicht.
- Machen Sie konkrete Vorschläge, worauf das Kind beim nächsten Mal achten könnte (nicht mehr als 2 Vorschläge auf einmal).
- Trennen Sie Lob und Kritik deutlich voneinander (kein «Ja,aber»).

2.5 Mehrleistung (Overachievement)

Darüber hören wir Eltern nur selten klagen. Das Problem tritt eher im Erwachsenenleben in Erscheinung. Immer öfter begegnen wir dort «workaholics», Arbeitssüchtigen, die in der Mitte ihres Lebens plötzlich aufwachen und entdecken, daß sie «nie richtig gelebt», sondern für Arbeit oder Leistung alle anderen menschlichen Werte geopfert haben. Wenn Eltern in erster Linie davon ausgehen, daß sie es mit Kindern zu tun haben, vergessen sie vielleicht, die Werte, die sie ihre Kinder lehren, in die Zukunft zu projezieren und sich dadurch zu vergegenwärtigen, wie diese Werte das Leben Erwachsener beeinflussen werden. Jeder Mensch muß sich entspannen, braucht das Spiel, benötigt Ruhe und Zeit für tiefe und befriedigende zwischenmenschliche Beziehungen. In Mehrleistung kann sich bei hochbegabten Kindern ein größeres Problem ankündigen.

Wenn hochbegabte Kinder über sich selbst oder ihre Lebenssituationen unglücklich sind, versuchen sie oft, empfundene Mängel im emotionalen Bereich durch eifriges, ja verzweifeltes Streben nach Leistung auszufüllen. Wer aber auf einem Gebiet ganz oben sein will, muß in der Regel zahlreiche, persönliche Opfer bringen und mit intensiver, unermüdlicher Hingabe am Ball bleiben. Manche Eltern hochbegabter Kinder treiben ihre Kinder vielleicht bewußt oder unabsichtlich an – schärfen ihnen immer wieder ein, daß sie das Zeug zur Nummer eins auf den von ihnen erkorenen Gebieten haben. Allein, um welchen Preis? Zuviele hb Kinder bezahlen zumal, wenn sie junge Erwachsene werden, für Hochleistung damit, daß der Aufbau wechselseitig herzlicher und stützender Beziehungen zu kurz kommt.

2.6 Investieren Sie in Ihre Beziehung

Wie können Eltern dazu beitragen, daß ihre Kinder hohe Motivation entwickeln, aber dennoch als Menschen zufrieden und anderen menschlich eng verbunden bleiben? Der Schlüssel zu diesem Problem ist unserer Ansicht nach eine logische Konsequenz dessen, was wir oben über die Minderleistung gesagt haben. Die Keime der Mehrleistung werden früh gepflanzt. Betont wird Leistung, weniger die Person. Das kann dadurch bewirkt sein, daß Eltern die Preise und Trophäen des Kindes geradezu unsinnig glorifizieren, oder daß wichtige andere Bezugspersonen seinen Leistungen große Bedeutung beimessen, oder daß ihm seine Leistungen die ersehnte Zuflucht vor einer unerfreulichen Umwelt bieten. Alledem liegt aber zugrunde, daß das Kind sich als Person nie auf die Dauer akzeptiert fühlen konnte. Hinzu kommt, daß das Lob für die Mehrleistung hochbegabter Kinder gewöhnlich ein «ja, aber...» ist und besagt: «Das hast du gut gemacht, aber es wäre besser gewesen, wenn du es anders gemacht hättest.» Immer wieder wird dem Kind damit zu verstehen gegeben: «So, wie du bist, kann man dich als Mensch nicht völlig akzeptieren, aber man könnte es vielleicht, wenn du ein bißchen mehr tun würdest.»

Untersuchen Sie also, inwieweit Sie Leistung auf Kosten der Beziehung zu Ihrem Kind betonen. Beobachten Sie sich daraufhin, wie Sie mit Ihrem Kind sprechen, und kontrollieren Sie insbesondere, ob Sie genauso mit Erwachsenen reden würden, die Ihre Wertschätzung genießen und die Ihnen gefallen. Würden Sie beispielsweise tatsächlich zu Ihrem Ehepartner sagen: «Schatz, deine Schweinekoteletts heute abend waren schon gar nicht schlecht, aber du könntest es noch besser machen, wenn du wirklich ganz bei der Sache wärest.» Oder würden Sie zu Ihrem Ehepartner sagen: «Liebling, wenn du dir bloß mehr Mühe geben wolltest, du könntest das kaputte Fenster ebenso gut reparieren wie der Hans Müller nebenan. Du bist einfach nicht stolz genug auf deine Arbeit.»

Allzu oft erwecken wir durch die Art, wie wir sie zu motivieren versuchen, bei unseren Kindern den Eindruck, daß sie nicht gut genug sind, und das nagt an ihrem Selbstkonzept. Wir tadeln sie, weil sie die Dinge nicht richtig beurteilen, wir vergleichen sie direkt und coram publico mit anderen, oder wir bedeuten ihnen, daß ihre Interessen oder Verhaltensweisen nicht genügen. Es muß unser Ziel sein, unseren hochbegabten Kindern zu helfen, ihre Interessen so zu kultivieren, daß sie Freude daran haben und sie sinnstiftend mit anderen teilen können. Die Lenkung dieser Entwicklung als eines Teils der Entwicklung eines stabilen Selbstkonzepts erfordert Disziplin, vor allem Selbstdisziplin des Kindes wie seiner Eltern.

2.7 Fragen

Auch wenn ich meinen Sohn zu bestechen versuche – der Junge spurt nicht. Wie kriege ich ihn dazu,daß er tut, was er soll?

Mit Bestechung kann man offenbar besonders bei hochbegabten Kindern kaum etwas ausrichten. Sie durchschauen Manipulationsversuche. Eine Belohnung ist etwas anderes als eine Bestechung. Eine Bestechung bildet einen Bestandteil eines Vertrages, den Sie Ihrem Kind offerieren, um es zu veranlassen, etwas zu tun, was es nicht tun will; Ihr Junge hat das «Recht», einen in dieser Form vorgeschlagenen Vertrag abzulehnen. Eine Belohnung dagegen ist ein erfreuliches Angebot und nicht in einen Vertrag eingebunden. Mit Druckmitteln und Vorschriften können Sie das Kind vorübergehend zu konformem Verhalten bringen, aber Kooperation von seiner Seite wird erst möglich, wenn Sie eine Beziehung aufbauen, die von Vertrauen und dem Gefühl der Übereinstimmung seiner und Ihrer Ziele getragen ist. Das verlangt Geduld, Zeit und geschicktes Vorgehen mit dem Ziel, Ihrem Kind die Bedeutung von Kooperation und den Wert dessen klarzumachen, was es gemeinsam mit Ihnen tun soll.

Wenn ich mein Kind mit Belohnungen ansporne, erziehe ich es dadurch nicht dazu, Belohnungen zu erwarten, statt manches einfach deshalb zu tun, weil es getan werden muß?

Das ist bei hochbegabten Kindern weniger problematisch als bei vielen anderen Kindern. Die meisten hochbegabten Kinder sind offenbar intrinsisch motiviert. Sie sind neugierig und mögen viele Tätigkeiten einfach deshalb, weil sie ihnen Spaß machen. Schwierig wird es meist, wenn andere Menschen Forderungen an sie stellen. Mit Belohnungen kann man anfangs Verhalten formen oder neue Verhaltensweisen lehren und verstärken, bis diese Verhaltensweisen selbst als lohnend empfunden werden. Man darf nicht vergessen, daß in dieser Welt sehr viel Energie angemessenerweise darauf verwandt wird, durch Arbeit Belohnung zu erlangen, also Geld zu verdienen. Ein regelmäßiges Einkommen ist ein erwünschtes Ziel. Manche hb Kinder haben da ein ganz anderes Problem, sie interessieren sich oft nicht für materiellen Lohn,und deshalb scheitern Eltern häufig, wenn sie mit Belohnungen erreichen wollen, daß sich die Kinder an ein übliches Arbeitsschema halten.

Mein Kind lebt anscheinend in seiner eigenen Welt. Was wir von ihm erwarten, ist ihm offenbar egal. Wie können wir den Jungen etwas in unserem Sinne umorientieren?

Wenn Sie ihn davon überzeugen, daß Sie wichtig finden, was er tut, wäre vielleicht der erste Brückenschlag geschafft. Beweisen Sie ihm zunächst, daß Sie voll auf seine Fähigkeiten vertrauen. Lassen Sie ihn das geben, was er geben will. Wenn Sie ihm ermöglichen, stolz darauf zu sein, daß er Sie bereichert, signalisieren Sie ihm damit, daß das, was er zu bieten hat, der Mühe wert ist.

Meine Tochter könnte lauter bessere Noten haben, wenn sie sich bloß Mühe geben würde. Warum tut sie es nicht? Was kann ich tun?

Wahrscheinlich bringt sie's nicht, weil es für sie nicht wesentlich ist, jedenfalls nicht so wichtig wie für Sie. Das ist ein bißchen wie mit dem ersten Auto. Erinnern Sie sich noch, wie nebensächlich für Sie die Kosten waren, wenn Sie mit dem Wagen ihrer Eltern herumkutschiert sind? Sie machten sich keine Gedanken darüber, wieviel Benzin Sie verbrauchten oder daß Sie ja die Reifen mit abnutzten. Aber kaum hatten Sie Ihren ersten eigenen Wagen, war alles anders. Jetzt zählten diese Dinge für Sie sehr wohl. Versuchen Sie also, Ihre Interessen mit denen Ihrer Tochter zu verknüpfen. Worin liegt ihre Stärke, worauf läßt sich bei ihr aufbauen? Ihr Interesse an Ihrer Tochter als Person und an ihren Leistungen sind gute Ansatzpunkte, wenn Sie ihr zugleich unmißverständlich klarmachen, daß die schulische Arbeit ihre Pflicht ist, der zu genügen Sie ihr zutrauen. (Übrigens: Da Sie Ihre Tochter nicht zu besseren Zeugnissen zwingen können, lockern Sie mit Ihrem Vertrauen auch keine Zügel, denn die hatten und haben Sie ja überhaupt nicht in der Hand!) Seien Sie ihr höchstens eine Art technischer Beistand und helfen Sie ihr zu durchdenken, wie sie ihr Problem anpacken soll, ob sie Nachhilfeunterricht haben möchte oder jemanden, der sie zu Hause abhört. Wenn sie sich für Nachhilfeunterricht entscheidet, soll sie telefonieren und einen Termin vereinbaren, und sie soll das Honorar innerhalb bestimmter Grenzen aushandeln. Und sie sollte das Recht haben, Stunden abzusagen oder dem Nachhilfelehrer zu kündigen. Sie können das Transportmittel zur Verfügung stellen und die ganzen oder einen Teil der Kosten übernehmen.

Wie kanalisiert man Motivation? Für mein Kind gibt es nur eins – seine Astronomie. Morgens, mittags, nachts!

Das klingt nach einer großartigen Chance, denn diese Situation bietet Ihnen einen klaren Ansatzpunkt. Es kommt nun darauf an, vom Fundament Astronomie her andere Bereiche zu erschließen. Mit Gebieten wie Physik und Mathematik dürfte das relativ leicht sein; Sprachen und Staatskunde sind da vielleicht härtere Nüsse, aber doch knackbare. Gehen Sie auf jeden Fall von der Interessenlage Ihres Sohnes aus und nutzen Sie seine starke Seite so, daß die Situation für ihn arbeitet, nicht gegen ihn. Vielleicht helfen Sie ihm, die Herausgabe eines Astronomie-Infos mit ihm als Autor oder als Redakteur in Angriff zu nehmen, oder regen Sie an, daß er die Arbeit des Gesetzgebers oder die politische Entwicklung speziell im Hinblick auf ihre Auswirkungen auf das Raumfahrtprogramm verfolgt.

3. Lektion: Disziplin

Was hat Disziplin mit Hochbegabung zu tun? Vielleicht mehr, als die meisten Menschen glauben. In diesem Kapitel werden wir uns mit einigen besonders relevanten Aspekten dieses Themas befassen. Einer davon ist, daß wir zwischen «Disziplin» und «Bestrafung» klar unterscheiden müssen. Bestrafung kann tatsächlich die gemessene Intelligenz eines Kindes reduzieren. In mindestens einer Untersuchung (McCall et al., 1973) ist bei Kindern im Vorschulalter aus Elternhäusern, wo schlechtes Betragen harte Strafen nach sich zog, eine signifikante Verschlechterung der IQ-Werte nachgewiesen worden. Ein weiteres Ergebnis dieser Untersuchung: Wo die Eltern die disziplinarischen Zügel schleifen ließen, gingen die IQ-Punktzahlen von Kindern in ihren Vorschuljahren zurück, aber im Laufe der mittleren Schuljahre erreichten die Kinder weitgehend wieder ihre früheren IQ-Werte. Kinder dagegen, die im Elternhaus ganz eindeutig Unterstützung fanden, an der Familie einen festen, dauerhaften Bezugsrahmen hatten und daheim ohne Härte dazu angehalten wurden, die ihnen gesetzten Grenzen zu respektieren, verbesserten ihre IQ-Werte bis Altersstufe acht.

Im Gegensatz zu motivationalen Problemen ist das Kind in Situationen, in denen Disziplin Thema wird, stark motiviert, etwas zu tun, was uns nicht gefällt. Es geht darum, daß das Kind ein Verhalten stoppen soll. Gehen wir unsensibel mit diesem Stop um, schaden wir der Motivation des Kindes. Auch wenn hier die Grenzen zunächst von außen gesetzt werden, ist das langfristige Ziel die Entwicklung von Selbstdisziplin und Affektkontrolle.

3.1 Disziplin statt Bestrafung

Bestrafung ist im großen und ganzen ein negativer Begriff, ein negatives Konzept. Disziplin hingegen kann positiv sein. Disziplin bedeutet, einem Kind soviel Selbstkontrolle beizubringen, daß es schließlich fähig ist, Werte und Normen in sein Leben einzubauen, um mit anderen in vorhersagbarer, wechselseitig befriedigender Weise verantwortungsvoll zu interagieren. Disziplin kann ein von Liebe gekennzeichnetes Förderungsmuster sein, das Ihrem Kind Alternativen erkennen hilft. Sie bietet ihm Gelegenheit, seiner eigenen Kraft inne zu werden und sich auf sie zu verlassen.

Disziplin soll mithin zur Selbstbestimmung führen, während Bestrafung in eine von außen vorgeschriebene Richtung nötigt. Besonders für hochbegabte Kinder ist Selbstbestimmung äußerst wichtig. Die Bedürfnisse, Wünsche und Interessen des hb Kindes umfassen nach unserer Erfahrung typischerweise ein breiteres Spektrum als die des Durchschnittskindes, und meist sind hochbegabte Kinder auch intensiver motiviert und engagiert. Viele Eltern haben uns gesagt, daß ihre hochbegabten Kinder anscheinend nicht wissen, was «aufhören» heißt – es fällt ihnen manchmal schwer, sich ruhig, gesittet, wohltemperiert zu verhalten. Ein Vater sagte: «Mein Sohn kennt nur zwei Geschwindigkeiten: volle Kraft voraus und stop. Dazwischen gibt's nichts.» Auch wir haben den Eindruck, daß das Lebensmotto vieler hochbegabter Kinder lauten könnte: «Alles, was zu tun sich lohnt, ist der Mühe wert, daß man es bis zum Exzeß treibt.» Diese Intensität kann eine große Stärke sein, sie kann dem Kind aber auch zum Verhängnis werden. Es muß einfach lernen, mit seinen individuellen Grenzen und den begrenzten Fähigkeiten anderer zu leben. Das erfordert Selbstdisziplin und Selbstkontrolle.

Wir wollen hier einen kurzen Überblick über einige Grundprinzipien des menschlichen Verhaltens einschalten, auf denen Methoden zur Formung und Modifizierung von Verhalten aufbauen, die zur Selbstdisziplin hinführen.

Bei fast allem, was eine Person tut, ist die Erwartung einer erwünschten Konsequenz oder Belohnung das Motiv ihres Handelns: Es soll sich lohnen (vgl. S. 82, Risiko-Wahl-Modell nach Atkinson). Die meisten Situationen haben mehrere Konsequenzen, durch die ein Verhalten aufrechterhalten wird – manche sind positiv, manche nicht. Zum Beispiel gehen Menschen zum Teil deswegen arbeiten, weil sie dafür bezahlt werden, teils aber auch, weil sie stolz auf ihre Leistung sind, und teils, weil andere von ihnen erwarten, daß sie arbeiten. Indirekt wie direkt wird gelobt, wer arbeitet, und kritisiert, wer nicht arbeitet. Wichtig ist nun, daß sowohl die Anerkennung als auch die Kritik verstärkend wirken. Während die meisten Menschen arbeiten, um Anerkennung zu finden und keinen Anlaß zu besagter Kritik zu bieten, kann es Situationen geben, in denen gerade die Kritik als «Lohn» empfunden wird, wie es bei den Hippie-Aussteigern der sechziger Jahre der Fall war. Kontraproduktives Verhalten von Kindern ist gewöhnlich ebenso zielgerichtet, wie kooperatives Verhalten auf Erfolg hin orientiert ist. Der Schlüssel zum Verständnis des Verhaltens liegt im Ziel des Verhaltens, und dieses Ziel gilt es herauszufinden. Jedenfalls ist es meist so, daß verstärkte Handlungen wiederholt werden.

Das meiste Verhalten ist erlernt und kann folglich auch durch Lernen erweitert oder verändert werden. Wir können dazu beitragen, daß Kinder ihr Handeln selbst gestalten und steuern, nur müssen wir der Versuchung widerstehen, sie von außen zu weitgehend unter Kontrolle halten zu wollen. Da hochbegabte Kinder so ausgezeichnet lernen können, lernen sie oft sehr rasch, ihr Verhalten zu verändern. Dazu bedürfen sie aber geeigneter Information und entsprechender Rückmeldung (Feedback).

3.2 Der Rahmen sichert Freiräume

Regeln und Grenzen dienen innerhalb familiärer Beziehungen dazu, Orientierung darüber zu geben, welches Verhalten welche Reaktionen auslösen und nach sich ziehen kann. Das Wissen darum kann Stabilität und Sicherheit im Kontakt schenken, Freiräume eröffnen und abgrenzen und bietet somit einen Schutz für Eltern und Kinder, dauerhaft eigene Gefühle, Wünsche und Bedürfnisse zurückzustellen.

Klar formulierte und von den Beteiligten verstandene Verhaltensregeln, deutlich gezogene Grenzen und unmißverständlich ausgesprochene Erwartungen geben ein Gefühl der Sicherheit und Stabilität. Besonders wichtig ist dies für das jüngere Kind. Das ältere Kind, steht zu hoffen, hat seine eigenen Wertvorstellungen, Grenzen und Erwartungen bereits in angemessenes, von ihm selbst kontrolliertes Verhalten integriert.

Alle Kinder brauchen ordnungsstiftende Grenzen. Doch allzu oft scheuen sich Eltern oder halten es nicht für nötig, einem hochbegabten Kind Grenzen zu ziehen. Anscheinend erwarten sie von einem geschickten Kind, daß es sich mit sicherem Urteil selbst führen wird. Aber selbst dem hochbegabten Kind fehlt die für ein sicheres Urteil erforderliche Erfahrung. Sich selbst überlassen, würde es in einer Welt ohne deutlich bezeichnete Schranken umhertappen wie in einem nicht markierten Minenfeld. Das Kind weiß nie, bei welchem seiner Schritte eine Katastrophe unabwendbar ist - mit welcher Handlung es unbemerkt davonkommen und mit welcher es sich den Zorn der Erwachsenenwelt zuziehen wird. Vielleicht hat es so das Gefühl: Wenn ich den Erwachsenen wirklich etwas bedeutete, würden sie die gefährlichen Minen rings um mich herum schon klarer kennzeichnen. In einer so gefährlich grenzenlosen Welt verwendet das hochbegabte Kind unter Umständen viel Zeit und Energie darauf, absichtlich Explosionen auszulösen, bloß um herauszufinden, wo die «Minen» versteckt sind. Wenn man aber deutliche Grenzen für das Verhalten zieht, steckt man damit für das hochbegabte Kind einen sicheren Bereich ab, in dem es nach Herzenslust kreativ wirken und sich an diesen Ordnungswerten emporentwickeln kann. Es muß dann nicht immerfort sondieren, wo denn die Grenzen verlaufen. Natürlich wird das hochbegabte Kind wie andere Kinder gelegentlich die Grenzen überschreiten, manchmal, weil es einfach sehen will, wie heftig die Explosionen sind.

Man muß jedoch berücksichtigen, daß ein hochbegabtes Kind möglicherweise weniger Einschränkungen seines Spielraumes braucht als andere Kinder; die Grenzen, die wir ziehen, sollten genug Raum lassen für Entfaltung und Experimentieren, damit sich die Kinder nicht wie im Gefängnis vorkommen. Wenn man sie natürliche und logische Konsequenzen selbst erleben und sie beim Definieren der Grenzen mitwirken läßt, lernen hochbegabte Kinder viel früher als die meisten Kinder, sich selber Grenzen zu setzen. Indem sie aus den Folgen ihrer Handlungen lernen, bereichern sie fortlaufend ihren Erfahrungsschatz und just diese Erfahrungen brauchen sie als Grundlage eines sicheren Urteils.

Wie steckt man einen Rahmen?

- Machen Sie eine Bestandsaufnahme der Situation, identifizieren und definieren Sie den Konflikt.
- Trennen Sie die Absicht des Kindes von seiner Handlung.
- Entwickeln Sie gemeinsam mögliche Alternativen, die Sie mit Ihren Bedürfnissen und Empfindungen begründen, anstatt sie aus allgemeinen Regeln und Prinzipien abzuleiten.
- Entscheiden Sie sich mit dem Kind für die beste Alternative und beschreiben Sie sie so konkret wie möglich in kleinen Schritten.
- Wählen Sie eine einfache Grenze bzw. Regel, die Ihnen und dem Kind möglichst wenig Streß bereitet, die Ihren Bedürfnissen entgegenkommt und das Kind so wenig wie möglich einschränkt.
- Handeln Sie sehr deutlich aus, wann genau die Grenze überschritten ist und welche Konsequenzen das hat und versichern Sie sich, daß Ihr Kind sie verstanden hat.
- Machen Sie den ersten kleinen Schritt.
- Schaffen Sie Raum zur kritischen Bewertung und Veränderung.

3.3 Grenzüberschreitungen

Was aber machen wir, wenn Grenzen überschritten werden? Und das werden sie garantiert! Unser Rat: Wo es geht, sollten Sie ruhig die natürlichen Konsequenzen eintreten lassen – ein Prinzip, das wir später ausführlich behandeln werden. Wenn ein Kind sich weigert, gemäß dem abgesprochenen Arbeitsplan Geige zu üben, muß es eben die Erfahrung machen, daß sein Violinlehrer darüber traurig ist oder daß es bei einem Konzert schlechter spielt, als es gehofft hatte. Aber manchmal müssen wir von uns aus für disziplinarische Konsequenzen sorgen.

Wenn man Einschränkungen verfügt, soll man sie dem Kind einleuchtend begründen und dann konsequent darauf achten, daß es sich nach ihnen richtet. Hochbegabte Kinder fügen sich Regeln, deren Grund sie einsehen, eher als Regeln, die ihnen willkürlich vorkommen oder nach ihrem Eindruck nur deshalb vorgeschrieben sind, weil Erwachsene damit ihre Macht zeigen wollen.

Die Praxis soll aber keine Machtprobe werden, in der Sie nur noch starre Härte demonstrieren können. Verzichten Sie daher von vornherein auf Einzelvorschriften, die Sie im Grunde nicht werden durchsetzen wollen – jedenfalls nicht mehr, sobald der erste Zorn verraucht sein wird. «Für die nächsten sechs Monate hast du absoluten Hausarrest, Ausnahmen werden nicht gemacht.» Das ist ein nicht realisierbarer Machtspruch. Verfügungen aber, denen Sie keine Geltung verschaffen oder nicht verschaffen können, verraten einen Mangel an Konsequenz, der Ihre Glaubwürdigkeit untergräbt, das Gewicht der Maßnahme verringert und die Wahrscheinlichkeit erhöht, daß das Kind Sie wieder auf die Probe stellt, solange ihm nicht einleuchtet, warum Sie sie widerrufen oder nicht durchgesetzt haben. In solchen Fällen ist es manchmal klüger, die Sache erneut zu verhandeln, was Sie damit einleiten können, daß Sie zu dem Kind sagen: «Ich habe mir meine Anordnung von gestern nochmals überlegt und denke, ich sollte da doch ein paar Punkte ändern.»

Wir unterstreichen also das Grundprinzip: *Nur Grenzen setzen, die unbedingt nötig sind, aber dann konsequent auf Einhaltung achten.* Wundern Sie sich nicht, wenn das Kind Ihre Grenzen testet. Es interessiert hochbegabte Kinder ungemein, ob man konsequent bleibt und einmal Gesagtes wahr macht. Da ihre Ausdrucksfähigkeit in Worten hochentwickelt ist, neigen hochbegabte Kinder oft dazu, zu argumentieren und ihren Gedankengang und Gesichtspunkt logisch zu verteidigen. Rechnen Sie also damit, und sehen Sie darin keine Gefahr für die disziplinarische Praxis, sondern einen guten Ansatzpunkt für das Setzen von Grenzen, und ermutigen Sie das Kind, daran selbst mitzuwirken. Ein weiteres Positivum, das Sie sich zunutze machen können, ist die Fähigkeit des hochbegabten Kindes, sich in andere Menschen einzufühlen. Wo immer möglich, sollten Sie ihrem Kind nicht nur klarmachen, welche Konsequenzen eine Einschränkung für seine Person hat, sondern auch, weshalb sie für die Menschen in seiner Umgebung durchaus wichtig ist.

Endziel ist die Selbstdisziplin. Ermutigen Sie das Kind mithin dazu, sich zu überlegen, inwieweit diese Restriktion ihm selber nützt. Vergessen Sie außerdem nicht, daß Sie und Ihr Kind die gesetzten Grenzen sogleich überprüfen müssen, wenn es neue Kompetenzen entwickelt, und für letzteres ist gerade bei hochbegabten Kindern die Wahrscheinlichkeit groß. Wenn das Grenzensetzen für Sie ein spezielles Problemgebiet ist, könnten Sie einige populäre Bücher von Ginott (1965; 1969) und Wright (1980) interessieren. Im Nachfolgenden sind zusammenfassend noch einmal einige Beispiele für die unterschiedliche Ausrichtung von sinnvollen Konsequenzen und Strafe aufgeführt:

Konsequenzen	**Strafe**
Vermittlung von...	
Kooperation und Selbstdiziplin	Willkürliche Machtausübung und Kontrolle
Gefühle der Eltern...	
Freundlichkeit, Anteilnahme	Verärgerung, Ungeduld
Handlungsweise der Eltern...	
einvernehmlich, situationsbezogen, rücksichtsvoll, besonnen	verletzend, unberechenbar, oft impulsiv
Ausrichtung der Aufmerksamkeit der Eltern...	
zukunfts-und lösungsorientiert; auf das, was hilfreich ist	vergangenheits- u. problemorientiert; auf das, was stört
Empfindungen des Kindes...	
Kompetenz, respektiert werden	gedemütigt, unterlegen sein

Erinnerungen des Kindes...	
persönliche Beteiligung; Zusammenhang zwischen Verhalten und Folgen	Ungerechtigkeit, Demütigung

Ziel...	
Selbstkontrolle, Selbstdisziplin	Kontrolle über andere

3.4 Natürliche Konsequenzen

Natürliche Konsequenzen sind der Willkür von Disziplinierungsmaßnahmen vorzuziehen. Wir empfehlen Ihnen, natürliche Konsequenzen ihren Lauf nehmen zu lassen, wann immer das angeht, denn die Rückmeldung (Feedback) aus solchen Situationen hat einen viel intensiveren Effekt, und außerdem können Sie dabei Ihre Beziehung zu Ihrem Kind aufrecht erhalten. Ein Beispiel: Wenn der zehnjährige John sein Pausenbrot zu Hause vergißt, kann er damit – logisch – seinen Hunger in der Schule nicht stillen. Diese logische Konsequenz ist viel wirkungsvoller und überzeugender als die Maßnahme, daß die Mutter ihm seine Stullen nachbringt und das mit einer Ermahnung verbindet.

Auf diesem Wege kann Ihr Kind lernen, was es mit Konsequenzen auf sich hat – und Sie können dabei die Rolle des Unterstützers, Ermutigers und Kommentators unter positiven Vorzeichen spielen. Sie vermeiden damit auch, in den Mittelpunkt von Konflikten zu geraten, die genau besehen nicht Ihre Konflikte sind. Wenn Ihre Tochter beispielsweise ein Schulprojekt für «doof» erklärt, ist es weder angemessen noch zweckdienlich, daß Sie ihr beispringen, indem Sie mit dem Lehrer reden. Sie können ihre Tochter hinsichtlich Alternativen beraten, die sie in Erwägung zieht, aber eingreifen sollten Sie nur im äußersten Notfall.

Natürliche Konsequenzen sind selbstverständlich nicht immer negativ. Allerdings: Solange kein Problem auftaucht, bleiben Eltern meist außen vor. Wir sagen nicht, daß das so sein sollte, wir schildern nur den Sachverhalt. Positive natürliche Konsequenzen bieten Ihnen Gelegenheit, Ihr Kind darin zu bestärken, daß es seine Kompetenz würdigt und noch andere Wege zum Erfolg ins Auge faßt. Wenn Susanne zum Beispiel berichtet, endlich habe sie «Herrn Miesepeter» dazu gekriegt, mal zu lächeln, könnten

Sie das so kommentieren: «Das war aber gar nicht so einfach zu bewerkstelligen, was? Es imponiert mir, wie einfallsreich du Menschen erfreuen kannst. Gibt es vielleicht noch andere Mittel und Wege dazu, die du erwogen, aber noch nicht ausprobiert hast?»

Natürliche Konsequenzen als Ansatz in der Kindererziehung sind bei Dreikurs (1958; 1964) klar und überzeugend dargestellt. Wir empfehlen Ihnen, zusätzlich zu unserer Zusammenfassung die trefflichen Beispiele nachzulesen, die Dreikurs anführt.

Mitunter werden Sie den von Ihnen gesetzten Grenzen Geltung verschaffen müssen, indem Sie Ihrerseits die Initiative ergreifen und disziplinarische Konsequenzen ziehen. In manchen Situationen können die natürlichen Konsequenzen nämlich zu gefährlich oder in anderer Weise unangemessen sein, so daß Sie sie nicht zulassen dürfen. Zwar ist Ihr Eingreifen dann keine «natürliche Konsequenz», aber Sie können es wirkungsvoller gestalten, wenn Sie die folgenden Richtlinien für Lob und Strafe beherzigen.

Auch hier bedenken Sie bitte den Unterschied zwischen Disziplin und Strafe. Bestrafung sagt einem Kind nur, was es nicht tun soll, aber nicht, was es tun soll. Die Folge sind in der Regel Zorn, Groll und manchmal Rachegelüste. Bestrafung gibt dem Kind zudem zu verstehen, daß Verhalten von außen gesteuert wird, und daß die Verantwortung dafür ebenfalls außerhalb seiner Person liegt. Es lernt also nicht, seine Handlungen selbst zu beurteilen, sondern verläßt sich darauf, daß Erwachsene ihm dies abnehmen und über die Konsequenzen seines negativen Verhaltens entscheiden.

3.5 Lob als Disziplinierungsmittel

Die meisten Menschen denken bei «Disziplin» nicht an «Belohnen». Das ist falsch. Die Wirkung von Belohnung ist viel, viel größer als die von Strafen. Da hochbegabte Kinder so sensibel sind, soll man bei ihnen vorsichtig mit Strafen umgehen.

Lob ist eine sehr wirksame Belohnung, und doch setzen wir sie in unseren Beziehungen nur selten ein. Einige Eltern haben uns berichtet, daß sie nicht zu loben verstehen, weil sie selbst nicht mit Lob groß geworden sind. Andere hatten den Eindruck, daß ihre ermutigenden Worte gespreizt klangen und ihr Repertoire beschränkt war. Weil hochbegabte Kinder spontan Freude an der Vielfalt haben, und weil eine vorhersagbare

Reaktion durch Wiederholung wirkungslos werden kann, achten Sie darauf, Abwechslung in die Formulierung Ihrer «Loblieder» zu bringen.

Wir vertreten nicht den Standpunkt, daß Sie Ihr Kind immer loben und nie bestrafen sollen. Wenn das Kind gegen eine wichtige Regel, Vorschrift oder gesetzte Grenze verstoßen hat, mag denn die Strafe auf dem Fuße folgen. Aber auf lange Sicht richten Sie mit Lob mehr aus, weil Sie dem Kind mit der Anerkennung signalisieren, daß es kompetent ist. Hat ein Kind Vertrauen zu seinen Kompetenzen, so kann es beginnen, Verantwortung für sein Verhalten zu übernehmen.

3.6 Erst auf die Gefühle eingehen, dann disziplinarisch handeln

Bei Disziplinproblemen empfiehlt es sich, zuerst nicht auf das Ereignis, sondern auf die damit erkennbar verknüpften Gefühle zu reagieren. Wenn Sie zuerst auf die Gefühle eingehen, können sich Kommunikations- und Lernprozesse anschließen. Einem Kind, das eine starke Gemütsbewegung erlebt, fällt es außerordentlich schwer, logisch zu sein oder klar zu denken. Hinzu kommt: Wenn Sie Ihrerseits zwischen dem Gefühlsmotiv einer Handlung und der Handlung selbst unterscheiden, helfen Sie dem Kind, seinerseits diesen Unterschied zu erkennen (Trennung von Absicht und Handlung).

Indem Sie dem Kind zeigen, daß es und seine Gefühle Ihnen am Herzen liegen, festigen Sie sein Vertrauen darauf, daß Sie und es keine Gegner sind, sondern Verbündete. Mit der Disziplin klappt es meist besser, wennn Ihr Kind das Gefühl hat, daß Sie zu ihm halten und es zu Ihnen halten kann. Schließlich ist es sehr gut möglich, daß sein Fehlverhalten den Zweck hatte, seinen Gefühlen Beachtung zu verschaffen und bestätigt zu sehen, daß Sie um es besorgt sind.

Manchmal legen wir zu viel Wert auf Disziplin und vernachlässigen die Bedeutung unserer Beziehung zu unserem Kind. Vielleicht paßt sich das Kind vorübergehend an, aber lernt es auf Dauer, sich selbst aufgrund eigener Wertbegriffe zu disziplinieren? Und auch diese vorübergehende Konformität hat ihren Preis. Es ist so ähnlich wie beim Militär: Die Rekruten tun, was ihr Spieß sagt, aber bei der erstbesten Gelegenheit gehen sie auf Distanz zu ihm. Wenn Sie in einem Machtkampf oder einer anderen Konfrontation die Oberhand behalten, wird dadurch vielleicht eine kooperative Einstellung oder sogar Ihre ganze Beziehung zum Kind beschädigt. Sie gehen mit einem Sieg über Ihr Kind das Risiko ein, daß bei ihm ein nagender Groll zurückbleibt.

Da hochbegabte Kinder so eigenwillig und hartnäckig sind, muß dies stets bedacht werden. Sie sind besonders anfällig für Machtkämpfe, weil sie in jeder Situation mehrere Möglichkeiten sehen können.

Wenn Sie die Situation so darstellen, daß nur eine einzige Lösung möglich ist, nämlich Ihre, wobei für Fragen und Alternativen keinerlei Raum bleibt, sind Sie auf dem besten Wege, einen Kampf zu inszenieren, in dem nur einer gewinnen kann und der andere verlieren muß. Die Beziehung zwischen Sieger und Besiegtem gestaltet sich immer viel schwieriger als die zwischen Verbündeten, die ein Problem gemeinsam gelöst haben. Trotzdem wollen wir nicht bestreiten, daß es im Leben Ihres Kindes Bereiche geben wird, in denen Sie Ihre Lösung durchsetzen müssen ohne Rücksicht auf die Gefühle des Kindes.

Trennung von Handlung und Absicht

Im folgenden möchten wir ein Beispiel anführen, das zeigt, wie man ein Kind disziplinieren und gleichzeitig stärken kann.

Ein Psychologenkollege veranstaltete öfters mal Wochenendseminare. Sein kleiner vierjähriger Sohn wußte, daß Papa, wenn er am Wochenende zuhause ist, mit Freude sein neues Auto wäscht. An einem Samstag wollte er seinem Vater eine Freude bereiten. Als der Vater abends nach Hause kam, empfing ihn sein kleiner Sohn freudestrahlend und voller Erwartung: «Papa, komm schnell, ich habe eine Überraschung für Dich!» und lief in die Garage. In dem Augenblick beschlich den Vater ein mulmiges Gefühl. Und tatsächlich: Sein kleiner Sohn hatte versucht, den Wagen zu waschen, hatte aber leider statt des Schwamms die Stahlwolle erwischt. Der ganze Autolack war rundum auf Handarbeitshöhe eines Vierjährigen zerkratzt. Er muß stundenlang gearbeitet haben!

Wie würden Sie reagieren?

Der Vater sah sofort, daß da nichts mehr zu retten war. Trotz seines Entsetzens reagierte er nicht auf seine spontane Wut, sondern sah die Absicht seines Kindes, stellte sie in den Mittelpunkt seiner Aufmerksamkeit und nahm seinen kleinen Sohn in den Arm und freute sich ausgiebig mit ihm über die gute Absicht, die Mühe und Anstrengung, die er auf sich genommen hatte, um ihm eine Freude zu bereiten. Dann nahm er ihn an der Hand, ging zum Putzschrank und zeigte ihm das richtige Autowaschtuch für die Autowäsche und erklärte ihm den Unterschied zwischen Stahlwolle und Tuch, und daß der emfindliche Autolack besser mit einem weichen Tuch gereinigt werden kann. Dieser einfühlsame und kluge Umgang mit dem Kind hat folgendes bewirkt:

- *Gefühl des Kindes:* Ich habe etwas Gutes gemacht; mein spontaner Impuls war richtig, einem Menschen eine Freude bereiten zu können(Absicht).
- *Erwartung des Kindes:* Ich bekomme Zuwendung und Anerkennung, wenn ich jemandem eine Freude bereite.
- *Konsequenz:* Ich bin gut, ich werde geliebt; ich habe Lust, es wieder zu tun (Motivation); ich vertraue meinem Vater und mein Selbstbewußtsein ist gut.

Hätte der Vater seiner Wut Raum gegeben und das Kind ausgeschimpft, hätte er folgendes bewirkt:

- *Gefühl des Kindes*: Erschrecken über das Schimpfen, Erschrecken über den Fehler; «Ich wollte doch was Gutes tun, deshalb ist das Schimpfen ungerecht; ich empfinde Wut und Zorn gegen meinen Vater» (oder das Kind bekommt Schuldgefühle).
- *Erwartung des Kindes:* Es ist gefährlich, meinen spontanen Gefühle zu vertrauen und positive Erwartungen zu hegen, es kann schief gehen; ich kann abgewiesen und abgelehnt werden.
- *Konsequenz:* Ich bekomme Angst vor Fehlern, mein Selbstzutrauen und mein Selbstwertgefühl sinken, es ist gefährlich, Menschen zu vertrauen, ich ziehe mich zurück und meine Motivation sinkt. Oder das Kind verstrickt sich in einen Wutanfall, und was richtig gewesen wäre, hat wegen der Wut und des Kummers keinen Raum mehr.

Mit der Zeit werden Sie lernen, Ihre Affekte zu kontrollieren und zuerst auf die Absicht und nicht auf den Fehler des Kindes einzugehen. Es ist für das Gelingen von entscheidender Wichtigkeit, daß Ihre Korrektur der Handlung des Kindes mit einem «UND» und nicht mit einem «ABER»verbunden wird. Mit dem «ABER» zerstören Sie sofort das Gefühl, das Sie mit der Aufmerksamkeit für die Absicht aufgebaut haben. Ihre Belehrung soll dem Kind zeigen, was es wie nächstes Mal anders und besser machen soll, sie soll zielorientiert und nicht fehlerorientiert sein.

3.7 Alternativen müssen echte sein!

Hochbegabte Kinder brauchen Entscheidungsmöglichkeiten, um zu gedeihen. Entscheidungsmöglichkeiten bieten Kindern Gelegenheit, Selbstachtung und ein Gefühl von Kompetenz zu entwickeln. Lassen Sie Ihrem Kind in möglichst vielen Situationen die Wahl. Als Eltern fällen wir allzu oft für unsere Kinder Entscheidungen, die sie sehr gut selber treffen könnten. Indem Sie Ihrem Kind Optionen aufzeigen und Entscheidungsmöglichkeiten bieten, ermutigen Sie es dazu, für sich und seine Handlungen Verantwortung zu übernehmen. Vergewissern Sie sich jedoch vorher, daß ihm die Wahl auch wirklich freisteht. Fragen Sie Ihr Kind beispielsweise nicht, ob es sich gegen Tetanus impfen lassen möchte. Das ist keine echte Entscheidungsmöglichkeit für das Kind, denn die einzige Alternative, nicht impfen, könnte sein Leben gefährden. Fragen Sie es stattdessen: «Möchtest du in den linken Arm geimpft werden oder in den rechten?» Das ist eine Entscheidung, die man getrost ihm überlassen darf und die ihm das Gefühl gibt, daß es in der Situation auch was zu sagen hat. Oder statt es zu fragen, ob es nicht sein Zimmer aufräumen möchte, sollten Sie lieber sagen: «Möchtest du dein Zimmer vor dem Essen oder danach aufräumen?»

Es kommt darauf an, daß Sie dem Kind Entscheidungen anheimstellen, die Sie wirklich akzeptieren können, und nicht eine Pseudo-Wahl offerieren, die Sie dann für ungültig erklären müssen. Wenn Sie mit echten Entscheidungsmöglichkeiten arbeiten, können Sie viele Konfrontationen vermeiden, die zu Auseinandersetzungen auf Biegen oder Brechen führen, in denen es nur einen Sieger und einen Besiegten geben kann. Zugleich fördern Sie eine gesunde Unabhängigkeit und Selbstdisziplin.

Die meisten hochbegabten Kinder gewöhnen ihren Eltern das Reden in gar nicht ernst gemeinten Alternativen ab, indem sie die Formulierung wörtlich nehmen. «Möchtest du jetzt nach oben gehen und dir die Zähne putzen?» fragt die Mutter, und das Kind antwortet: «Nein». Aber ersetzen Sie solche Pseudo-Alternativen nun nicht durch Befehle, sondern durch echte Entscheidungsangebote. Wenn Sie die Entscheidungsfreiheit des Kindes in diesem Sinne einbeziehen, können Sie viele Konflikte vermeiden, in denen das Kind keine Chance hat.

Es gibt noch eine andere trügerische «Wahl»-Situation, in der das Kind das Nachsehen hat, ganz gleich, wie es sich entscheidet. Mitunter machen Eltern dem Kind unmißverständlich deutlich, welche Entscheidung sie bevorzugen, möchten aber eine direkte Anordnung vermeiden, weil sie wissen, daß dem Kind die andere, nämlich seine Lösung, viel lieber wäre. So sagen Sie stattdessen: «Entscheide du» – und nun steckt das Kind in der Zwickmühle, daß es mit der von ihm bevorzugten Entscheidung die Eltern verärgern und mit der anderen, ihm scheinbar auch freistehenden Entscheidung, seinen Wünschen zuwiderhandeln wird. «Du kannst mit uns Oma in der Klinik besuchen oder so egoistisch sein, zu Hause zu bleiben und mit deinen Freunden herumzuhängen. Wie denkst du darüber?» Wie soll ein Kind mit einer solchen Alternative fertig werden? Wenn es dem Wunsch der Eltern entspricht und zur Oma mitfährt, darf es nicht mal mehr andeuten, daß ihm das nicht paßt, denn: «Du hättest ja nicht mitkommen müssen, hörst du, wir haben dich schließlich gefragt, es war ja deine Entscheidung!»

3.8 Praktische Tips

Die im folgenden umrissenen Methoden haben sich in unserer Arbeit mit Eltern hochbegabter Kinder bewährt. Sie können sie im Rahmen des Komplexes «Grenzen/Natürliche Konsequenzen/Entscheidungsmöglichkeiten» anwenden.

Reagieren Sie auf die Bedürfnisse des Kindes, nicht auf seine negativen Verhaltensweisen – Wenn Sie die Gründe des Verhaltens Ihres Kindes verstehen, können Sie konstruktiver vorgehen und eine Reaktion vermeiden, durch die sich die Situation verschlimmern würde. Die Bedürfnisse des Kindes verstehen heißt jedoch nicht, sein Verhalten auf jeden Fall zu akzeptieren oder auch nur zu tolerieren. Disziplin soll dem Kind schließlich helfen, Bedürfnisse und Gefühle in den Grenzen annehmbaren Verhaltens zu handhaben. Manchmal ist Verhalten mit einander widerstreitenden Gefühlen motiviert, zum Beispiel: «Ich weiß, wenn ich meinen Lehrer kritisiere, ist mir das selber peinlich, aber gleichzeitig fühle ich mich gewitzter und überlegen.» Bisweilen entsteht ein Disziplinproblem, weil das Kind deprimiert ist oder Angst hat. Wenn Sie erkennen und berücksichtigen, welche Gefühle seinem Verhalten zugrunde liegen, können Sie die Situation vielleicht anders handhaben, als Sie es tun würden, wenn Sie nur auf das sichtbare Verhalten reagieren.

Arbeiten Sie mit «Vorschußlorbeeren» – Diese Methode schlägt bei hochbegabten Kindern besonders gut an. Sie loben das Kind vorgreifend für etwas, was es in diesem Moment noch nicht getan hat, aber im nächsten tun könnte und sollte. Wenn Daniel gerade vom Tisch aufsteht und sich zum

Spielen nach draußen verdrücken will, könnten Sie sagen: «Vielen Dank, Daniel, daß du deinen Teller in die Küche bringst, das ist wirklich lieb von dir.» Sie wissen ganz genau, daß Daniel daran nicht im Traum gedacht hat, aber mit den Vorschlußlorbeeren erreichen Sie dreierlei. Erstens geben Sie ihm zu verstehen, daß Sie von ihm generell ein verantwortungsbewußtes Verhalten erwarten; zweitens erinnern Sie ihn an eine seiner Obliegenheiten und lassen ihn anerkennende Worte hören (Verstärkung!); drittens verhindern Sie eine negative Situation, denn wäre er aus der Tür geflitzt, hätte ihn bestimmt jemand zurückgerufen und kritisiert.

Natürlich wird Daniel manchmal sagen: «Ich wollte meinen Teller aber gar nicht in die Küche bringen.» Auch dann können Sie bei diesem Ansatz bleiben, denn Sie haben noch einen Trumpf in der Hand. Sie können ihm nämlich erwidern: «Sieh einer an, und ich dachte, du warst gerade drauf und dran. Na, würdest du es wenigstens jetzt bitte tun!» So manches hochbegabte Kind wird dieses Manöver freilich durchschauen, und dann können Sie beide sich darüber amüsieren, wie's geklappt hat.

Schriftlich zieht mehr – Kleine schriftliche Mitteilungen können eine sehr effektive Kommunikationsmethode sein, oft eine viel wirkungsvollere als die mündliche Mitteilung. Wenn Ihr Kind etwas getan hat, was Ihnen gefällt, schreiben Sie ihm das. Es braucht keine lange Auslassung zu werden, ein Zettel auf seinem Kopfkissen genügt. Solche «Briefchen» wirken besonders verstärkend, weil sie konkret, sammelbar, völlig individuell und persönlich sind. Vielleicht schreiben Sie ihm aber auch Ihre Meinung über ein bestimmtes negatives Verhalten. Schriftlich Mitgeteiltes gestattet es dem Kind, sich den Sachverhalt zu überlegen, bevor es auf Ihre Zeilen eingeht. Es kann in Ruhe über sein Verhalten nachdenken, ohne unter jenem Druck zu stehen, der beim Direktkontakt mit Ihnen unvermeidlich wäre. Wenn Sie zugleich um eine schriftliche Erwiderung bitten, appellieren Sie dadurch an sein Verantwortungsgefühl und veranlassen das Kind, seine Alternativen selbst zu klären.

Loben oder bestrafen Sie das Verhalten, nicht das Kind – Konsequenzen sind wirkungsvoller, wenn sie nicht auf das Kind als Person abheben, sondern auf sein Verhalten. «Das machst du gut!» findet bei einem Kind mehr Anklang als die Bemerkung: «Du bist wirklich ein hochbegabter (oder talentierter, geschickter, etc.) Mensch.»

Ebenso sollte man Kritik am Verhalten eines Kindes nicht in Pauschalverrisse und Verallgemeinerungen kleiden, die das Kind als Person treffen. »Maria, was du getan hast, ist hier nicht erlaubt» ist viel besser als: «Du mit deiner Rücksichtslosigkeit, nie hältst du dich an Regeln, jetzt reicht's mir aber wirklich!»

Ermuntern Sie Ihr Kind dazu, auszudrücken, was es empfindet – Wenn Sie das häufig tun, nimmt die Wahrscheinlichkeit zu, daß Ihr Kind spürt, daß seine Ansichten zählen, und die Wahrscheinlichkeit ab, daß Sie bei Ihrem Kind plötzlich einen Ausbruch aufgestauten Zorns und Grolls erleben. Je mehr Verdruß sich ansammelt, desto ähnlicher wird die Sache einer großen Papiertüte, in die man immer mehr und mehr hineinstopft; sie faßt vielleicht eine ganze Menge, aber schließlich ist sie so voll, daß sie platzt, und dann haben Sie die Bescherung.

Ihre Gefühle – Bringen Sie Ihre Gefühle in verschiedenen Situationen zum Ausdruck, bekunden Sie, ob Verhalten Sie erfreut oder enttäuscht hat. Wenn Sie dem Kind erklären, wie Ihnen zumute ist, erzielen Sie oft eine stärkere Wirkung als dadurch, daß Sie sein Verhalten von der hohen elterlichen Warte aus verbal beurteilen. Sagen Sie beispielsweise: «Ich bin sehr betroffen, traurig und enttäuscht, wenn du anderen nicht zuhörst» statt: «Du warst ungezogen, einfach empörend!» Indem Sie Ihre Gefühle offenbaren, geben Sie dem Kind per Vorbildwirkung die Erlaubnis, seine Gefühle auszudrücken. Wenn Sie Leistungen anerkennen, sollten Sie sagen, was Sie empfinden und wie Sie die Gefühle Ihres Kindes interpretieren, statt daß Sie es einstufen oder bewerten. «Das finde ich aber schön, daß du das Puzzle geschafft hast» ist besser als: «Du bist ja ein Genie!»

Schriftlicher Überblick oder Zielplan – Ein schriftlicher Überblick oder Zielplan, zumal ein vom Kind selbst entwickelter, erleichtert ihm den Umgang mit der Disziplin in seinen schulischen und häuslichen Pflichten. Wie es scheint, sprechen junge hochbegabte Kinder bemerkenswert gut auf Tabellen mit Sternen oder anderen deutlichen Symbolen für ihre Fortschritte an. Symbolische Anerkennung von Erfolg bewährt sich immer wieder als «Zwischendurch»-Belohnung.

«Verhaltensvertrag» – Mit älteren hochbegabten Kindern gestaltet sich die disziplinarische Lage bisweilen ungewöhnlich komplex. Sie wollen vielleicht zahlreiche Aspekte auf komplizierten Wegen prüfen. Manche Eltern hatten Erfolg damit, daß sie das Kind einen Verhaltensvertrag aufsetzen ließen, in dem die Erwartungen und Konsequenzen unter verschiedenen Bedingungen festgelegt sind. Ein Vertragsentwurf kann Ausgangspunkt für Diskussionen werden, die zu einer Einigung führen. Das Ausarbeiten eines für alle Beteiligten fairen Vertrages ist eine Erfahrung, von der das Kind profitiert, und überträgt dem Kind Direktverantwortung für sein Verhalten. Ein solcher Vertrag, in der Schublade griffbereit aufbewahrt, ist ein sachliches Dokument, das bei Erinnerungstäuschungen hinsichtlich des Abgesprochenen konsultiert werden kann.

Prüfen Sie, was Sie von Ihrem Kind erwarten – Beruhen die Diziplinprobleme, die Sie mit dem Kind haben, etwa auf Erwartungen von Ihrer Seite, die einem hochbegabten Kind in der heutigen Welt nicht angemessen sind? Die meisten von uns hegen Erwartungen, die von unserer eigenen Erziehung herrühren und heute vielleicht unrealistisch sind. Wenn es um ein bestimmtes angestrebtes Verhalten geht:

Ist es wirklich unbedingt erforderlich, oder glauben Sie bloß, Sie müßten Ihre Macht beweisen und demonstrieren, daß Sie hier den Ton angeben? Fürchten Sie, daß das Kind die Regie übernimmt, wenn Sie nachgeben? Wenn es sich nur um einen Machtkampf handelt, der klären soll, wer das Sagen hat: Haben Sie Ihrem Kind einen Ausweg offengelassen, der ihm ermöglicht, das Gesicht zu wahren?

Inwieweit wärmen Sie etwas aus der Erinnerung auf, worüber es in Ihrer Kindheit mit Ihren Eltern Auseinandersetzungen gegeben hat, weil es bei Ihnen nicht funktionierte? Dinge, mit denen Sie als Eltern nun Ihrerseits bei Ihrem Kind wahrscheinlich Schiffbruch erleiden werden? Wenn wir zum Beispiel nach dem Motto: «Kinder soll man sehen, aber nicht hören» erzogen worden sind, müssen wir herausfinden, ob wir diesen Leitspruch wirklich für richtig halten oder nur eben weiter mit uns herumschleppen.

Altersgerechte Erwartung – Auch die großen Unterschiede im alterspezifischen Verhalten hochbegabter Kinder können Sie zu allzu hohen Ansprüchen verleiten. Vielleicht gehen Sie von der Reife aus, die sie in manchen Bereichen zeigen, und nun verlangen Sie reifes Verhalten zu jeder Zeit und auf allen Gebieten. Prüfen Sie das, indem Sie Altersgenossen Ihres Kindes beobachten und sich «normales» Verhalten vor Augen führen, oder lesen Sie nochmal in einem einschlägigen Buch über die normale Entwicklung desKindes nach. Eltern handeln unvernünftig, wenn sie ein siebenjähriges Kind entgelten lassen, daß es ein siebenjähriges ist, auch wenn es meist mehr wie ein zehnjähriges wirkt.

Machen Sie Ihre Erwartungen klar – Da sehr viele Disziplinprobleme aus Mißverständnissen entstehen, sollten Sie Ihrem Kind unmißverständlich klarmachen, was Sie von ihm erwarten, also, was es tun soll und was nicht. Oft nehmen wir einfach an, daß hochbegabte Kinder zwischen den Zeilen lesen und «wissen», was wir von ihnen erwarten. Manchmal trifft das ja auch zu, manchmal indes nicht, und am wenigsten, wenn das Kind sehr mit einem eigenen Projekt oder mit seinen eigenen Gedanken beschäftigt ist. Es empfiehlt sich, jedenfalls ist das unsere Erfahrung, das Kind wiederholen zu lassen, was Sie von ihm möchten. So können Sie feststellen, ob es Sie vielleicht nicht gehört oder Ihnen nicht richtig zugehört oder Ihren

Wunsch beim ersten Mal nicht richtig verstanden hat. Versuchen Sie es dann noch einmal und lassen Sie wiederholen, bis klar ist, daß es verstanden hat, was Sie von ihm erwarten und wo die Grenzen verlaufen. Ein solches Gespräch könnte etwa so vor sich gehen:

- Mutter: «Du darfst zum Hobbyladen, aber du mußt um vier Uhr wieder hier bei mir sein. Hast du mich verstanden?»
- Sohn: «Hmmmm.»
- Mutter: «Also, was habe ich dir gerade gesagt ?»
- Sohn: «Daß ich zum Hobbyladen darf.»
- Mutter: «Schon, aber das ist nicht alles. Du darfst zum Hobbyladen, aber du mußt um vier Uhr wieder hier bei mir sein. Nun wiederhole bitte, was ich gesagt habe»
- Sohn: «Klar, Mama, ich muß um vier vom Hobbyladen zurück sein.»
- Mutter: «Alles klar. Siehst du, es ist nämlich wichtig für mich, daß du genau verstehst, was ich gesagt habe.»

Körperkontakt – Eine andere gute, vorbeugende Maßnahme gegen Mißverständnisse besteht darin, daß Sie Ihr Kind berühren, während Sie mit ihm sprechen. Legen Sie ihm die Hand auf den Arm oder den Arm um die Schulter. Das fokussiert seine Aufmerksamkeit, es hört Ihnen dann wirklich zu. Wenden Sie diese Technik auch an, wenn Sie Ihrem Kind erläutern, daß etwas da oder da seine Grenzen hat, oder wenn Sie einer bereits gesetzten Grenze Geltung verschaffen wollen. Die körperliche Berührung verstärkt diese Grenze und vermittelt dem Kind zugleich das Gefühl, daß es Ihnen am Herzen liegt und daß Sie mit ihm verbündet sind.

Seien Sie deutlich – Zeigen Sie Ihren Kindern genau, daß Sie ihnen vernünftiges Verhalten zutrauen. Wenn Sie das versäumen, lassen Sie damit durchblicken, daß Sie sie und ihre Fähigkeiten nicht achten; außerdem untergräbt es ihre Selbsteinschätzung. Hochbegabte Kinder müssen lernen, sich auf ihr eigenes Urteil zu verlassen, und das gelingt ihnen besser, wenn die Eltern ihnen vertrauen. Manchmal werden Sie gewiß Zweifel an ihren Fähigkeiten äußern müssen. Trotzdem, beweisen Sie Ihren Kindern immer wieder, daß Sie ihnen menschlich vertrauen. Lassen Sie bei Ihrem Kind keine Zweifel daran aufkommen, daß Sie seine Unabhängigkeit zu schätzen wissen, es in seinen Bemühungen um die Steuerung seines Verhaltens unterstützen und hoffen, daß es in seinem Lebensstil immer weniger von außen auferlegte Disziplin brauchen wird. Bringen Sie ihm kreative Problemlösungs- und Entscheidungsfindungs-Techniken bei. Ermutigen Sie ihr Kind zu eigenen disziplinarischen Entscheidungen über sein Verhalten, damit es immer mehr das Gefühl hat, daß es seine Geschicke weitgehend selbst bestimmt und nicht bloß Treibgut auf dem Meer des Lebens ist, das die Wellen tragen, wohin sie wollen.

Unterstützen Sie aufmerksam die allmähliche Entwicklung – Sie müssen immer bedenken, daß Selbstdisziplin üben ein Lernprozeß ist. Wenn eine Person etwas Neues lernt, stellt sie sich zu Beginn meist ungeschickt an und kommt erst durch Übung voran. Achten Sie also gut auf graduelle Veränderungen, die Schritte zur Selbstdisziplin sind, und sparen Sie nicht mit Ermutigung auch bei kleinen Fortschritten.

Was Sie vermeiden sollten

Zu Disziplin erziehen setzt voraus, daß Sie nicht nur wissen, was zu tun ist, sondern auch, was zu unterlassen ist. Gewisse Ansätze führen oft nur zu Problemen, besonders bei hochbegabten Kindern.

Hängen Sie eine Strafe nicht an der starken Seite des Kindes auf – Klammern Sie die starke Seite Ihres Kindes bewußt aus, wenn Sie es kritisieren, sonst glaubt es bald, es sei von Nachteil, besondere Talente zu haben. Eine Bemerkung wie zum Beispiel: «Wenn du so gescheit bist, wie kommt es dann, daß du immer wieder vergißt, den Mülleimer rauszutragen?» legt dem Kind den Gedanken nahe, wenn es nicht intelligent wäre, würde man es nicht kritisieren. Eine andere Stärke hochbegabter Kinder, die manchmal gegen sie ausgespielt wird, ist ihre Ehrlichkeit. Wenn Ihr Kind Ihnen die Wahrheit sagt, sollten Sie das nicht ausnutzen, um es zu bestrafen, zu necken oder in Verlegenheit zu bringen. Machen Sie aus seiner Aufrichtigkeit kein Folterinstrument, und vor allem: Bringen Sie das Ereignis nicht nach Wochen oder Monaten aufs Tapet! Wenn Sie es das Kind entgelten lassen, daß es auf Ihr Verständnis und Ihr Mitgefühl vertraut, ermutigen Sie es damit schwerlich zu Kooperation und Ehrlichkeit. Passen Sie auf, daß Sie Ihr Kind nicht in die Verliererposition drängen, in der es bestraft wird, wenn man es beim Lügen ertappt, aber auch bestraft wird, wenn es zu Ihnen ehrlich ist!

Kein Diktator sein – Herrische Verfügungen, das Kind müsse sofort dies oder jenes tun, sind einfach eine Zumutung und deshalb unstatthaft. Wie oft haben wir nicht schon Eltern zu ihrem Kind sagen hören: «Es ist mir egal, was du gerade treibst, wir müssen jetzt gehen!» Da hochbegabte Kinder aber wahrscheinlich immer gerade mit etwas beschäftigt sind, wenn

Eltern plötzlich ankommen und sagen, jetzt hör mal auf und mach das und das, wächst der Unwille. Wenn Sie dem Kind vorher zum Beispiel ankündigen, wann Sie mit ihm wegmüssen, kann es sich darauf einstellen und einen geeigneten Punkt für eine Unterbrechung einplanen. So würden wir es ja auch mit einem Erwachsenen halten, auf dessen Achtung wir Wert legen. «Wir müssen in einer Viertelstunde gehen, richtest du es so ein, daß du bis dahin fertig bist oder mal unterbrechen kannst?»

Auch das Drohen mit «Katastrophen-Ankündigungen» vermeide man ebenso wie «Kahlschlag-Bemerkungen». Eine «Katastrophen-Ankündigung» besagt, daß die Welt mitsamt dem Kind untergeht, wenn es Ihren Forderungen nicht nachkommt. Nicht nur, daß solche Drohungen ihren Zweck verfehlen – sie sind dermaßen überzogen, daß sie Ihre künftige Glaubwürdigkeit in den Augen des Kindes herabsetzen.

«Kahlschlag-Bemerkungen» sind ein ähnlicher Hammer und übertreiben zu massiv. Beispiele: «Du bist immer rücksichtslos!» – «Du denkst nie an andere, immer nur an dich!» Solche Verdikte arbeiten meist mit «immer» und/oder «nie» und brechen den Stab über den ganzen Charakter des Kindes. Sie sind schädlich und in der Sache wirkungslos; mit vernünftiger Disziplin hat das nichts mehr zu tun.

Nicht spotten, nicht lächerlich machen, nicht sarkastisch sein – Ebenso schädlich ist das Lächerlichmachen. Hochbegabte Kinder sind sehr emfindlich gegen Spott und Sarkasmus, man kann sie damit rasch verletzen. Wenn sie ihnen ausgesetzt sind, gehen sie manchmal, obwohl selbst verletzt, dazu über, diese Mittel ihrerseits als Waffen gegen andere zu benutzen, und zwar oft mit verheerenden Folgen.

Nicht Nörgeln – Nörgeln Sie nicht an Ihrem Kind herum, aber lassen Sie es auch nicht an Ihnen herumnörgeln. Auf Grund ihrer Sprachbeherrschung verlassen sich hochbegabte Kinder sehr auf das Wort und können in ihren Forderungen unglaublich hartnäckig sein. Ihre Zielstrebigkeit kann Erwachsene in ihrer Umgebung dazu bringen, die Fähigkeit zu entwickeln, Nörgeln zu ertragen. Dreikurs (1964) beschreibt eine wirksame Methode dafür, die wir gut finden. Sie heißt «das Segel aus dem Wind nehmen». Wenn Sie angenörgelt werden (oder sich selbst beim Nörgeln ertappen), machen Sie auf dem Absatz kehrt, ohne Kommentar und Erklärung, gehen ins Bad und verriegeln die Tür hinter sich. Sorgen Sie dafür, daß im Bad für Sie stets Lesestoff bereit liegt, der Ihre Nerven beruhigt. Genießen Sie die Lektüre, bis das Kind aufhört zu nörgeln (oder gegen die Tür zu hämmern). Fängt das Nörgeln erneut an, wenn Sie herauskommen, schließen Sie sich wieder kommentarlos ins Bad ein. Mit dieser Technik, einige Male angewandt, gelingt es in der Regel, Nörgeln und nutzlosen Zank einzudämmen.

Haben Sie sich irgendwie angewöhnt, auf Ihrem Kind immer gleich herumzuhacken, wenn sein Verhalten Sie ein bißchen stört? Kontrollieren Sie sich daraufhin in regelmäßigen Abständen und prüfen Sie, ob Sie an Ihrem Kind erfolglos herummäkeln. Statt fortgesetzt zu kritteln, sollten Sie lernen, diese geringfügig irritierenden Verhaltensweisen zu ignorieren, bis sie von selbst verschwinden. Oder Sie ändern Ihre Einstellung dazu, oder Sie unternehmen etwas Wirkungsvolles, um sie abzustellen, aber nörgeln Sie nicht einfach weiter. Lassen Sie sich durch Wutanfälle oder anderes schlechtes Benehmen des Kindes nicht zu Maßnahmen hinreißen, die Ihnen oder Ihrem Kind mehr schaden als nützen. Das ist nicht ganz einfach. Trotzdem: Rufen Sie sich immer wieder ins Gedächtnis zurück, wie wichtig es ist, daß Sie die Ziele, die Sie zu erreichen hoffen, und die gemachten Fortschritte in richtiger Perspektive sehen.

Klatsch verletzt – Viele Eltern sind sich nicht darüber klar, obwohl sie ganz bewußt nicht über Erwachsene tratschen, daß sie über ihre Kinder herziehen, und dies oft direkt vor deren Ohren. Meist geht es dabei um ein Problem des Kindes. Nach unserer Ansicht soll man die Probleme eines Kindes genausowenig wie die eines Erwachsenen in aller Öffentlichkeit an die große Glocke hängen, denn das ist unfair und kann ein Disziplinproblem noch verschärfen. Unsere Kinder verstehen sehr gut, was gesagt wird, wenn sie uns telefonieren oder mit Nachbarn sprechen hören. Später können sie vielleicht nicht einsehen, weshalb man ihnen verbietet, außerhalb der Familie über Eheprobleme ihrer Eltern zu reden.

Vermeiden Sie hartes, inkonsequentes Bestrafen im Affekt – Das gehört zum allerschädlichsten im disziplinarischen Bereich und bewirkt in den meisten Fällen keine Änderung des Verhaltens, sondern ruft Zorn, Mißtrauen, Respektlosigkeit gegen Autorität und ein Gefühl hervor, daß die Welt unberechenbar und unsicher ist. In einem solchem Milieu aufwachsende Kinder entwickeln selten ein angemessenes Selbstkonzept oder eine positive Auffassung von sich selbst; zudem leistet hartes, inkonsequentes Bestrafen «im Affekt» Delinquenz oder gar kriminellem Verhalten Vorschub.

3.9 Fragen

Gut, Sie betonen den Wert der Selbstdisziplin. Mein Kind fängt hundert Dinge an, bringt aber nur die wenigsten davon zum Abschluß. Wie kann ich ihm zu so viel Selbstdisziplin verhelfen, daß es vollendet, was es beginnt?

Dieses Problem haben viele Eltern hochbegabter Kinder. In den meisten Fällen stellt sich mit der Reife auch die Selbstdisziplin ein. Vielleicht hilft Ihnen folgender Hinweis. Bedenken Sie stets: Bei vielen Projekten lohnt sich die volle Durchführung nicht; bei manchen Projekten stellt sich heraus, daß sie die Fähigkeiten des Kindes derzeit überfordern und besser auf später verschoben werden sollten; und manche Projekte bieten dem Kind schon in den ersten Stadien soviel Herausforderung oder Lernstoff oder Stimulation, daß es wirklich nicht mehr darauf ankommt, ob es bis zum Ende durchhält oder nicht. Wie neulich einer unserer Freunde sagte: «Was nicht lohnt, getan zu werden, lohnt auch nicht, daß man es gut macht.» In der Hochbegabtenerziehung wird vielleicht viel zu viel Nachdruck auf «Ergebnisse» gelegt, die der Mühe – zumal hochbegabter Kinder bis Altersstufe 13 – gar nicht wert sind. Vielleicht müssen wir unsere eigenen Erwartungen überprüfen; vielleicht ist beim Kind Selbstdisziplin sehr wohl vorhanden, nur eben nicht in den von uns gewünschten Bereichen. Oft hält ein hochbegabtes Kind trotz Enttäuschungen oder Hindernissen bei einem Projekt bis zum Schluß durch, was beweist, daß es durchhalten kann, wenn es will. Freilich gibt es hochbegabte Kinder, die eine Sache aufstecken, sobald sie schwierig oder zeitweilig langweilig wird. Das tun in der Regel entmutigte, wenn nicht sogar deprimierte Kinder, die oft von vornherein mit Tadel rechnen. Vielleicht sollten Sie in diesem Zusammenhang nochmals einige Punkte in unserem Motivationskapitel nachlesen.

Manchmal habe ich den Eindruck, daß es mir nie gelingen wird, aus meinem Kind einen zivilisierten Menschen zu machen. Wann kann ich damit rechnen, daß sich ein Fortschritt zeigt?

Es ist verständlich, daß Ihnen manchmal ein gemütliches oder sogar langweiliges Kind lieber wäre. Die Neugierde, Energie und Fragerei, die Fähigkeit, Dinge anders zu sehen und anders zu bewerkstelligen – das kann einem schon auf die Nerven gehen. Verlieren Sie den Mut nicht! Praktisch alle hochbegabten Kinder entwickeln sich zu «zivilisierten» Menschen, auch wenn sie weiterhin zum Klang einer anderen Trommel marschieren. Tatsächlich zeigen sich die meisten hochbegabten Kinder um die Wohlfahrt der Menschheit viel mehr besorgt als die meisten anderen «zivilisierten» Personen, aber fruchtlosen Konformismus finden sie unerträglich. Zum Glück können hochbegabte Kinder wahrscheinliche Konsequenzen von Situationen meist recht gut antizipieren und im voraus durchdenken. So werden Sie sich Ihre Bürde beträchtlich erleichtern, wenn Sie bei Ihrer Tochter die Fähigkeit fördern, sich vorher zu überlegen, was sie selber und auch andere Menschen empfinden würden, und was geschehen würde, wenn sie dies oder jenes täte. Sie kann in dieser Perspektive kreativ Optionen erkunden und ihr Verhaltensrepertoire so erweitern, daß sich darin nach ihrem Gefühl widerspiegelt, wie sie gesehen werden möchte.

Wenn ich versuche bei meinem Kind mit Disziplinierungsmaßnahmen zu kommen, argumentiert und steuert es wie ein gerissener Jurist sofort auf jedes Hintertürchen los, das ich nicht ausdrücklich verriegelt habe. Ist das typisch für hochbegabte Kinder? Wie soll ich mich verhalten?

Ja, es ist typisch und verlangt von Ihnen viel Geduld. Bemühen Sie sich, Ihrer Tochter die Augen für Geist und Ziel der disziplinarischen Maßnahme zu öffnen, statt auf den Buchstaben des Gesetzes abzustellen. Je deutlicher sie den Zweck der Maßnahme und die ihr zugrunde liegende Fürsorge erkennt, desto geringer wird wahrscheinlich ihr Bedürfnis, durch Hintertürchen zu entschlüpfen. Bedenken Sie aber auch, daß die meisten Kinder bei Erwachsenen ausprobieren, wie weit sie gehen können, denn sie wollen wissen, wo die Grenzen sind, und vergewissern sich auf diese Weise, daß es tatsächlich Grenzen gibt. Vielleicht sollten Sie eine Zusammenarbeit mit ihr im Umgang mit der Disziplin anstreben, auch in der Form, daß ihre Tochter sich, wenn es erforderlich wird, selbst mit Strafe belegt. Andere Eltern haben ihre jungen «gerissenen Juristen» schriftlich Verträge oder Abkommen konzipieren lassen, die eine Diskussionsgrundlage abgeben und es gestatten, die «Juristerei» des Kindes nutzbringend anzuwenden. Der Schlüssel zu alledem sind Geduld und Toleranz.

Mein hochbegabter Junge sagt, die Schule ist einfach «doof», er kann allein lernen. Er glaubt, er weiß mehr als seine Lehrer und findet den ganzen Unterricht so langweilig. Ich fürchte, er bricht seine Schulausbildung vorzeitig ab.

Letzteres tun viele hochbegabte Kinder, hoffentlich tut Ihr Sohn es nicht. Gegen dieses Disziplinproblem ist mit Strafe wahrscheinlich nichts auszurichten. Vielleicht läßt sich mit einer Kombination von Lob, Ermutigung und natürlichen Konsequenzen etwas erreichen. Ihr Kind muß die Gewißheit haben, daß Sie seinen Frust verstehen. Sie werden darauf achten müssen, daß Sie nicht automatisch die Partei des Lehrers ergreifen. Bringen Sie bei Ihrem Sohn behutsam die Sprache darauf, wie er seine Schulprobleme anpacken könnte und ob er Vorschläge hat, wie Sie ihm bei seinen Problemen helfen könnten. Geben Sie ihm das Gefühl, daß Sie ihm die Fähigkeit und die Disziplin zutrauen, mit Ihrer Hilfe mit jeder geeigneten Person in der Schule darüber zu spechen, wie sich die Schule für ihn interessanter und anregender gestalten ließe. Trotzdem ist es möglich, daß er die Schule verläßt. Sollte das geschehen, können Sie ihm helfen, indem Sie die natürlichen Konsequenzen abwarten. Reden Sie ihm zu, ganz auf sich gestellt zu leben, aber halten Sie zugleich Kontaktmöglichkeiten offen. Wer auf eigenen Füßen stehen und mit den Problemen des Alltags allein fertig werden will, muß viel Selbstdisziplin aufbringen, und daran hat schon mancher gemerkt, welche Bedeutung der Schule zukommt. Außerdem begünstigt diese Situation die Entwicklung von Selbständigkeit und Selbstvertrauen. Glücklicherweise ist es so, daß die meisten hochbegabten Kinder früher oder später im Leben in einem Beruf Feuer fangen, zu sich selbst finden und die verlorene Zeit nachholen.

4. Lektion: Streß und Streßmanagement

Streßerleben und -verarbeitung finden zumindest auf drei verschiedenen Ebenen statt: der körperlichen Ebene, der kognitiv-gedanklichen Ebene und der emotionalen Ebene. Das Streßerleben wird entscheidend dadurch beeinflußt, welche begleitenden Gedanken, Erwartungen und Gefühle vorhanden sind. Die Ebenen sind miteinander verwoben: Die Wahrnehmung körperlicher Erregung löst die gedankliche Suche nach der Ursache der Erregung aus.

Möglicherweise sieht man sich selbst als Grund für die Aufregung an oder andere Personen oder die Umstände. Gedanken wie «Das werde ich nie schaffen» oder Gedanken von Blamage und Mißerfolg können Gefühle von Angst oder Hilflosigkeit auslösen. Diese Gefühle können wiederum die körperliche Erregung und streßvolle Gedanken intensivieren: Die Wahrnehmung eines erhöhten Pulsschlags bestätigt für eine Person eventuell ihre subjektive Unsicherheit und verstärkt sie dadurch.

Diese Beispiele zeigen, wie Gedanken, Gefühle und Körperempfindungen sich gegenseitig aufschaukeln und somit einen Teufelskreis auslösen können. Die Abbildung 5 der nächsten Seite zeigt diese Zusammenhänge, ergänzt durch die *overexcitabilities* nach Dabrowski.[1]

Wie Dabrowski in seiner Theorie der positiven Desintegration zeigt, sind hochbegabte Kinder sowohl auf der körperlichen als auch auf der kognitiven und emotionalen Ebene hochsensibel – Dabrowski spricht hier von den overexcitabilities – und dadurch verschärft streßanfällig. Dies ist der Streß auf der intrapersonellen Ebene, hervorgerufen durch die besondere Intensität, Sensibilität und asynchrone Entwicklung der Kinder.

Auf der gesellschaftlich-interpersonellen Ebene kann Streß durch das Minderheitenschicksal hochbegabter Kinder und den Druck, sich der Norm anzupassen, zustande kommen. Der gemeinsame Konflikt auf der intrapersonellen wie auch auf der zwischenmenschlichen Ebene ist das ständige, mal freiwillige, mal gezwungene Sich-entscheiden-müssen zwischen Individualität und Anpassung an die Norm in einem viel extremeren Maße als bei normalbegabten Kindern.

[1] Dabrowski,K. Positive Desintegration, S. 21.

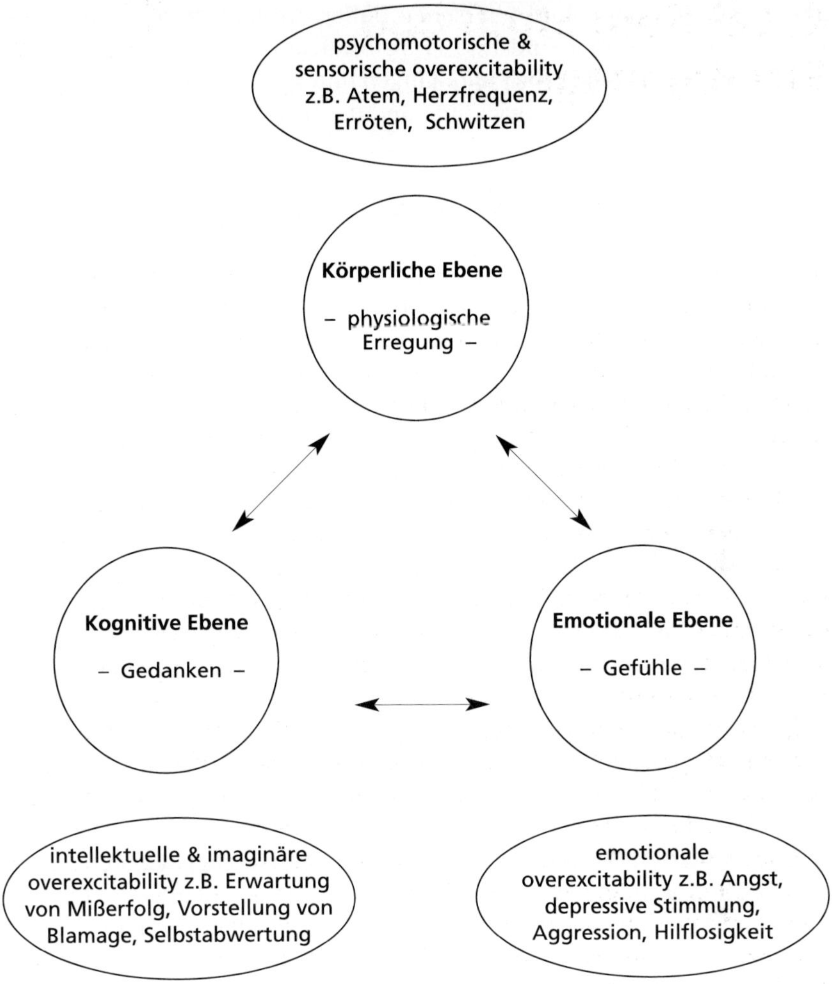

Abb. 5: Ein Streßmodell (Aufschaukelungsprozeß)

4.1 Der Streß des hochbegabten Kindes

Hochbegabte Kinder erleben daher viele unterschiedliche Streßsituationen, die sich von denen des normalbegabten Kindes unterscheiden. Die meisten Menschen nehmen an, daß bei hochbegabten Kindern alles wie am Schnürchen läuft und übersehen daher oft, daß diese Kinder sehr wohl Streß ausgesetzt sind und Hilfe brauchen. Art und Ausmaß des Stresses sind unterschiedlich und hängen unter anderem mit der Ausprägung der asynchronen Entwicklung und der Streßtoleranz des einzelnen Kindes zusammen; manche Kinder scheinen von Natur aus ruhiger und gegen störende, belastende Situationen besser gewappnet zu sein.

Obwohl es gewiß schwerfällt, müssen sich Eltern und andere, die mit hochbegabten Kindern arbeiten, stets vor Augen halten, daß die emotionale und die intellektuelle Reife des hochbegabten Kindes vielleicht nicht niveaugleich sind. Intelligenz (Denkfähigkeit) ist nicht dasselbe wie Weisheit. Selbst wenn das hb Kind in einem bestimmten Lebensbereich eine große Faktenkenntnis besitzt, brauchen seine emotionale Reife und seine Urteilsfähigkeit noch nicht auf dieser Höhe zu sein.

Das heißt nicht, daß hochbegabte Kinder kein gutes Urteil haben – gewöhnlich liegt es über dem Durchschnitt. Ihre intellektuellen Fähigkeiten sind sogar noch weiter entwickelt, und aus dieser Diskrepanz können sich Probleme ergeben. Die emotionalen Reaktionen eines hb Kindes können seinem Alter angemessener sein als seiner Intelligenz, was seine Eltern und andere bisweilen beträchtlich konsterniert und verwirrt. Wenn ein Kind «große Töne spuckt» und mit anspruchsvollen Begriffen operiert, müßte es dann nicht auch emotional komplexe Situationen bewältigen können? Nicht unbedingt. Wie Hollingworth (1975) anmerkte: «Wenn die Intelligenz eines Erwachsenen und die Emotionen eines Kindes in einem kindlichen Körper zusammengespannt sind, werden bestimmte Schwierigkeiten unausweichlich.» Dieses Kind spricht vielleicht während des Tages eloquent über genetische Transformation oder über die Speicherleistungen eines Computers und braucht abends zum Schlafen immer noch seine Kuscheldecke. Erwachsene begreifen das oft nicht und fragen irritiert: «Wenn du so gewitzt bist, warum mußt du dich immer noch wie ein Baby aufführen?»

Hochbegabte Kinder werden wahrscheinlich häufiger in verschiedenen Situationen unter Streß geraten, weil sie sich wiederkehrend in ihrer Umwelt fehl am Platze fühlen. Das subjektive Empfinden, anders zu sein und sich nicht im Gleichschritt mit Familie und Freunden zu bewegen, ist zum Teil *relativ* und zum Teil *absolut*.

Relativ heißt, daß es für hb Kinder darauf ankommt, ob ihr soziales Umfeld interessante Freunde und Gleichbefähigte bereithält und das Kind so einmal die Erfahrung machen kann, «normal» zu sein.

Der absolute Teil bezieht sich darauf, daß es beim höchstbegabten Kind praktisch überhaupt nicht ohne ein gewisses Maß an Streß abgehen wird. Das Kind mit einem IQ von über 160 hat wahrscheinlich überall

Schwierigkeiten, sich einzufügen, und erlebt folglich die davon herrührenden Stressoren ständig. Diese Kinder haben uns oft beschrieben, daß sie sich im Grunde in jeglicher Umgebung als Fremde fühlen.

Der Streß der Eltern

Das Bemühen darum, «Normalität» in den Alltag mit einem hochbegabten Kind zu bringen, ist für alle Eltern ziemlich stressig. Häufig berichten Eltern von ihren Schuldgefühlen, die sie haben, weil sie denken, daß es an ihren mangelnden erzieherischen Fähigkeiten liegt, daß es ihre Kinder so schwer im Leben haben. Dazu tragen ganz besonders die Vorwürfe bei, die den Eltern oft durch die Schule gemacht werden, wenn die Lehrer sich über mangelnde Aufmerksamkeit, Disziplin oder Gehorsam gegenüber der Autorität des Lehrers beklagen. In solchen Situationen stehen die Eltern im Konflikt zwischen der Solidarität zu ihrem Kind, dem Druck der Schule und der Angst um ihr Kind, daß es am Druck zerbricht, wenn es sich dem Druck der Schule nicht genügend unterordnen kann. Deshalb ist gerade diese Lektion besonders wichtig für Sie. Indem Sie die Wege, die für Ihr oder Ihre Kinder hilfreich sind, für sich selbst anwenden, werden Sie Entlastung in ihrem Alltag erleben.

4.2 Streßmanagement hilft

Es ist paradox, daß hochbegabte Kinder ausgerechnet durch eine ihrer starken Seiten – das rasche Lernen und Erwerben von Fertigkeiten – unter Streß geraten. Aber diese Mühelosigkeit im Leistungsbereich kann zu Müßiggang und Tagträumen führen und hochbegabten Kindern den Eindruck vermitteln, ihnen werde alles im Leben zufallen. Manchmal indes sehen sich hb Kinder vor unbekannte Herausforderungen gestellt, zumindest in der Form von Disziplinfragen und von Erwartungen anderer. Vielleicht stoßen sie im Leben auf Probleme, für die es keine Lösungen gibt, sondern bei denen man sich entscheiden oder Kompromisse eingehen muß. Diese Dilemmata werden von ihnen oft als Schock erlebt und stressen sie beträchtlich. Es ist für alle Kinder wichtig, daß sie lernen, mit Frustration und Streß umzugehen. Denn Frustrationstoleranz ermöglicht es ihnen, in ihren Bemühungen durchzuhalten und mit mehrdeutigen Situationen zu leben. Bei Ihrem Kind können Sie die Entwicklung dieser

Toleranz fördern, indem Sie es schrittweise immer stärker herausfordernden Situationen aussetzen, nur müssen es welche sein, die es nicht überfordern. Mit wachsender Sicherheit in der Handhabung dieser Dinge gewinnt es die Zuversicht, daß es schwierige Situationen bewältigen kann und daß es keine Katastrophe ist, wenn es ein Problem hat, das es nicht sofort zu lösen vermag.

Positiver Streß

Wir alle brauchen ein gewisses Quantum Streß im Leben, wieviel indes, ist individuell verschieden. Zu wenig Herausforderung hat zur Folge, daß wir uns langweilen und weniger leisten, als wir könnten, und dann stellen sich bei einem Zweifel am eigenen Wert oder daran ein, ob man überhaupt wichtig ist. Zuviel Streß hat zur Folge, daß wir in dieser oder jener Hinsicht zu leiden haben. Herausforderung kann durchaus positiv sein, und das Erreichen von Zielen, die wir uns selbst gesteckt haben, kann Freude bereiten. Ohne Ziele gibt es keine Befriedigung durch Leistung, was die Gefahr heraufbeschwört, daß das Selbstwerterleben unterentwickelt bleibt oder verkümmert. Sie müssen Ihrem Kind helfen, dieses Gleichgewicht zu verstehen, damit es lernen kann, wie man sich angemessene Ziele sowie Neben- und Zwischenziele setzt.

Wie viele Lehrer, Sporttrainer und andere Ihnen bestätigen können, wissen Kinder nicht, was sie vermögen, solange sie nicht herausgefordert und motiviert werden. Von entscheidender Bedeutung ist dabei (wir werden gleich anschließend darauf eingehen), daß das Kind angemessene Methoden entwickelt, Herausforderungen richtig einzuschätzen und sich selbst zu beurteilen. Wenn die Mechanismen zur Aufrechterhaltung der Selbstachtung und des Selbstwertgefühls nicht in einem selbst, sondern außerhalb liegen, ist die Wahrscheinlichkeit größer, daß man in seelische Bedrängnis gerät.

Quälender Streß

Außer dem oben erwähnten Streß der Herausforderung können hochbegabte Kinder auch solche Arten von Streß erleben, die unproduktiv sind, aber nichtsdestoweniger bewältigt werden müssen. Viele davon entstehen durch eine Kombination von Faktoren: Die Mythen, die über diese Kinder im Umlauf sind und von anderen Menschen geglaubt werden, die Sensitivität dieser hb Kinder, ihre hohen Ansprüche und möglicherweise das Problem, daß sie mit Gleichaltrigen, Geschwistern und anderen nicht zusammenpassen.

Ihr Sozialbewußtsein und ihre Wachheit veranlassen diese Kinder vielleicht dazu, sich immer gleich mehrere Richtungen vorzustellen, in denen etwas schiefgehen kann, oder dazu, daß sie sich über abstrakte oder sehr abgehobene Probleme den Kopf zerbrechen. Oft bringen sie zum Ausdruck, daß sie Probleme wie der Hunger in der Welt, die ungleiche Verteilung von Reichtum und die hohen Ehescheidungsquoten ebenso beunruhigen wie persönliche oder familiäre Probleme. Sie sind schon in jungen Jahren äußerst problembewußt und haben dabei oft ein niederschmetterndes Gefühl von Hilflosigkeit, da sie ja deutlich spüren, daß sie «bloß Kinder» sind.

Die Unterschiede zwischen den ethischen und den intellektuellen Anschauungen des hochbegabten Kindes und denen anderer, mit denen es Umgang hat, können große Streßwirkung haben. Die Wirklichkeitswahrnehmung des hb Kindes deckt sich nicht mit der eines Durchschnittskindes, und in seiner Beschäftigung mit allgemeingültigen Gesetzen und Prinzipien erhebt es sich über den gewöhnlichen, engen ethischen und persönlichen Horizont der meisten Menschen. Wahrscheinlich wird Ihr hochbegabtes Kind nur mit entsprechendem Beistand lernen können, die inneren Spannungen zu verringern, die aus diesen Unterschieden zwischen ihm und anderen erwachsen.

Wenn sich bei einem Kind ungewöhnliche Fähigkeiten zeigen, nehmen sie in den Augen anderer oft vergrößerte Dimensionen an. Diese Menschen halten das Kind für außergewöhnlich und trauen ihm zu, daß es eine Vielzahl von Problemen zu lösen vermag. Sie setzen übertrieben hohe Erwartungen in das Kind und versprechen sich von ihm vieleicht sogar, daß es alle Probleme lösen kann. Dieses Niveau erreicht das hb Kind mit seiner Leistung aber eindeutig nicht, und so kann sich das Auseinanderklaffen von Anspruch und Leistung mit der Zeit zu einer großen Streßquelle entwickeln.

Streßmanagement durch Selbstmanagement

Andere Streßsituationen entstehen für hochbegabte Kinder durch ein gefühlloses Verhalten anderer Menschen. Manchmal handeln andere aus Eifersucht, Ressentiment oder Unverständnis, manchmal anscheinend aus Dummheit. Deshalb werden Sie Ihrem hochbegabten Kind helfen müssen zu erkennen: Die Verhaltensweisen und Einstellungen anderer sind zwar weitgehend seiner Kontrolle entzogen, aber seine eigenen Handlungen und

Reaktionen kann es steuern, und das ist ein wichtiges Instrument des Streßmanagements. Mit seinem Selbstmanagement kann es lernen, mit anderen Menschen zurechtzukommen, ja sogar, ihnen mit Nachsicht zu begegnen und Freude an ihnen zu haben.

Oft besteht ein feiner Unterschied zwischen Höflichkeit zu anderen und dem passiven Akzeptieren von Streß, den andere einem aufzubürden versuchen. Was den Unterschied macht, ist, wie ein Individuum gelernt hat, über die Situation zu denken, mit der es sich konfrontiert sieht. Da die meisten Kinder, sogar hochbegabte, nur ein begrenztes Repertoire von Bewältigungsreaktionen haben, ist es für sie unter Umständen das einfachste, einen Konflikt dadurch zu lösen, daß sie höflich aufgeben. Man muß ihnen Ermutigung und Hilfestellung bieten, damit sie lernen, wie man sich notfalls anpaßt, ohne zu kapitulieren.

4.3 Selbstgespräch

In unserer Arbeit mit hochbegabten Kindern und ihren Eltern haben wir die Bedeutung jenes psychischen Prozesses, den wir als Selbstgespräch bezeichnen, besonders im Zusammenhang mit Streßmanagement schätzen gelernt. Selbstgespräch ist, was wir uns selbst über uns sagen, wie wir uns selbst und unser Handeln bewerten.

Die meisten Menschen ertappen sich hin und wieder bei solchem Selbstgespräch, zum Beispiel: «Hier habe ich aber wirklich Mist gebaut!» oder: «Das schaffe ich nie!» oder «Ich tauge eben nichts.» Manchmal merken andere richtig, wie einer innerlich zu sich sagt: «Nun reiß dich aber am Riemen! Los, das ziehst du jetzt durch! Gib dir kein Pardon, du mußt das bringen!» Aber den wenigsten Menschen ist bewußt, daß sie selber ständig stumme Zwiesprache mit sich halten und bewerten, was sie tun, denken oder empfinden.

Insbesondere hochbegabte Kinder neigen schon in sehr jungen Jahren zum Selbstgespräch, viel früher, als die meisten Erwachsenen in ihrer Umgebung erkennen. Da hb Kinder sich so gut inWorten ausdrücken und so gut begrifflich denken können, ist es nicht ungewöhnlich, daß sich bereits zwei- bis dreijährige hb Kinder in Selbstgesprächen bewerten und diese Gedanken klar und deutlich formulieren. Gedanken indes, die das hb Kind mit zwei Jahren in aller Unschuld laut ausspricht, wird es mit zunehmendem Alter immer mehr für sich behalten. Infolge ihres Perfektionismus' sind hb Kinder zu selbstkritisch, das heißt, sie führen negative

Selbstgespräche. Oft sind sie mit ihrem Verhalten unzufrieden, wenn es ihren persönlichen Zielen nicht gerecht wird, und oft drücken sie dann auch aus, daß sie sich unzulänglich oder minderwertig fühlen (Strang, 1951; Whitmore, 1980). Unrealistische Erwartungen sich selbst gegenüber im Hinblick darauf, was sie können «müßten», verbinden sich häufig mit Zielsetzungen, die in bezug auf die Aufgabenkomplexität unrealistisch sind.

Mitunter verstärkt sich der Druck noch dadurch, daß Erwachsene fortgesetzt Hochleistung verlangen. Selbst wenn sie Hochleistungen erzielen können, werden hb Kinder wahrscheinlich zu selbstkritisch sein. Hochbegabte leistungsstarke Kinder leiden ebenso wie hochbegabte Minderleister unter Unzulänglichkeitsgefühlen und führen sehr viele negative Selbstgespräche (Whitmore, 1980).

Das negative Selbstgespräch ist in besonderem Maße streßerzeugend, und das erklärt vielleicht, wieso uns oft bewußt ist, daß wir uns selbst kritisieren. Nicht so klar ist den meisten von uns indessen, daß wir auch positive Selbstgespräche führen und daß wir uns selbst polstern und unterstützen und verstärken, indem wir uns sagen, wie gut wir dies oder jenes gemacht haben, oder wie stolz wir auf uns sind. Wir behandeln das Selbstgespräch im folgenden ausführlich, weil es für hb Kinder wichtig ist und zu Streß führen kann.

Streß erzeugende Selbstgespräche resultieren in erster Linie aus Wertvorstellungen, Konflikten und emotionsgeladenen Beurteilungen im Zusammenhang damit, wie andere uns sehen, sowie damit, was wir tun, denken oder fühlen «sollten». Wir verwenden sehr viel Zeit darauf, darüber zu grübeln, was anderen wohl wichtig ist, denn wir wollen gemocht sein und nicht auffallen durch Anderssein. Manchmal wiederum handeln wir nicht unseren Vorstellungen gemäß, weil wir fürchten, wir könnten versagen und uns damit selbst den Beweis liefern, daß wir nicht so gut sind, wie wir glaubten. Wir finden selbst, daß wir nach unseren eigenen Maßstäben unseres Selbstbildes nicht würdig sind.

4.4 Irrationale Überzeugungen

Den meisten Streß erzeugt das Selbstgespräch in uns, wenn es in irrationalen Überzeugungen wurzelt, die uns zu unangemessenen «Ich-sollte»-Einstellungen verleiten. Wenn wir diese Überzeugungen im vorliegenden Kontext betrachten, so begreifen wir, daß sie keine vernünftige Grundlage für unsere Handlungen oder Selbstbewertungen abgeben. Dennoch verlassen wir uns im Alltag in unserem Denken und Handeln oft auf diese Überzeugungen und merken nicht, wie irrational, unangemessen und stressend sie sind. In Box 9 haben wir irrationale Überzeugungen zusammengestellt, die uns häufiger begegnen:

Box 9: Einige häufiger begegnende irrationale Überzeugungen

- Du mußt von jedermann geliebt und gebilligt werden.
- Du mußt in jeder Hinsicht Perfektion erzielen.
- Wer schlecht handelt, ist ein schlechter Mensch.
- Es ist schrecklich, entsetzlich, furchtbar und eine Katastrophe, wenn es nicht so läuft, wie du willst.
- Wenn du das nicht schaffst, war alles umsonst.
- Ob du glücklich und zufrieden bist, liegt mehr an anderen Ereignissen oder Menschen als daran, wie du selbst denkst und zu dir sprichst.
- Wenn etwas unerfreulich ist, soll es dich vorrangig beschäftigen und fortgesetzt beunruhigen.
- Dinge, die in der Vergangenheit geschehen sind, sind überaus wichtig, müssen dir unablässig Sorgen machen und schränken deine künftigen Möglichkeiten ein.
- Menschen und Dinge sollten anders sein, als sie sind, und es ist eine Katastrophe, wenn sich nicht sofort perfekte Lösungen finden.
- Haben sich Verhaltensweisen bei einem anderen oder früher bei einem selbst bewährt, so sind sie genau das, woran man sich halten muß.

Nach A. Ellis und R.A. Harper, A New Guide to Rational Living
N.Y.: Institute for Rational Living, 1975.

Die meisten Menschen handeln dann und wann nach diesen irrationalen Überzeugungen, aber das hochbegabte Kind gerät besonders schnell in derlei Fallstricke, weil es so sehr um Leistung und Perfektion bemüht ist. Folglich muß man ihm beibringen, solche Überzeugungen zu erkennen und aktiv seine Selbstbewertungen in Frage zu stellen, um zu prüfen, ob Erwartungen, die es in sich selbst setzt, unvernünftig sind. Das hb Kind muß lernen, sein Selbstgespräch nicht auf diesen verborgenen «Ich-sollte»-

Aussagen aufzubauen, ein Lernprozeß, bei dem es unserer Hilfe und Unterstützung bedarf. Wenn niemand das Kind darauf aufmerksam macht, wird es dieses Überzeugungssystem wahrscheinlich schon früh im Leben unbewußt verinnerlichen und dann nicht mehr so leicht loswerden. Unnötiger Streß, Mangel an Selbstbejahung und Gefühle von Zorn, Frustration, ja sogar Wut gegen die Welt können die Folge sein.

Sobald diese Kinder einen Blick für diese irrationalen Überzeugungen bekommen haben, können sie beginnen, den Einfluß des Selbstgesprächs zu würdigen und mit Ihrer Hilfe erkennen lernen, daß der Streß nicht in den Ereignissen liegt, sondern durch das entsteht, was man sich über deren Wirkung einredet. Die Kinder können zwar nicht das Verhalten anderer Menschen steuern, wohl aber ihre eigenen Reaktionen und Gefühle in bezug auf andere. Ausführlicher erörtern Ellis und Harper (1975) Selbstgespräch, irrationale Überzeugungen, und wie man mit ihnen umgeht.

4.5 Praktische Tips

Wie man das hb Kind in Sachen Selbstgespräch und möglicherweise zugrundeliegenden irrationalen Überzeugungen unterweist, so kann man ihm mit bestimmten Schritten zu besserem Streßmanagement verhelfen. Wenn Sie diese Empfehlungen durchlesen, behalten Sie bitte im Auge, daß sie auf den in den Kapiteln über Motivation und Disziplin umrissenen Prinzipien fußen,z.B. Sukzessiv-Erfolge und Entscheidungsangebote. Nach unserer Ansicht ist Streßmanagement ein spezifischer Fall von Selbstdisziplin und spielt eine wichtige Rolle in der Motivation.

Probleme vertuschen verursacht gewöhnlich Streß; wenn man über sie spricht, kommt man im allgemeinen weiter – Schwierigkeiten leugnen oder so tun, als existierten sie nicht, schadet hochbegabten Kindern in der Regel mehr als das rückhaltlose Anerkennen, Besprechen und logische Durchdenken der Probleme. So ist eine direkte Auseinandersetzung mit Streßsituationen möglich, obwohl es Ihrem Kind vielleicht widerstrebt, seine Gefühle zu erörtern oder sich anzuhören, was andere fühlen. Die meisten Streßsituationen kann man erst in den Griff bekommen, wenn man sich mit ihnen auseinandersetzt, selbst um den Preis, daß dies vorübergehend den Streß verstärkt.Wenn sich ein Kind in einer Streßsituation befindet und in ein irrationales Selbstgespräch verstrickt ist, sollte man es nicht direkt darauf ansprechen; das hilft nämlich meist gar nichts, sondern wirkt zusätzlich als Streß. Ermutigen Sie das Kind vielmehr dazu, laut zu denken und Sie an seinem Streß Anteil nehmen zu lassen, wobei Sie seine Gefühle reflektieren. Sie können behutsam Fragen anschneiden wie: «Was wäre das schlimmste, was in dieser Situation passieren könnte?» und: «Wie katastrophal würde das sein?» Sie können auf Ihren Eindruck zu sprechen kommen: «Du hast das Gefühl, du solltest... aber es klingt nicht so, als ob du das wirklich möchtest.» Hochbegabte Kinder können ihren Sinn für Perspektive schnell zurückgewinnen und lernen rasch, unnötigen Streß generell zu meiden.

Lehren Sie Ihre Kinder Entscheidungsfindungstechniken und Strategien zum Problemlösen – In mancher Hinsicht ähneln diese Techniken den Wertklärungsübungen, die wir im Kapitel über Motivation erwähnt haben. Ein mögliches Vorgehen bei der Lösung eines Problems haben wir in Box 10 der nebenstehenden Seite vorgestellt.

Wenn Sie schrittweise vorgehen, wird das Kind bald erkennen, daß es für die meisten Probleme viele Lösungen gibt, die herbeizuführen in seiner Macht steht, aber immer nur wenige, die perfekt sind.

Bringen Sie den Kindern als ein weiteres Element des Problemlösens bei, wie man sich nicht nur langfristige Ziele setzt, sondern auch kurzfristige Zwischen- und Teilziele (vgl. dazu den Abschnitt über Zielsetzungen, Lkt. 2, Motivation). Wir sagten ja schon, daß es zu Streß kommt, wenn man sich abrackert, ein fernes Ziel zu erreichen. Besonders bei hochbegabten Kindern kann das der Fall sein, weil sie oft zuviel in ihren Arbeitsplan hineinquetschen. Diese Kinder müssen die Dinge in richtiger Perspektive sehen, und das gelingt ihnen besser, wenn sie ihre Pläne auf ein solides Fundament stellen können, indem sie schriftlich eine Ziele- und Teilziele-Planung sowie einen präzisen Aktionsplan ausarbeiten.

Helfen Sie ihnen, sich nicht nur für Erfolge, sondern auch für ihre Bemühungen selbst zu belohnen – «Versuch es nochmal» - auch das sollte als ein wesentliches Ziel gelten. Irrtümer und Fehlschläge müssen als Etappen auf dem Weg zum Gelingen genutzt werden, sie sollten weder Tadel noch Depression nach sich ziehen. Ein Fehlschlag kann durchaus «weiterbringen». Ermutigen Sie Ihr Kind, es so zu sehen. Wenn ihm etwas danebengeht, lernt es dazu; es weiß danach nämlich, was nicht funktioniert hat. Es kann analysieren, warum es sein Ziel nicht erreicht hat, und diese Erkenntnis ein andermal nutzbringend anwenden.

Anderen die Schuld geben ist kein Weg zur Streßreduktion – Wenn man die Schuld auf andere schiebt, fühlt man sich danach ziemlich hilflos, denn man hat sich damit ja von den Handlungen des anderen abhängig gemacht, dem man indirekt vorwirft: «Ich könnte Spitze sein, wenn du besser spuren würdest!» Solange man bloß darauf wartet, daß ein anderer sich ändert, kann man nichts unternehmen, um den Streß einer Situation zu verringern, das heißt: Anderen die Schuld geben macht unbeweglich. Man muß Kindern helfen, sich von der Vorstellung zu lösen, daß sie passive, hilflose Opfer sind, denen kreative Selbstbehauptung unmöglich ist.

Box 10: Fünf Schritte beim Problemlösen

1. Eine zukunfts- und lösungsorientierte Stimmung schaffen!

- Identifikation einer Situation als Problem
- Akzeptieren, daß Probleme zum täglichen Leben gehören und daß viele von ihnen gelöst werden können.
- Problematische Situationen sollten möglichst früh und sensibel erkannt und nicht übergangen werden; Gefühle dienen dabei als Wegweiser!
- Ineffektive, bisherige Reaktionen, wie zum Beispiel quasi automatisches oder überstürztes Reagieren, sollten ausbleiben!

2. Das Problem genau beschreiben!

- Einzelne Bestandteile aus mehreren Perspektiven sehen und beschreiben und in vor- und nachrangige Problembereiche ausdifferenzieren.

3. Alternativen entwickeln!

- Zum Beispiel mit Hilfe der Technik des «brainstorming», d.h. ohne Bewertung und Kritik möglichst viele Ideen sammeln.

4. Eine Entscheidung treffen!

- Bei der Auswahl der günstigsten Alternative müssen auch die kurz-, mittel- und langfristigen Folgen beachtet werden, und zwar für die eigene Person und für andere.

5. Die Entscheidung überprüfen!

- Die Entscheidung konkret durchführen, Konsequenzen genau beachten; Effektivität beurteilen und gegebenenfalls wieder bei Schritt 2 bis 4 ansetzen, bis eine optimale Lösung erreicht ist.

Lehren Sie die Kinder, daß oftmals eine Problemsituation für sie arbeiten kann statt gegen sie – Wenn sie kreativ denken, können sie die Situation vielleicht konstruktiv umdeuten und zu etwas nutzen, was zunächst gar nicht das Ziel war. Angenommen, ein Freund hat das Kind versetzt. Kann es nun, um mit der Zeit etwas anzufangen, nicht ins Kino gehen und sich den Film anschauen, den es schon lange sehen wollte, statt Trübsal zu blasen, auf die schuldige Person zu schimpfen und sich selbst die Laune so gründlich zu verderben, daß der ganze Abend dahin ist und der nächste Tag womöglich auch? Selbst in Problemsituationen hat das Kind Entscheidungsmöglichkeiten; es kann wählen, ob es sich in sein Unbehagen vergraben oder es hinter sich bringen und sich wieder besser fühlen will.

Untergliederndes Denken erlernen – Wenn ein Bereich Ihres Lebens Ihnen Kummer bereitet, braucht nicht Ihr ganzes Leben darunter zu leiden. Durch Übung können hochbegabte Kinder und ihre Eltern lernen, ihren Kummer und ihre Besorgnis auf jene Bereiche zu beschränken, die unmittelbar betroffen sind.

Sofortberuhigungs-Techniken helfen weiter – Menschen in einer Krise oder unter akutem Streß sind dermaßen von Gefühlen wie Spannung, Furcht oder Zorn in Anspruch genommen, daß sie nicht klar denken können. Bei emotionalem Überreiztsein fällt es schwer, einen Plan aufzustellen, wie man mit der Situation fertig werden könnte. Man ermahnt Kinder zwar häufig, sie sollen sich «beruhigen», aber man bringt ihnen nur selten bei wie. Zu den weit verbreiteten Beruhigungstechniken gehören: Zählen von eins bis zehn; anstrengende Gymnastik wie z.B. Aerobic; Meditation oder bewußtes Kontrollieren der Atmung; partielles körperliches Entspannen. Zusätzlich kann man mit «HALT» arbeiten, einer Warn-Technik, die signalisiert: Jetzt kürzer treten, auf Streßeffekte achten! HALT ist ein Kürzel aus den Anfangsbuchstaben der Wörter Hungry (Hungrig), Angry (Zornig), Lonely (Einsam), Tired (Müde). Jeder dieser Zustände erschwert das Streßmanagement und erhöht die Wahrscheinlichkeit bei einem Kind, daß es auf eine Situation in irrationaler Weise übermäßig stark reagieren wird. Manche Familien haben HALT als ein leise gesprochenes Codewort eingeführt, mit dem das Kind aufgefordert wird, seinen körperlichen Spannungslevel und sein Selbstgespräch zu überprüfen.

Seit langem kennt man den Schlaf als ein wirksames Instrument des Streßmanagements. Ebenso kann man Entspannungtechniken wie das autogene Training oder Formen der progressiven Muskelentspannung nach Jacobson einsetzen.

Spannungssituationen mit Humor angehen – Die meisten hb Kinder können schon ziemlich früh einen feinen Sinn für Humor und einen besonderen Scharfblick für die Ungereimtheiten in Situationen entwickeln. Dieser Sinn für Humor kann ein sehr brauchbares Streßmanagement-Instrument sein, zumal, wenn Ihr Kind imstande ist, über sich selbst und seine Lage zu lachen. Solcher Humor zeigt deutlich an, daß das Kind einen Sinn für die relative Bedeutung der Dinge hat und die streßerzeugende Situation in Wirklichkeit nicht schrecklich und katastrophal ist. Wir sprechen hier nicht von zynischem Lachen, hinter dem sich Zorn und enttäuschter Idealismus verbergen; dieses Hohngelächter kann ein bißchen streßreduzierend wirken, gleicht aber dem Tadel und besagt im Grunde, daß man an einer üblen Situation eben nichts ändern kann.

Besonders zu Anfang soll man Humor bei hochbegabten Kindern nur sehr behutsam einsetzen. Sie könnten sich ausgelacht oder verspottet fühlen, ohne zu merken, daß Sie ihnen beibringen wollen, über sich selbst zu lachen. Am besten, Erwachsene demonstrieren ihnen diesen Humor. Zum Beispiel könnten Sie bei Gelegenheit einmal Ihre eigene Situation ins Melodramatische ziehen, nur muß dabei klar sein, daß Sie innerlich leise über sich lachen. Vergessen Sie nicht: Weit genug vorangetrieben, kippt eine Tragödie ins Komische um, aber eine zu weit getriebene Komödie wird zur Tragödie.

In zwischenmenschlichen Situationen finden hochbegabte Kinder Humor nützlich. Sie können mit ihrer Schlagfertigkeit in einer Weise Aufmerksamkeit erregen, die ihren Gleichaltrigen gefällt, aber sie können mittels Humor auch von stressenden Begegnungen ablenken. Wie ein Kind sagte: «Witzig sein ist ein prima Mittel, wenn andere dich ärgern wollen. Du drehst den Spieß um und machst einen Witz drüber.»

Kooperations- und Hilfsangebote – Das hochbegabte Kind kann gespannte Situationen meistern, indem es Aufgeschlossenheit und Verständnis für andere zeigt, die außer Fassung sind oder an ihm etwas auszusetzen haben. Wenn ein Kind ganz ruhig seine Hilfe offeriert oder sich mit einer Bemerkung als einfühlsam erweist, sind andere oft so verblüfft, daß eine potentiell explosive Situation dadurch entschärft wird. Bei Kindern ist es meist so, daß sie rasch «anbeißen», wenn sie sich herausgefordert oder bedroht fühlen. Kooperations- und Hilfsangebote sind in einer solchen Situation ziemlich entwaffnend und können der erste Schritt zu einer kooperativen Beziehung sein.

Streßsituationen mit «aktivem Ignorieren» bewältigen – Die meisten Menschen halten das Ignorieren für etwas Passives; man kann aber auch aktiv ignorieren, und das ist wirkungsvoller. Lenken Sie sich von einem quälenden Gedanken oder einer ärgerlichen Situation ab, indem Sie gezielt an etwas anderes denken. Widmen Sie sich deshalb aktiv einer anderen Tätigkeit. Das aktive Ignorieren funktioniert bei Gefühlen und

Gedanken ebenso wie in gespannten Situationen. Es ist unmöglich, bewußt an zwei verschiedene Dinge gleichzeitig zu denken. Indem Sie also Ihr Bewußtsein mit einem Gedanken besetzen, ignorieren Sie aktiv einen anderen Gedanken. Wenn eine Sinfonie Ihr Bewußtsein erfüllt, kann Sie das davon abhalten, sich unnütz aufzuregen.

Lernen Sie, die Frage zu stellen: «Um wessen Problem handelt es sich?» – Viel Streß rührt von der irrigen Vorstellung her, daß das Kind genau das möchte, was Sie oder andere Erwachsene von ihm erwarten. Es mag aber etwas ganz anderes wollen, nur haben Sie beide darüber vielleicht noch nicht gesprochen. Es ist wichtig, diese stillschweigenden Annahmen zu überprüfen.

In der Regel verursachen die Erwartungen anderer dem hochbegabten Kind fortgesetzt Kopfzerbrechen. Was es von sich selbst erwartet, unterscheidet sich so oft von den Erwartungen, die andere in es setzen, daß diese Diskrepanz Spannungen erzeugt. Wenn seine Erwartungen und die anderer unabsichtlich entgegenarbeiten und wenn Kritik geübt wird, kommt es für das hochbegabte Kind darauf an, zu definieren, um wessen Problem es eigentlich geht.

In ihrem Selbstgespräch müssen hochbegabte Kinder eine Gedankenkette in der Art der folgenden bilden: «Bloß weil die was über mich sagen, muß es noch lange nicht stimmen. Ich werde mir die Sache überlegen und dann entscheiden, ob es wahr ist. Und dann, wenn überhaupt, werde ich entscheiden, ob ich was ändere oder nicht.» Diese Gedankenkette enthält drei wichtige Elemente.

Erstens: Ist die Kritik berechtigt? Das muß das Kind für sich klären, zumal, wenn es sich um eine Bemerkung über seinen Charakter, seine Überzeugungen oder sein Verhalten handelt.

Zweitens steht zur Entscheidung an, wie es sich nun verhalten will. Was «die» sagen, könnte zutreffen, doch könnte sich das Kind trotzdem dafür entscheiden, nichts zu unternehmen; möglich ist aber auch, daß die Kritik unzutreffend ist und das Kind sich dennoch sagt, es müsse etwas tun.

Und drittens: Das Kind muß entscheiden, was es im einzelnen tun will. Verdeutlichen wir es an einem Beispiel. Wenn ein Lehrer behauptet, Ihr Kind sei «patzig», muß es entscheiden, ob dem so ist. Hierauf muß es sich entscheiden, ob es in dieser Angelegenheit etwas tun will, ob es ihm wichtig ist. Wenn ja, muß es entscheiden, was es tun möchte. Mit Hilfe dieser Technik lernt das Kind, die Kritik anderer oder das, was sie ihm an Lasten oder Verantwortung aufhalsen wollen, nicht ungeprüft zu akzeptieren. Wir sagen damit nicht, daß Sie dem Kind bei diesen Entscheidungen nicht helfen könnten und sich deshalb heraushalten müßten. Wie beim Erlernen jeder anderen Fertigkeit wird das Kind Ihrer Anleitung und geduldigen Hilfe bedürfen, während es sich bemüht, diese Entscheidungsmöglichkeiten zu durchdenken.

Alles in allem betont unser Streßmanagement-Ansatz, wie wichtig es ist, daß man hochbegabten Kindern hilft, sich über ihre eigenen persönlichen Prioritäten und Wertorientierungen klarzuwerden. Letzten Endes müssen sie sich auf ihr eigenes Urteil über ihre Zulänglichkeit als Menschen verlassen können, wenn sie die Streßsituationen des Lebens bestehen sollen. Kenntnis der eigenen Wertorientierungen, Prioritäten und Überzeugungen, kombiniert mit geschicktem Streßmanagement, wird ihr Vertrauen zu ihrer Fähigkeit festigen, mit sich selbst in unserer Welt der extensiven Alternativen zurechtzukommen, Alternativen, die sich bei ihnen aufgrund ihrer intellektuellen Fähigkeiten reicher entfalten.

Die Bedeutung des Streßmanagements für hochbegabte Kinder und Erwachsene bestätigte sich in der Längsschnitt-Untersuchung von Vaillant (1977). Über einen Zeitraum von 35 Jahren hinweg wurden 268 Männer in Interviews und Tests durchleuchtet. Ausgewählt hatte man sie, weil sie als die besten und die gescheitesten Studenten ihres Jahrgangs an einem «hochgradig wettbewerbsintensiven College» bewertet worden waren. Obwohl nun alle anscheinend eine glänzende Zukunft vor sich hatten, stellte sich später heraus, daß viele in ihren Karrieren oder in ihrem Privatleben weit hinter den Erwartungen zurückblieben. Was die Erfolgreichen von den Nichterfolgreichen unterschied, war nicht die Art oder die Menge der Stressoren, die ihr Leben mit sich brachte; streßerzeugende Ereignisse gab es im Leben eines jeden von ihnen. Der Unterschied bestand vielmehr darin, daß die Erfolgreichen Strategien entwickelt hatten, mit denen sie die Streßsituationen bewältigen konnten, die aus den Herausforderungen des Lebens resultierten.

4.6 Fragen

Alpträume setzen meinen Jungen besonders unter Streß. Seine überaktive Phantasie scheint sogar noch zu arbeiten, wenn er schläft.

Viele hochbegabte Kinder träumen lebhaft. Wenn Ihr Sohn aus einem Alptraum erwacht, trösten Sie ihn zunächst, nehmen sie sich wirklich Zeit und hören Sie sich seine Schilderung des Alptraums an. Schlagen Sie ihm hierauf in beruhigendem Ton vor, sich wieder schlafen zu legen und seinen Traum zu Ende zu träumen, aber diesmal, sagen Sie ihm, soll er irgend jemanden, den er mag, auf seine Traumreise mitnehmen. Das kann Superman sein, das können Sie sein, das kann die gesamte U.S. Marineinfanterie sein. Erinnern Sie ihn daran, daß es sein Traum ist, und daß er ihn zu Ende bringen kann, wie er will. Er bestimmt und kann den Traum ausgehenlassen, wie es ihm gefällt.

Mein Problem scheint das genaue Gegenteil zu sein. Mein Kind erlebt anscheinend überhaupt keinen Streß, so leicht fällt ihm alles.

Für die meisten Personen gibt es einen optimalen Streßlevel – gerade soviel Streß, daß er sie fordert, aber nicht soviel, daß er sie zu sehr frustrieren könnte. Bedenken Sie: Streß lernt man zu handhaben, indem man ihn handhabt. Wer keine Übung im Umgang mit Herausforderungen hat, fühlt sich oft wie am Boden zerstört, wenn er zum ersten Mal eine Situation erlebt, die seiner Kontrolle offenbar entzogen ist, oder wenn bei ihm andere größere Streßreaktionen auftreten. Neue Erfahrungen und fordernde Situationen können Ihrem Jungen helfen, Bewältigungsfertigkeiten zu entwickeln und zu lernen, Streßsituationen auszuhalten. Ein geeignetes Mittel zum Zweck kann zum Beispiel ein Musikinstrument sein, das ihm dauernd zur Verfügung steht und an dem er seine Freude hat.

Ich glaube nicht, daß sie unter Streß steht, aber meine Tochter ist einfach allzu reif. Das Kind nimmt die Dinge sehr ernst und wird ungehalten, wenn andere den Problemen und allem, was sie mit sich bringen können, nicht auf den Grund gehen.

Doch, das ist eine Streßsituation! Erwachsenenprobleme sind eine zu schwere Last für Kinder, selbst für hochbegabte. Es ist wichtig, daß Ihre Tochter lernt, ein Gegengewicht zu ihrer Ernsthaftigkeit zu finden. Vor allem muß sie lernen, Menschen, die die Dinge anders sehen als sie, mit mehr Nachsicht zu behandeln und ihnen Dimensionen abzugewinnen, die ihr gefallen. Sonst wird sich bei ihr immer mehr Streß aufbauen, und schließlich glaubt sie vielleicht, daß es überhaupt keine oder nur ganz wenige Personen gibt, mit denen sie Gedanken austauschen kann. Ermutigen Sie sie dazu, Freizeitinteressen zu entwickeln, damit sie lernt, sich zu entspannen und zu verhindern, daß sie «ausbrennt». Bitte verwechseln Sie intellektuellen Ernst nicht mit emotionaler Reife.

Meine Schwiegereltern halten mich für streberhaft, weil ihr Enkel sich in der Schule langweilt. Sie denken, daß ich daheim mit ihm gepaukt und ihm früh das Lesen beigebracht habe, und daß er deswegen so stark unter Streß steht. Dabei habe ich nichts dergleichen getan; er hat sich das Lesen selber beigebracht, mit Hilfe der Fernsehprogramme «Sesamstraße» und «The Electric Company»! Wie kann ich ihnen die Augen öffnen?

Es ist oft schwierig, bei anderen Verständnis für hochbegabte Kinder zu wecken, Sie brauchen sich da nicht zu verteidigen, das sollen Sie wissen. Es kann eine Weile dauern und etliche Diskussionen kosten, bis sie klarer sehen; vielleicht geben Sie ihnen etwas einschlägiges Material zu lesen. Untersuchungen haben gezeigt, daß sehr frühes Lesen hochbegabten Kindern nicht schadet, wenn sie von selbst darauf gekommen sind, und daß es sie auch nicht zu sehr streßt. Hochbegabte Kinder haben meistens Freude an diesen Herausforderungen. Verlieren Sie nicht den Glauben an sich selbst!

Neigen hochbegabte Kinder in ganz besonderem Maße dazu, sich zuviel aufzuladen? Sie möchte Mitglied in jedem Klub in ihrer Schule sein, alle Sportarten treiben, alle regulären und alle Wahlfächer belegen und obendrein ein gesellschaftliches Leben führen, hinter dem sich ganz Washington D.C. verstecken könnte. Ich fürchte, sie überfordert sich.

Besonders, wenn sie älter werden, laden sich hochbegabte Kinder tatsächlich zuviel auf. Obwohl die meisten von ihnen mit dieser Bürde gut gedeihen und aktiv nach der Stimulation trachten, die sie bietet, kann die Herrschaft des übervollen Terminkalenders zumindest für Sie, wenn schon nicht für Ihre Tochter, ein echtes Schreckensregiment werden. Aber an irgendeinem Punkt wird auch Ihre Tochter das frustrierend finden, und das bietet Ihnen vielleicht Gelegenheit, die Situation mit ihr zu besprechen. Vielleicht können Sie ihr nahebringen, daß jeder Mensch für sich Zeit braucht, in der er sich neu einstuft und festigt und seine Erfahrungen verarbeitet. In den meisten Fällen steht nicht zu befürchten, daß solche Kinder sich körperliche Dauerschäden zuziehen; Grund zur Sorge haben Sie jedenfalls nicht, solange Sie Ihrem Kind eine Atmosphäre bieten, in der es sich akzeptiert fühlt. Bei den meisten Kindern regelt sich das Aktivitätsniveau von selbst. Wenn sie sich zu stark gestreßt fühlen oder müde sind, hören sie auf oder verlangsamen das Tempo, vorausgesetzt, sie haben das Gefühl, daß das für sie auchakzeptabel ist. Bei jüngeren Kindern funktioniert das vielleicht nicht so gut, ihnen muß man dann wirklich vorübergehend eine Grenze setzen und kurze Erholungspausen verordnen, in denen auch mal nichts geschieht. Bei älteren Kindern entstehen bestimmte Probleme, auf die Sie vielleicht achten sollten – wir meinen das Kind, das sich in hektische

Betriebsamkeit stürzt, um sich seinen Wert zu beweisen, oder das Kind das sich nicht mit seinem Innenleben auseinander zu setzen vermag. Davon abgesehen würden wir Ihnen generell raten, in erster Linie etwas gegen Ihre Streßreaktion auf die Aktivität Ihrer Tochter zu tun, zum Beispiel, indem Sie versuchen, sich zu freuen, wenn Sie sehen, was Ihre Tochter alles treibt und leistet, statt daß Sie sich in einen seelischen Alarmzustand verrennen, der solche Freude vielleicht nicht zuläßt.

Sind Wettbewerbsspiele schädlich? Mein hochbegabtes Kind will sich offenbar mit jedermann messen.

Wettbewerbsspiele sind emotional und geistig anregend und werden vielleicht deshalb von hochbegabten Kindern als so attraktiv empfunden. Tatsächlich ist häufig zu beobachten, daß sich hochbegabte Kinder sehr intensiv mit Spielen wie Schach oder Backgammon befassen, bei denen eine Person verliert oder gewinnt, oder mit elektronischen Spielen, bei denen sie ihre Geschicklichkeit gegen die Maschine aufbieten. Unsere Erfahrung legt den Schluß nahe, daß Wettbewerbsspiele nicht schädlich sind, solange das Kind demonstrieren kann, daß es fähig ist, sich auch kooperativen Aktivitäten ohne Wettkampfcharakter zu widmen und den Wert der Zusammenarbeit mit anderen nicht aus dem Blick verliert.

5. Lektion: Kommunikation von Gefühlen

Die meisten Bücher und Artikel über hochbegabte Kinder konzentrieren sich auf deren überragende intellektuelle Potenz und wollen ihre kognitiven Fähigkeiten stimulieren, bereichern oder anderweitig fördern. Über die emotionale Entwicklung gibt es nur wenig Literatur. Die Programme in Schulen zielen vor allem auf Leistung in dem Sinne ab, daß der Schüler ein Faktenwissen und Kenntnisse im Bereich naturwissenschaftlicher Gesetze erwirbt.

Kommunikation, Gefühle, zwischenmenschliche Beziehungen und Sozialwissenschaften dagegen sind Bereiche, die nur minimalste Berücksichtigung finden, etwa im Rahmen eines Lehr-Moduls mit der Bezeichnung Affective Education - und das, obwohl in Untersuchungen wiederholt nachgewiesen worden ist, daß Emotionen die Leistung und IQ-Test-Ergebnisse nicht unwesentlich beeinflussen.

Wir finden diese Situation unausgewogen. Erklärlich ist die ungleiche Verteilung der Akzente allerdings. Die allgemeine Auffassung in Amerika und in Europa besagt ja, daß die schulische Erziehung auf meßbare Leistung und Berufsvorbereitung abzielen soll und daß Werte, Überzeugungen und die persönliche und emotionale Entwicklung Sache des Elternhauses seien. Man geht wohl nicht zu weit, wenn man feststellt, daß an den meisten Schulen Gefühle für ein lästiges Ärgernis gehalten werden, das es so zu handhaben gilt, daß es das Hauptgeschäft, nämlich das Lernen, nicht beeinträchtigen soll. Unsere Beobachtungen lassen uns sogar auf ein noch tragischeres Muster schließen: Auch Eltern können die Gefühle ihrer Kinder meiden, ignorieren oder anzweifeln, um zu verhindern, daß diese Gefühle sich in Familienangelegenheiten störend bemerkbar machen.

Die Kommunikation von Gefühlen ist für jeden Menschen, ganz gewiß aber für ein Kind, die wichtigste psychologische Lebensader. Eine negative Einstellung zu Gefühlen kann jedem Kind Schaden zufügen, doch das hochbegabte Kind ist da vielleicht noch mehr gefährdet, weil soviel von der Aktivität seiner Umwelt, soviel von der Aufmerksamkeit, die man ihm widmet, einzig und allein der Leistung gilt und immer nur die kognitiven Fertigkeiten betont. Es ist daher besonders wichtig, daß wir Methoden entwickeln, die es dem hochbegabten Kind ermöglichen, seine Gefühle angstfrei und in vertretbarer Weise auszudrücken. Mehrere Untersuchungen haben gezeigt, daß bei Kindern, die in emotional deprivierten Situationen leben, in denen zwischenmenschliche Fürsorglichkeit nur selten zum Ausdruck kommt, die gemessene Intelligenz abnimmt (Marland, 1972).

In der letzten Zeit ist der Begriff der emotionalen Intelligenz immer mehr in die Öffentlichkeit gerückt (vgl. z.B. Goleman, 1996). Emotionale Intelligenz zeichnet sich z.B. durch die folgenden Aspekte aus: Selbstwahrnehmung, persönliche Entscheidungen treffen, mit den eigenen Gefühlen umgehen, Streß abbauen, Empathie- und Kommunikationsfähigkeit, Selbstoffenbarung und -akzeptenz, Übernahme persönlicher Verantwortung, Selbstsicherheit, Konfliktlösung, Führungskompetenz und Einsichtsfähigkeit. Emotionale Intelligenz ist von gesellschaftlicher Relevanz, indem sie die Entscheidungsgrundlage für Ethik, Ästhetik und Moral bietet, und sie ist stärker als rein intellektuelle Intelligenz an der Führung eines erfolgreichen und ausgefüllten Lebens beteiligt. Die Kommunikation von Gefühlen ist Grundvoraussetzung dafür, daß das hochbegabte Kind seine emotionale Intelligenz entwickeln, fördern und nutzen kann.

Hochbegabte Kinder denken anders als andere, weil sie in außergewöhnlichem Maße zu abstraktem und divergentem Denken fähig sind und sich diese Fähigkeit bei ihnen schon relativ früh entfaltet. Durch ihre Neugierde, ihre fortgeschrittene Sprachbeherrschung und ihr hohes Fertigkeitsniveau erwecken sie oft den Anschein, sie seien «besser» als andere. Ihre Umgebung reagiert auf diese Unterschiede gewöhnlich sehr heftig, und zwar oft mit Zorn, Sarkasmus und Tadel. Da das hb Kind bei seinen Versuchen, seinen Wahrnehmungen und Interpretationen Gehör zu verschaffen, immer wieder Enttäuschungen erlebt, behält es seine Gefühle und Ansichten vielleicht bald lieber für sich. Es mag den Eindruck gewinnen, daß es weder akzeptiert wird noch daß es statthaft ist, anders zu denken und zu fühlen. Oder es schöpft gar den Verdacht, daß mit ihm selbst als Person etwas grundsätzlich nicht stimmt.

Verschärft wird diese Frustration dadurch, daß das hochbegabte Kind sich seiner Empfindsamkeit, seiner Intensität und seiner Neugierde als seiner Stärken bewußt ist und andererseits merkt, daß just diese die Wurzel seiner Probleme mit anderen sind.

Ein Kind formulierte es so: «Wir sind meist viel empfindsamer als andere Leute. Mehrfachbedeutungen, Anspielungen, Befangenheit und Vorurteile, das alles setzt uns zu. Intensive Selbstanalyse, Selbstkritik und die

Unfähigkeit zu erkennen, daß wir unsere Grenzen haben, machen uns mutlos. Tatsächlich sind wir nach unserer Selbstprüferei meist verwirrter, als wir vorher waren» (American Association for Gifted Children, 1978).

5.1 Killer-Phrasen

Die starken Gefühle und Reaktionen anderer, besonders die der Erwachsenen, können die aufrichtige Kommunikation stören, die für diese sensiblen jungen Menschen eine Selbstverständlichkeit sein sollte. Gleichaltrige, Lehrer, ja sogar Eltern reagieren auf hochbegabte Kinder oft so, als seien diese undiszipliniert, rechthaberisch, unverschämt und müßten «in die Schranken gewiesen werden» oder «einen Dämpfer aufgesetzt kriegen». Wie die meisten hb Kinder bestätigen werden, sind viele Bemerkungen an ihre Adresse unfair, Tiefschläge, die sie nur mit Mühe verkraften. Wir nennen sie Killer-Phrasen, weil sie eine aufrichtige Kommunikation tatsächlich abwürgen können. Einige typische Verdikte dieser Art haben wir in Box 11 auf Seite 140 zusammengestellt.

Alle diese Bemerkungen sagen dem Kind, daß es so, wie es ist, nicht akzeptiert werden kann und daß es im Grunde unzulänglich oder inkompetent ist. Wenn das hochbegabte Kind solche massiv wertenden Kommentare häufig zu hören bekommt, ist es möglich, daß sie sein emotionales Wachstum hemmen und emotionalem Sichzurückziehen, Unsicherheit, einem unzureichenden Selbstbild und einem tiefen Mißtrauen gegen zwischenmenschliche Beziehungen Vorschub leisten.

Sicher können nur wenige unter uns dafür garantieren, daß ihnen solche Bemerkungen niemals über die Lippen kommen werden. Es darf jedenfalls kein Zweifel daran bestehen, daß derartige Killer-Phrasen gefährliche Waffen sind, die überhaupt nicht benutzt werden sollten. Auch Menschen mit den besten Absichten kann es passieren, daß sie verklausuliert, unüberlegt oder unbewußt Varianten dieser brutalen Machtworte von sich geben und dadurch Vertrauen untergraben und den unbefangenen Ausdruck von echten Gefühlen bremsen. Wenn Ihnen so eine Bemerkung herausrutscht, weil Sie frustiert, am Ende Ihrer Geduld oder zornig sind, sollten Sie dem Kind unbedingt erklären, welche Gefühle Sie dazu gebracht haben, und sich entschuldigen. Wenn ein Erwachsener einem Kind sein Bedauern ausdrückt oder sich bei ihm entschuldigt – und sei es erst nach einiger Zeit –, ist dies für das Kind ein Modell für offene Kommunikation, Respekt, Vertrauen und das Akzeptieren von Gefühlen.

Box 11: Killer-Phrasen
(die Kommunikation und Motivation garantiert abwürgen)

- Komm runter aus deinem elfenbeinernen Turm. Sei endlich wie alle anderen!
- Dazu ist jetzt keine Zeit, bitte störe mich nicht.
- Du mit deinem Gedächtnis willst das vergessen haben? Das nehme ich dir nicht ab! Ich glaube, du hast nicht gewollt. Hätte ich gewünscht, daß du es anders machst, hätte ich das gesagt.
- Für einen Menschen von deiner Intelligenz kannst du dich aber ganz schön blöd anstellen!
- Du hast ja nicht für fünf Pfennig gesunden Menschenverstand, warum kannst du nicht wie dein Bruder sein!
- Ich weiß einfach nicht, was in letzter Zeit in dich gefahren ist, so kann das ja nichts werden!
- Wo warst du denn mit deinen Gedanken, als ich das alles erklärt habe – hast du geschlafen?
- Du denkst immer bloß an dich, nie an andere!
- Jetzt habe ich aber genug von deinen albernen Ideen! Verschone mich damit, hörst du!
- Das glaubst du doch selber nicht, du hast dich doch bloß von deinen komischen Freunden beeinflussen lassen.
- Das ist ja nun weiß Gott kein neuer Gedanke. Den haben andere längst gehabt!
- Dazu bist du noch nicht reif. So geht es nicht – nur reine Zeitverschwendung. Ist mir egal, was du denkst, tu was ich dir sage!
- Das ist nur ein Entwicklungsstadium, das geht vorüber.
- Sei nicht so kindisch und unreif! Wenn du groß bist, wirst du wissen, wie man diese Dinge zu sehen hat!
- Du hast kein Recht zu dieser Einstellung, sie ist einfach falsch! Gib dir einen Ruck und schüttle das ab, du tust dir ja nur selber leid.
- Verschone uns heute mit deiner ewigen schlechten Laune. Du verdirbst ja allen den Tag!
- Wieso hältst du dich eigentlich für sowas besonderes? Jeder Mensch hat Probleme. Willst du welche hören? Dann werde ich dir jetzt mal erzählen.
- Du tust es, weil ich es gesagt habe, basta!

Es ist wirklich ein Glück, daß Kinder seelisch so elastisch sind. Hochbegabte Kinder verfügen über ein besonders hohes Maß an psychischer Wendigkeit, und vielleicht ist das der Grund dafür, daß so viele von ihnen doch relativ gut durchkommen. Da solche Killer-Phrasen ihnen häufig an den Kopf geworfen werden und da in bezug auf sie in der Gesellschaft eine fundamentale Ambivalenz besteht, sind hochbegabte Kinder weit davon entfernt, besser dran zu sein als andere und brauchen sehr wohl zusätzliche, emotionale Unterstützung oder Streicheleinheiten. Je höher der Rang der Begabung und je weiter das Kind von der Norm entfernt ist, desto wichtiger wird diese Erkenntnis. Man muß das Kind lehren, wie es sich diese Streicheleinheiten verschaffen kann und ihm soviel emotionale Unterstützung wie möglich geben.

5.2 Schon eine Bezugsperson kann den Ausschlag geben.

Unsere Erfahrung hat uns gezeigt, daß die Zahl derjenigen Menschen, die ein Kind emotional unterstützen, weniger wichtig ist als die Intensität der Unterstützung, die es von einer Person bekommt, egal, wer das ist. Wenn das Kind auch nur einen Menschen hat, der ihm zeigt, daß er von ihm viel hält, mit dem es sich ungehindert austauscht und von dem es sich akzeptiert fühlt, wird es viel Negativität verkraften können. Wenn das hb Kind wenigstens bei einem Menschen das Gefühl des Geborgenseins hat, kann es vielen ungerechten Situationen und vielen feindseligen Reaktionen anderer standhalten. Diese entscheidende Bezugsperson könnten Sie sein, es könnte ein spezieller Freund sein, ein Mentor, ein Geschwisterteil, ein Lehrer – irgend jemand. Wichtig ist: Ihr Kind braucht zumindest eine Person, von der es als Person geschätzt wird, eine Person, die ihm die Sicherheit gibt, daß sein Fühlen und Denken vernünftig und wertvoll sind und daß es selbst wertvoll ist.

5.3 Wie fördert man Kommunikation?

Wenn Ihnen die Gefährlichkeit von Killer-Phrasen klargeworden ist, können Sie damit beginnen, die Kommunikation zwischen Ihnen und Ihrem hb Kind mit bestimmten positiven Maßnahmen zu beleben oder zu verbessern.

Kommunikation läßt sich nicht erzwingen – Ein Kollege meint dazu: «Es ist, wie wenn man ein Seil vor sich herschieben will – je mehr man schiebt, desto mehr schiebt es sich zusammen, aber sein vorderes Ende kriegt man nicht von der Stelle!» Sie können einiges unternehmen, um eine kommunikationsfreundliche Atmosphäre zu schaffen. Vor allem gehört dazu die Einsicht, daß Gefühle nicht geleugnet oder vermieden werden sollen, denn sie sind hilfreiche Aspekte des menschlichen Verhaltens.

Um Kommunikation herzustellen, müssen Sie bei Ihnen selbst authentische Gefühle zulassen und sie Ihrerseits zum Ausdruck bringen – Albert Schweitzer hat einmal bemerkt, vormachen sei in der Kindererziehung nicht nur der beste, sondern oft auch der einzige Weg. Wenn Sie Ihre Gefühle und Wertvorstellungen offenbaren, ermutigen Sie damit auch andere dazu: *Selbstenthüllung veranlaßt Selbstenthüllung.* Indem Sie einen Menschen an Ihren Gefühlen teilhaben lassen, geben Sie ihm nicht nur Informationen, die er vielleicht braucht, sondern Sie stellen damit auch eine Vertrauensbasis her, die ihn ermutigt, Gleiches mit Gleichem zu vergelten.

Wenn Sie nicht nur Ihre positiven Gefühle mitteilen, sondern auch unangenehme, zum Beispiel Furcht, Verletztsein oder Verlegenheit, bieten Sie anderen eine Chance, auf Sie zuzugehen, Anteil zu nehmen und Fürsorlichkeit zeigen zu können. Wir haben die Erfahrung gemacht, daß die meisten Kinder es nicht ausnutzen, wenn man ihnen zarte Gefühle vertrauensvoll offenbart. Aber man soll mit seinen Gefühlen auch nicht «um sich werfen», ohne Rücksicht darauf zu nehmen, wie sie auf andere wirken könnten; denn das ist nicht vertrauensbildend und kann einer Kommunikation entgegenarbeiten.

Bedenken Sie stets: Wenn man in einer zwischenmenschlichen Beziehung seine Gefühle leugnet oder verbirgt, führt das oft zu Mißtrauen und Entfremdung. Die Kommunikationsbereitschaft anderer hängt davon ab, wie sie Sie sehen, und davon, daß Sie das Preisgeben ihrer Emotionen nicht als einen Verlust an Sicherheit empfinden. Wenn andere merken, daß Ihnen ihre Gefühle sehr unbehaglich sind, werden sie Ihnen schwerlich die ihrigen anvertrauen wollen.

Jede Kommunikation hat eine emotionale Komponente, die den Inhalt der Kommunikation beeinflußt – Der emotionale Aspekt von Kommunikation kann durch Ihre Sprechweise, die Modulation Ihrer Stimme, deren Lautstärke usw. oder durch Körpersprache (Haltung und Gestik) übermittelt werden. Man kann den Inhalt einer Mitteilung emotional sehr verschieden aufladen, und entsprechend verschieden ist ihre Wirkung auf den Empfänger. Sie können sich das ganz einfach klarmachen: Sagen Sie das Alphabet zuerst fröhlich auf, dann traurig, dann wütend. Der Inhalt – die Buchstaben – ist stets derselbe, aber Ihr Tonfall und Ihre Sprachmelodie sind anders.

Achten Sie darauf, welchen Gefühlen Sie Ihre Mitteilung aufmodulieren – Vielen Menschen ist gar nicht klar, daß sie für andere generell zornig oder desinteressiert klingen. Versuchen Sie, die emotionale Komponente Ihrer Mitteilung mit innerem «Sofort-Playback» abzuhören, fragen Sie auch Ihre Kinder und andere. Vielleicht sollten Sie sich auf Tonband oder mit Video aufnehmen, um zu prüfen, wie Sie für andere klingen bzw. welche Körperbotschaften Sie aussenden und ob sie das sind, was Sie beabsichtigen. Auch Ihre Kinder könnten sich aufnehmen, vielleicht macht ihnen das Spaß, und auf jeden Fall kann es ihnen in ihren Interaktionen mit ihren Freunden helfen.

Senden Sie Ihren Kindern keine sich selbst widersprechenden Botschaften. Das, was Ihre Worte besagen, und das, was Sie mit Ihrer Sprechweise und Körpersprache sagen, kann zweierlei sein! «Also, erzähl mal, wie war's denn heute so...», das könnte eine Mutter in einem derart gelangweilten Ton sagen, daß die unüberhörbare Gleichgültigkeit den Inhalt konterkariert. Der Widerspruch zwischen der emotionalen Botschaft und den Worten kann ein Kind verwirren oder sogar ängstlich machen. In der Regel glaubt das Kind dem Tonfall. Jemand muß dem Kind erklären, wie solche Doppelbotschaften zustandekommen, und wer Doppelbotschaften aussendet, muß sich daraufhin überprüfen, welche Botschaft er denn nun wirklich meint. Etikettieren von Gefühlen hilft.

Hochbegabte Kinder können schon ziemlich früh im Leben lernen, wie man seine Gefühle genau etikettiert. Sie benötigen diese Information nicht nur, um Botschaften im Kommunikationsprozeß richtig einzuordnen, sondern auch für ihre weitere emotionale Entwicklung. Zudem müssen sie lernen, daß Gefühle meist automatisch sind, eine Art innere Reflexe, und daß man sie gewöhnlich weder direkt noch indirekt kontrollieren kann. Gefühle mögen stärker oder schwächer sein, angenehm oder unangenehm, aber eines sind sie nicht: «richtig» oder «falsch». Was sich steuern, formen und beurteilen läßt, sind die Verhaltensweisen, die aus diesen Gefühlen resultieren. Ein ausgezeichnetes Hilfsmittel für das Etikettieren von Gefühlen ist unseres Erachtens für Kinder im Vorschulalter T.A. for Tots (Freed, 1974) und für ältere Kinder T.A. for Kids (Freed, 1976).

5.4 Die Gefühle akzeptieren

Die Gefühle und Gedanken eines Kindes akzeptieren heißt nicht, ihnen zuzustimmen. Gefühle gehören nur dem, der sie hat. Wie ein Elternteil sagte: «Zu dem wenigen, was ein Mensch in dieser Welt wirklich sein Eigen nennen kann, zählen seine Gefühle – sie gehören ihm und keinem anderen.» Man hilft einem Kind nicht, wenn man ihm sagt, dieses oder jenes Gefühl «solltest du nicht haben», oder wenn man ein Gefühl bei ihm gar für «unberechtigt» erklärt. Man kann ein Gefühl ebensowenig verbieten wie den Niagarafällen das Fallen.

Gefühle sind so reflexhaft, daß sie sich der Logik entziehen – Hochbegabte Kinder, besonders die «Linkshirn»-Denker unter ihnen mit ihrer Vorliebe für Logik und Ordnung, finden den Umgang mit Gefühlen möglicherweise schwierig. Man muß ihnen immer wieder versichern, daß Gefühle nicht logisch zu sein brauchen, daß sie nicht «parieren» und daß ein Mensch einem anderen Menschen oder einer Situation mehrere verschiedene Gefühle gleichzeitig entgegenbringen kann.

Besonders bei starker Gemütsbewegung des anderen sollte man immer erst bekunden, daß man seine Gefühle wertfrei erstmal wahrnimmt und versteht, ehe man einen Rat gibt, ein bestimmtes Vorgehen anregt oder eine Instruktion erteilt. Wenn Sie in Worten ausdrücken, welche Gefühle einen nach Ihrem Empfinden in der vorliegenden Situation bewegen könnten, werden dadurch vielleicht einige dieser Gefühle entschärft. Solange eine Auseinandersetzung mit den Gefühlen des Kindes fehlt, wird ihm eine «vernünftige» oder einfühlsame Auseinandersetzung mit den Gefühlen anderer sehr schwerfallen. Indem Sie Ihrem Kind zeigen, daß Sie seine Situation und seine damit verknüpften Schwierigkeiten verstehen, unterstützen Sie sein Selbstkonzept. Das ist besonders wichtig, wenn Sie es maßregeln oder korrigieren müssen. Man könnte es als «Sandwich»-Technik bezeichnen: Sie schieben Ihre Beanstandung zwischen eine positive Verstehensaussage und einen ermutigenden oder würdigenden Schlußkommentar ein. Solche Subtilität ist bei einem hochbegabten Kind keineswegs verlorene Liebesmüh.

Gefühle sollen kein Schlachtfeld für Machtkämpfe werden – Vermeiden Sie nach Möglichkeit eine geistig-seelische Einstellung, die einen «Sieg» verlangt oder Sie als den «alten Profi» erscheinen läßt, der gebrauchsfertige Lösungen für ein Problem liefert, in das das Kind gefühlsmäßig unverkennbar stark verstrickt ist. Ein solch kämpferisch-dogmatisches Vorgehen entmutigt das Kind; es sagt ihm, daß Sie besser wissen als es selbst, was gut für es ist, daß Sie meinen, Sie kennten seine Gefühle besser als es selbst sie kennt. Verhelfen Sie ihm also lieber zu der Einsicht, daß es mit seinen Gefühlen selbst umgehen und im allgemeinen selbst Lösungen finden kann.

Machen Sie Ihrem Kind klar, daß Sie von ihm keine Perfektion verlangen und auch nicht erwarten, daß es die Lösung für seine Probleme und die aller anderen hat. Dies gilt insbesondere für ihre persönlichen Probleme. Sie helfen dem Kind, wenn Sie ihm zeigen, daß auch Sie nicht vollkommen sind, manchmal Ihren Idealen oder Wertbegriffen nicht gerecht werden, nicht für alles eine Lösung haben.

Da Sie im Leben dazulernen und sich weiterentwickeln, ändern Sie sich, und wenn Sie Ihr Kind dies wissen lassen, wird es ihm leichter fallen, seine inneren Widersprüche und emotionalen Verwicklungen zu offenbaren. Das ist wichtig, denn leider haben uns schon zu viele Fälle bewiesen, daß Perfektionsglaube lähmen kann.

Wenn Sie Ihrem Kind demonstrieren, daß Sie Vertrauen zu ihm haben und seine bisherige Offenheit in der Kommunikation zu schätzen wissen, ermutigen Sie es damit, seine Gefühle und Überzeugungen auch weiterhin mitzuteilen. Es braucht die innere Gewißheit, daß seine Anschauungen gewürdigt werden und daß es keinerlei Risiko eingeht, wenn es Ihnen anvertraut, was es auf dem Herzen hat. Es muß überzeugt sein, daß das Mitteilen seiner Gedanken und Gefühle in seinem Interesse liegt.

Vorsicht mit Versprechungen – besonders mit dem Gelöbnis, ein Geheimnis zu bewahren, ehe Sie genau wissen, worum es geht! Denn vor allem müssen Ihre Kinder sicher sein können, daß Sie Wort halten, daß Sie einmal Anvertrautes auch wirklich vertraulich behandeln.

Im Leben eines jeden Kindes gibt es Bereiche, in denen ihm Gefühle so heilig sind wie England die Kronjuwelen. Auch wenn Ihnen das närrisch und unlogisch vorkommt, Sie müssen diese Bereiche mit größtem Feingefühl respektieren. Ihre Kinder verdienen es, daß Sie mit diesen Gefühlen ganz besonders schonend umgehen und sie weder belächeln noch gedankenlos anderen mitteilen.

Wenn Kinder in die Adoleszenz kommen, wird ihre hohe, emotionale Sensibilität wahrscheinlich noch größer. Vermeiden Sie dann selbst die kleinste Andeutung, daß ihre Gefühle «irreal» oder «unberechtigt» seien oder daß sie selbst «doof» seien, wenn sie solche Gefühle haben, oder daß sie in einer kindischen Phase stecken, die sie überwinden werden.

Der diplomatisch-taktvolle Umgang mit Gefühlen kann für Eltern eine schwierige Aufgabe werden, da insbesondere hochbegabte Kinder bisweilen von Gefühlen überfließen und sie ungeschickt zu handhaben scheinen. Wie ein Elternteil bemerkte: «Das Hauptproblem ist bei unseren Kindern, daß sie so kindisch und unreif in ihren Gefühlen sind!» Freilich sind sie das, es gehört nun einmal bei hochbegabten wie bei anderen Kindern zum Kindsein. Das Mitteilen und Handhaben von Gefühlen ist nicht leicht zu erlernen und wird von Kindern selten gemeistert, denn ihr Leben war noch zu kurz, als daß es ihnen die nötige Erfahrung und Praxis hätte vermitteln können.

Manche hochbegabte Kinder führen sich zumal im Jugendalter auf, als hätten sie keine Gefühle und scherten sich überhaupt nicht darum, was andere von ihnen denken. Wenn Sie das bei Ihrem Kind beobachten, denken Sie bitte daran, daß es sich mit allergrößter Wahrscheinlichkeit um eine Fassade handelt, denn jeder Mensch hat Gefühle. Halten Sie sich den Slogan der Milchindustrie vor Augen: «Milch braucht man immer, dafür ist man nie zu alt.» Das gilt vor allem für die Milch der menschlichen Freundlichkeit, Unterstützung, seelischen Streicheleinheiten.

Wenn Kinder leugnen, Gefühle zu haben, bedeutet das gewöhnlich, daß sie im Bereich dieser Gefühle ganz besonders empfindlich sind und sie nicht bekennen wollen oder daß sie Angst haben, daß die Gefühle nicht akzeptiert oder gewürdigt werden, wenn sie sie ausdrücken.

5.5 Auch Zuhören ist Kommunikation

Manchmal kann man unterschwellige Gefühle herausspüren, indem man ein «Spezialohr» zuschaltet, wenn hochbegabte Kinder zum Beispiel Sorgen über soziale Fragen oder abstrakte Ideen zum Ausdruck bringen. «Wenn Menschen sterben, werden sie dann jemals wieder lebendig?» Darin kann die Frage stecken: «Was wird, wenn ich sterbe?» Und wenn Ihr Kind in einer familiären Angelegenheit beruhigt werden möchte, die es persönlich beschäftigt, kann es eine Frage durchaus allgemein formulieren, z.B. nach der Gleichberechtigung von Mann und Frau, und im Grunde ein Ungleichgewicht ansprechen, das es ganz konkret jeden Tag erlebt. Diese Komplexität jeder Äußerung erfordert von Ihnen als Eltern die Fähigkeit, genau hinzuhören und zwischen den möglichen Botschaften zu differenzieren.

Die Mehrschichtigkeit von Äußerungen hat Schulz von Thun (1980) besonders anschaulich dargestellt. Nach Schulz von Thun enthält jede Nachricht zumindest vier verschiedene Ebenen, wie wir im folgenden zeigen:

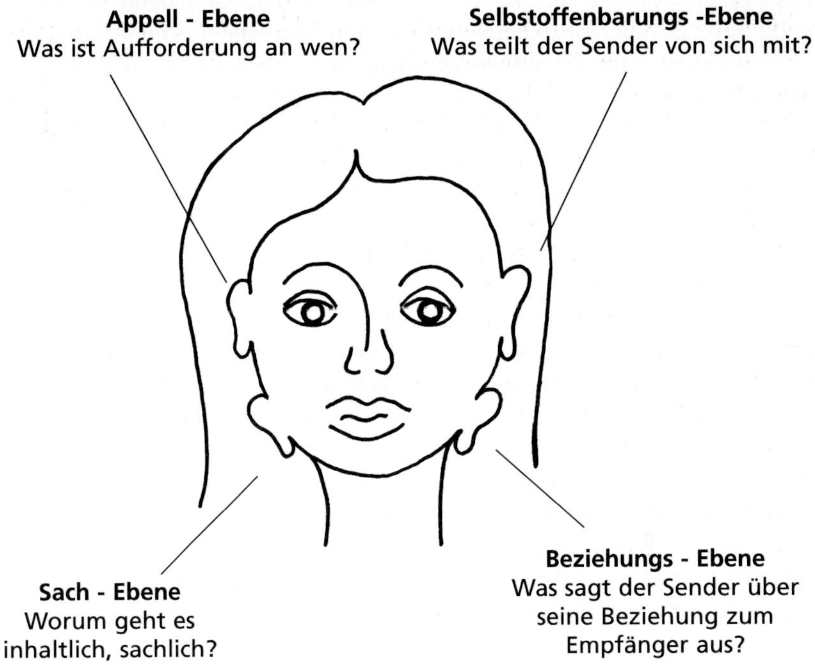

Zur Verdeutlichung der vier Ebenen folgende Situation:

Eine Frau sagt zu ihrem Mann am Steuer: «Die Ampel steht auf rot.» Was sind hier die vier Ebenen? Die *Appell - Ebene* enthält die Aufforderung der Frau an den Mann, den Wagen zu stoppen: «Halt an!» Die *Sach-Ebene* bezieht sich auf das Gegebene der Situation, also: «Die Ampel ist rot.» Auf der *Selbstoffenbarungs - Ebene* drückt die Frau über sich aus: «Ich habe Angst, oder ich mißtraue deiner Aufmerksamkeit.» Über das Verhältnis zu ihrem Mann sagt die Frau auf der *Beziehungs - Ebene* aus, daß sie ihm nicht zutraut, alleine kompetent zu fahren: «Du kriegst das nicht geregelt!»

Von diesen vier Ebenen wählt der Mann nun die Beziehungsebene aus und reagiert spontan auf die Selbstwertabwertung, die hinter dieser vorerst harmlosen Botschaft steckt, mit der Äußerung: «Fahr´ ich oder fährst du?!» Die Frau fühlt sich jetzt ihrerseits von dieser Bemerkung des Mannes abgewertet und beantwortet die Antwort wiederum mit einer Kränkung. So kann aus einer Bemerkung ein unseliger Teufelskreis von Selbstwertkränkungen und Abwertungen entstehen, die das gesamte

Eheleben mit einbeziehen können. Ähnliches kann sich in den Eltern-Kind- und Lehrer-Schüler-Beziehungen vollziehen. Wie sähe nun ein Ausweg aus? Statt reflexhaft auf die Selbstwertabwertung zu reagieren, wäre es möglich, – wenn das eigene Selbstwertgefühl stabil oder das Vertrauen in die Freundschaft des anderen vorhanden ist – auf die Selbstoffenbarungsebene der Frau einzugehen und auf die Angst oder aber auf das Mißtrauen zu reagieren. Bei der Angst würde der Mann die Frau vielleicht beruhigen, indem er ihr versicherte, daß er die rote Ampel gesehen habe, oder er würde seine Schusseligkeit eingestehen und sich bei der Frau für den Hinweis bedanken.

Anhand dieses Beispiels wird deutlich, daß man mindestens vier Möglichkeiten hat, auf eine Botschaft zu reagieren. Durch die Sensibilisierung für diese Tatsache und durch das Üben des Erkennens der vier Ebenen einer Nachricht kann man das, was sich auf den ersten Blick sehr kompliziert anhört, relativ schnell in die alltägliche Kommunikation integrieren. Dadurch haben Sie als Eltern die Möglichkeit, ungünstige Kommunikationswege, die automatisiert und starr ablaufen, zu erkennen, aufzuweichen und neu zu gestalten.

Wir können gar nicht genug betonen, wie wichtig das Zuhören ist. Wenn ein Elternteil wirklich zuhört, gibt er damit zu verstehen, daß die Gedanken, Gefühle und Wertorientierungen des Kindes zählen, daß es sich lohnt, sie zu hören. Besonders wichtig und ermutigend ist dies für das hb Kind, dessen Gedanken mit denen seiner Gleichaltrigen vielleicht nicht übereinstimmen. Oft wollen Kinder einfach, daß Sie ihnen zuhören, weiter nichts. Durch Ihr Zuhören bestätigen Sie ihnen, daß sie wesentlich sind. Sie wollen weder Kommentare noch Meinungen noch Beurteilungen hören, sondern nur ein offenes Ohr finden und mitteilen, wie ihnen zumute ist – sei es traurig oder fröhlich. Vielleicht werden Sie Ihr Kind manchmal auch direkt fragen müssen: «Möchtest du meine Meinung hören, oder soll ich dir bloß zuhören und an dem teilnehmen, was du fühlst?»

5.6 Praktische Tips

Sie sollten ein paar Fertigkeiten in Ihrem Repertoire haben, mit denen Sie Ihr Zuhören aktiver gestalten können. Während Sie in einem Gespräch zuhören, versuchen Sie, die Gefühle zu reflektieren, die nach Ihrem Eindruck dem zugrunde liegen, was das Kind sagt. Sie brauchen sich darüber nicht groß auszulassen, oft gilt: Je knapper, desto besser. Manchmal reicht schon eine Silbe, ein «Hmmm» oder das nachdrückliche Wiederholen eines Schlüsselwortes. Auf diese Weise beschränken Sie Ihren Beitrag zum Gespräch darauf, daß Sie Interesse bekunden. Aktives Zuhören kann sehr förderlich sein, nämlich als ein Spiegel dienen, von dem das Kind seine Gefühle und Einstellungen so reflektiert sieht, daß es sein Verhalten objektiver zu kontrollieren vermag.

Achten Sie auf Kommunikations-Stopper – wie zum Beispiel Fernsehen, Zeitungen oder Freizeitbeschäftigungen. Manchmal ist die Orientierung auf solche Außenreize in der Familie einfach zur Gewohnheit geworden. Es kann damit aber auch gezielt beabsichtigt sein, Kommunikation zu vermeiden. Jedenfalls sollte hier Abwechslung in den Trott gebracht werden. Situationen, die Menschen fest in alte Rollen und alte Vorstellungen einbinden, gestatten es nur selten, persönlich ganz unbefangen kreative Wege zu gehen.

Senden Sie «Ich-Botschaften» – Ich-Botschaften beziehen sich auf die Empfindungen des Sprechers. Die eigenen Gefühle werden unverschlüsselt mitgeteilt, so daß das Gegenüber die Möglichkeit erhält, den anderen zu verstehen und sein eigenes Verhalten diesem Verständnis anzupassen. Ich-Botschaften haben mehrere Vorteile:

- Sie benennen Tatsachen und führen nicht zu Diskussionen. Ehrliche Aussagen sind nicht anzuzweifeln. Du-Botschaften wie «Du bist sehr rücksichtslos!» enthalten hingegen zumeist Vermutungen und Spekulationen über die Motive des anderen und stellen Behauptungen und Regeln auf, die Widerspruch hervorrufen.
- Ich-Botschaften überlassen dem Kind im Gegensatz zu den Du-Botschaften die Verantwortung für eine Verhaltensänderung. Sie regen die Initiative und Selbständigkeit des Kindes an, da sie die Zuversicht zum Ausdruck bringen, daß das Kind kompetent ist, mit dem Gesagten umzugehen und eine Lösung zu entwicklen.
- Das Vermitteln von aufrichtigen Ich-Botschaften führt dazu, daß auch das Kind seine Empfindungen stärker offenlegt und äußert. Durch den Verzicht auf Du-Botschaften läßt es sich vermeiden, durch gegenseitige Anschuldigungen einen sinnlosen Streit zu provozieren.

Privatzeit – Die «Privatzeit»-Technik fördert die Kommunikation entschieden, unabhängig vom Alter des Kindes. Beide Eltern sollten möglichst jedem Kind getrennt und einzeln jeden Tag ein paar Minuten ungestörter «Privatzeit» widmen, die nur ihm und Ihnen gehört und in der Sie nur für das Kind da sind. Wir stellen Ihnen die wichtigsten Regeln für die Durchführung der Privatzeit in einer kurzen Zusammenfassung in der nachfolgenden Box 12 vor:

Box 12: Die «Regeln der Privatzeit»

1. Das Kind bestimmt den Inhalt der zehn Minuten, nicht die Eltern. Dieser Rollentausch ist für beide Beziehungspartner wichtig. Ihr Kind ist in dieser Zeit erwünschtermaßen der Chef über den Inhalt und über Sie, das heißt, daß Sie sich den Wünschen Ihres Kindes unterordnen. In dieser Zeit ruhen Sie sich aus und überlassen Ihrem Kind den Lauf der Dinge. Diese Zeit ist eine Insel, ein Freiraum der Erholung für Ihr Kind, eine Zeit, in der es sich gleich wertvoll und wichtig fühlen darf wie die Eltern. Das Kind lernt so, daß es Zeiten gibt, die es bestimmt und daß es Zeiten gibt, die andere bestimmen, wie Schule, Nachbarn, Eltern, Geschwister. Ihr Kind muß sich diese Aufwertung dann nicht mehr ständig und irgendwann erkämpfen oder ertrotzen und wird großzügiger im Kompromisse schließen. Schließlich geht es ja darum, daß Ihr Kind die Voraussetzungen erwirbt, sich ohne Selbstwertverlust zu integrieren, statt sich widerwillig und ohne Einsicht der Norm und Wünschen anderer anzupassen.

2. Was immer das Kind sich auch wünscht, auch wenn es Regeln bricht (solange niemand gefährdet wird), Sie folgen seinen Wünschen. Sie dürfen Fragen stellen, aber keine Vorschläge machen. Wenn Ihrem Kind heute nichts einfällt oder es einfach nur Fernsehen möchte, morgen oder übermorgen wird es genauer spüren, was es von Ihnen sonst noch braucht.

3. Die zehn Minuten bitte nicht mit der zu-Bett-geh-Zeit verknüpfen, lassen Sie Ihr Kind eine andere Tageszeit wählen, das ist wirkungsvoller. Während des Tages können Sie und Ihre Familie die Früchte der Privatzeit noch genießen, vor dem Schlafengehen verliert sich die Wirkung.

4. Die Regelmäßigkeit ist oberstes Gebot. Es ist Ihre Disziplinierung, jeden Tag die zehn Minuten Ihrem Kind zur Verfügung zu stellen. Sind Sie nicht zuhause, dann rufen Sie an. Zeiten sammeln gilt nicht. Die Regelmäßigkeit schafft Vertrauen und Sicherheit und beruhigt auf Dauer das Familienklima und mildert unter Geschwistern das Gefühl, bei den Eltern zu kurz zu kommen. Denken Sie daran, nicht der Inhalt, der Zeitrahmen und die Regelmäßigkeit sind wichtig.

Wenn Sie mehrere Kinder haben, stellen Sie den Küchen-Timer auf zehn Minuten: In dieser Zeit lassen Sie keine Unterbrechung von außen zu, es sei denn, jemand verletzt sich und bedarf Ihrer als Krankenschwester! Wenn Ihr Kind sieht, daß Sie Telefonanrufe nicht entgegennehmen, «weil die Zeit jetzt für Anne reserviert ist», verfehlt das seinen Eindruck nicht. Anne erkennt daran, daß Sie die Zeit mit ihr als wichtig betrachten. Worüber Sie beide in dieser Zeit reden oder was Sie tun, ist weniger wichtig als die Tatsache, daß diese Minuten dem Kind gehören. Vergessen Sie nicht: Auf die Häufigkeit dieser Privatzeit mit dem Kind kommt es mehr an als auf deren Dauer. Fünfmal gesondert zehn Minuten Privatzeit gewähren ist wirksamer als einmal 50 Minuten en bloc.

Tun Sie gemeinsam etwas, woran Ihnen oder dem Kind besonders liegt – Viele von uns schauen gern zu, wenn das Kind Ball spielt, kommen aber nicht auf die Idee, daß es vielleicht mit Freuden mal bei einer unserer Aktivitäten mitmachen würde. Sie könnten einem Kind Privatzeit widmen, indem Sie es an einem Wochenende ins Büro mitnehmen, wo es den Computer einen Bericht runterrasseln lassen darf und dann die Kopie zusammenheftet. Solch ein Projekt können Sie beide gemeinschaftlich durchziehen. Wie Sie mit Ihrer aktiven Teilnahme an der Arbeit oder den Interessen Ihres Kindes zeigen, daß Sie wichtig finden, was ihm wichtig ist, so zeigen Sie ihm mit seiner Einbeziehung in Ihre Aktivitäten, daß Sie auf sein Mittun Wert legen und in ihm eine Person erblicken, die es wert ist, einbezogen zu werden.

Mal «durchbrennen» von daheim – Ein Tag oder ein Wochenende fern der Familie, allein mit dem Kind, bedeutet enorm viel «Privatzeit». Wie wär's mal mit zum Zelten fahren? Oder nehmen Sie das Kind auf eine kleine Geschäftsreise mit. Eine dreistündige gemeinsame Autofahrt zu einer anderen Stadt kann erstaunlich viel Kommunikation ermöglichen und sehr vertrauensbildend wirken. Natürlich können Sie Ihre geschäftliche Verabredung oder Ihren Vortragstermin wahrnehmen, aber machen Sie mit dem Kind vor der Heimreise noch einen Museums- oder Zoobesuch. Mit all diesen Aktivitäten brechen Sie und Ihr Kind aus den rituellen Rollen aus, die sich ergeben haben mögen, und erschließen sich neue Wege, zueinander in Beziehung zu treten.

Ein besonderer Ort ist fast ebenso wichtig wie die Privatzeit – Nicht selten assoziiert das Kind das Gefühl, geborgen zu sein und verstanden zu werden, auch mit einem Zimmer, einem bestimmten Sofa oder einem anderen Ort. Gemütlich im tief gepolsterten Großvatersessel oder unter den Bäumen hinterm Haus sitzen – spezielle Plätze können die Schleusen der intimen Kommunikation öffnen und für das Kind die Verheißung von Liebkosung und Fürsorge sein. Manchmal gibt dem Kind allein schon der Weg an Ihrer Hand zu «seinem» Plätzchen soviel innere Sicherheit, daß es sich öffnet.

5.7 ... zum Umgang mit Problemen

All Ihren Bemühungen zum Trotz können natürlich Kommunikationsschwierigkeiten auftreten. Vielleicht kommt es zu Gefühlsausbrüchen und zu einer erregten Konfrontation. Dann werden Sie sich fragen: Was nun? Wir geben nicht vor, für alle Probleme eine Lösung parat zu haben, aber wir denken, daß wir Ihnen ein paar brauchbare Anregungen geben können.

Bedenken Sie vor allem: Gefühle sind flüchtiger Natur. Auch die Krise wird vorübergehen. Dies sollten Sie Ihren Kindern rechtzeitig klarmachen, weil sie vielleicht glauben, eine starke Gemütsbewegung bleibe so intensiv, wie sie im Moment ist. Es hilft, wenn beide Parteien wissen, daß sich ein mächtig aufwallendes Gefühl nicht ständig auf dem Siedepunkt halten kann. Berücksichtigen Sie indes andererseits, daß starke Gefühle nicht auf Ihr Machtwort hin verschwinden. Mit Moralpredigten darüber, wie es fühlen und was es empfinden «sollte», irritieren Sie ein Kind nur noch mehr. Nehmen Sie seine Gefühle mit Sympathie an, auch wenn sie sich direkt gegen Sie richten.

Erkennen Sie an und sagen Sie ihm vielleicht sogar ausdrücklich, daß die Suche nach Auswegen aus emotional anscheinend verfahrenen Konfliktsituationen oder Konfrontationen schwierig ist und weitgehend von jedem selbst geleistet werden muß. Füttern Sie Ihr Kind nicht mit Ihren Lösungen in der Hoffnung, daß sie funktionieren werden! Es wird selbst auf Lösungen kommen müssen, wobei Sie ihm aber vielleicht helfen können. Erst wenn es von der Lösung für ein Problem wirklich überzeugt ist, kann es sie in sein Denken einarbeiten. Dadurch, daß Sie Ihr Kind seine quälende Situation durchdenken lassen, drücken Sie Vertrauen aus, und das gibt ihm Zuversicht.

Vielleicht werden Sie nicht aktiv nach Kommunikationsproblemen in Ihrer Familie fahnden wollen, aber Sie sollten schwierigen Gefühlen auch nicht ausweichen. Wenn Sie der Mitteilung negativer Gefühle keine Chance geben, stauen sie sich an, brechen explosiv hervor oder werden in einer Weise ausagiert, die meist nicht nur destruktiv ist, sondern mehr

Probleme schafft als sie abbaut. Manchmal werden diese aufgestauten negativen Gefühle indirekt zum Ausdruck gebracht, vor allem, wenn die Familie keine Beschwerdeabteilung hat. Wenn sich zum Beispiel ein Lehrerkind von seinem Vater gegängelt fühlt, bestraft es ihn dafür womöglich, indem es sich absichtlich schlechte Noten einhandelt, statt ihm offen zu sagen, was ihm mißfällt, womit es sich vielleicht seinen Zorn zuziehen würde. Oder ein Kind läßt, weil das sicherer ist, wegen eines «Platten» an seinem Fahrrad einer Wut die Zügel schießen, die es auf seine Mutter hat, deren Überbesorgtheit ihm das Gefühl gibt, inkompetent zu sein.

Fassen wir zusammen: Gefühle werden zwar oft übersehen, sind aber im Umgang mit hochbegabten Kindern außerordentlich bedeutungsvoll. Wenn Sie die Gefühle eines Menschen kennenlernen wollen, müssen Sie sich aufgeschlossen zeigen, ohne ihn zu drängen und zu «beknien». Man kann nicht verlangen, daß ein Mensch seine Gefühle mitteilt, aber man kann es ihm erleichtern und kann es für ihn zu einem lohnenden Austausch machen.

5.8 Fragen

Wie kann ich es erreichen, daß mein Kind sich mir mitteilt? Es hat mich völlig ausgeschlossen!

Zwingen können Sie es nicht zur Kommunikation; es muß von sich aus wollen. Ändern Sie Ihre Einstellung und überlegen Sie sich: «Wie kann ich mein Kind so ermutigen, daß es sich mir anvertrauen möchte?» Erwarten Sie aber nicht, daß sich sogleich ein totaler Austausch ergibt. Jede Beziehung muß sich entwickeln, und das braucht seine Zeit. Je mehr Sie Ihr Kind drängen, desto mehr wird es sich wie die Schildkröte verhalten, die sich in den Panzer zurückzieht, wenn man sie piesackt.

Haben Eltern kein Recht auf eigene Gefühle? Alles, was Sie bislang gesagt haben, scheint sich darum zu drehen, daß man dem Kind helfen muß.

Selbstverständlich haben Eltern ein Recht auf eigene Gefühle. Wenn Menschen in diesem Leben überhaupt ein Recht auf irgendetwas haben, dann auf ihre Gefühle. Was wir in diesem Abschnitt behandelt haben, kann nicht nur für Beziehungen mit Kindern, sondern auch weitgehend für Beziehungen mit Erwachsenen relevant sein. Wir nehmen jedoch an, daß es den meisten Eltern besser gelingt als ihren Kindern, ihr Verhalten zu modifizieren und ihre Emotionen zu kontrollieren. Unsere Erfahrung läßt erkennen: Wenn Eltern damit den Anfang machen, daß sie Verständnis für die Gefühle ihrer Kinder bekunden, nehmen sich die Kinder die Eltern hierin zum Vorbild und zeigen bald mehr Einfühlung in und Verständnis für die Gefühle ihrer Eltern.

Besteht nicht das Risiko, daß unser Kind überempfindlich ist, sich und uns in Verlegenheit bringen wird, indem es auch die geringfügigsten persönlichsten Gefühle ausdrückt?

Kinder müssen lernen, was ihre Gefühle sind und wie und wo sie sie offenbaren können. Das setzt Übung und gute Rollenvorbilder voraus. Je besser die Kinder mit ihren Gefühlen harmonieren, desto weniger neigen sie dazu, sie in unangemessener Weise zum Ausdruck zu bringen. Eher als mit Überempfindlichkeit ist bei Ihrem Kind damit zu rechnen, daß es sich selbst, seine Werte und seine Gefühle besser kennen- und kontrollieren lernt und dadurch zu mehr Einfühlung in andere findet.

Wie verletzend sind meine «Killer-Phrasen» für mein Kind? Manchmal platze ich mit solchen Bemerkungen heraus, dabei gebe ich mir solche Mühe, das zu verhindern.

Zum Glück sind Kinder – zumal hochbegabte Kinder – psychisch äußerst flexibel, und man kann sie leicht versöhnen. Wenn Sie solche Killer-Phrasen nicht häufig benutzen und wenn es in Ihrer Familie eine Beschwerdeabteilung gibt und auch ruhige Augenblicke, in denen das Kind Unterstützung bekommt, wird es Ihnen in der Regel schon sagen, wenn es Ihre Bemerkung als verletzend empfunden hat,vorausgesetzt allerdings, Sie können zuhören und lassen das Kind mit seinem Anliegen zu Wort kommen. Eine Entschuldigung Ihrerseits und Ihr ehrliches Bemühen, sich zu bessern, können sehr hilfreich sein.

Ich bringe meine Gefühle zum Ausdruck und habe die Antennen für mein Kind weit ausgefahren - aber wie es scheint, bleibt es in sich gekehrt.

Untersuchen Sie doch einmal, welche Gefühle Sie durch Ihre Worte, Ihre Sprechweise und Ihre Körpersprache wirklich ausdrücken. Vielleicht haben Sie in Ihrem Bemühen um Offenheit auch die Zahl Ihrer negativen Bekundungen erhöht. Ohne unaufrichtig zu werden, sollten Sie sich bemühen, mehr Positives als Negatives zu äußern, denn dadurch können Sie dem Kind den Mut und die Hoffnung geben, die Enthusiasmus und

Stolz zu fördern vermögen. Vielleicht visieren Sie als ein Ziel sogar an, daß neunzig Prozent Ihrer Äußerungen positiv sein sollen! Das wäre für Ihr Kind ideal, und wir hoffen, daß Sie es versuchen.

6. Lektion: Beziehungen zu Gleichaltrigen

Wir kennen hochbegabte Kinder, die zum «beliebtesten» und «erfolgversprechendsten» Kind gewählt wurden. Ohne nach Problemen zu suchen, haben wir aber auch viele hb Kinder kennengelernt, die extreme Angleichungschwierigkeiten haben. Normalerweise finden hochintelligente Kinder in der Nachbarschaft oder in der Schulklasse nur wenige ihresgleichen und daher nur wenige, die ihre Interessen teilen und für sie als Gefährten in Frage kommen.

Schon im Kindergarten können Probleme mit Gleichaltrigen auftauchen, zum Beispiel, weil die Erfahrung im Umgang mit anderen Kindern fehlt oder weil die Begegnungen mit anderen, die andere Interessen, Einstellungen oder Verhaltensweisen haben, unvermutet frustrieren.

Wenn hochbegabte Kinder auch in der Regel lernen, mit den Dingen einigermaßen fertig zu werden, müssen sie sich doch fortlaufend einer Norm anpassen, die sich mit ihrem Selbstverständnis nicht deckt. Oft lehnen sie den Begriff «hochbegabt» ab, weil sie das Gefühl haben, daß er sie ihren Freunden entfremdet, wiewohl sie zugleich auch nicht selten zugeben, daß sie persönlich ihn erfreulich und sogar schmeichelhaft finden. Der Wunsch nach Konformität und Anpassung gerät in Konflikt damit, daß bei ihnen einzigartige Talente zum Ausdruck drängen. Wie ein Schüler es formulierte: «Meine Freunde haben mich schlicht und einfach in meinem schulischen Fortschritt behindert. Ich war dermaßen damit beschäftigt, ihre Erwartungen zu erfüllen, daß ich meine schulische Arbeit nicht so ernst genommen habe, wie ich sollte.» Ein anderer Schüler sah Gleichaltrigenpressionen positiver als eine Aufgabe, «die man bewältigen muß und einfach als genau das betrachten sollte».

6.1 Sind Gleichaltrige wirklich ebenbürtig?

Bei hb Kindern muß man vielleicht mehr als bei jeder anderen Gruppe zunächst einmal ins Auge fassen, wer ihre Gleichaltrigen sind; dann muß man dem hb Kind helfen zu verstehen, was ein Ebenbürtiger ist. Ebenbürtige sind Personen gleichen Ranges oder Status'. Aber wer kann einem hb Kind «ebenbürtig» sein? In welchen Aktivitäten, in welchen Situationen? Ein Gleichaltriger, der dem hb Kind im Fußball gewachsen ist, braucht es ja noch längst nicht im Schach oder in der Mathematik zu sein! Hochbegabte Kinder werden wohl zu jeder Zeit verschiedene Gleichaltrige haben, je nachdem, um welche intellektuellen, emotionalen, physischen oder situativen Beziehungen es sich handelt. Beziehungen zu Gleichaltrigen sind kein einfaches Konzept, und wir dürfen nicht annehmen, daß Kinder einander ebenbürtig seien, nur weil sie altersgleich sind.

Aufnahme in die Gruppe; Gruppenführerschaft; Zuneigung

Bei Beziehungen zu Gleichaltrigen spielt gewöhnlich wenigstens eine von drei wichtigen Dimensionen eine Rolle: *Einschließung/Ausschließung – Gruppenführerschaft – Zuneigung* (Schutz, 1958).

Gleichaltrigen-bezogenes Verhalten läßt sich leichter verstehen, wenn diese drei Dimensionen beachtet werden. Sie mögen einander auf den ersten Blick ähnlich sehen, aber sie sind es nicht. Ob jemand ein- oder ausgeschlossen ist, bildet die wesentlichste Dimension; sie besagt, ob er zur Eigengruppe (in-Gruppe) oder zur Fremdgruppe (out-Gruppe) oder zu gar keiner Gruppe gehört. Wenn das geklärt ist, stellt sich als nächstes die Frage nach der Gruppenführerschaft: Wer führt, wer ist Anhänger, wer begünstigt das Zusammenwirken in der Gruppe usw.? Erst wenn diese zwei Probleme gelöst sind, kommt in der Regel das dritte an die Reihe – ob andere in der Gruppe eine überdauernde Zuneigung für den Betreffenden empfinden.

Normalerweise empfindet man echte Zuneigung nur für jemanden, auf den man sich verlassen kann und dessen Verhalten vorhersagbar ist. Um sich auf jemanden verlassen zu können, muß man zuerst einmal wissen, ob man zur Gruppe gehört, und dann, welche Rolle man selbst und der andere in dieser spielen.

Für alle Kinder ist das Gefühl wichtig, einbezogen und geachtet zu sein und für Freunde wirklich zu zählen. Akzeptiertwerden durch Gleichaltrige ist nötig, um ein gesundes Selbstbild und ein überdauerndes Selbstwertgefühl zu entwickeln. Von anderen akzeptiert zu sein heißt, daß man zumindest einige ihrer Erwartungen erfüllt hat: Man geht mit ihnen soweit konform, daß ein gewisses Maß an Kommunikation, Verstehen und Achtung möglich ist.

Wo geübt und verglichen wird

Die Interaktion mit anderen desselben Alters oder Fähigkeitsniveaus ist ein wichtiger Lernbereich, in dem Kinder soziale Geschicklichkeit und Verhaltensfertigkeiten üben und Rückmeldungen über sich selbst erhalten. In diesem Sozialisationsprozeß vergleichen sie sich mit anderen in verschiedenen Dimensionen wie Größe, körperliche Geschicklichkeit, soziale Geschicklichkeit, geistig-seelische Geschicklichkeit. Immer wieder überlegen sie sich: «Wie schneide ich im Vergleich mit anderen ab?», und die Antworten beeinflussen die Entwicklung ihrer Vorstellung von sich selbst. Besonders der Eintritt in die Schule, wo es einen ganzen Komplex von neuen Erwartungen gibt, spornt zu Vergleichen an, und wenn dann später die Unsicherheiten der Adoleszenz hinzukommen, wird das Vergleichen noch intensiver betrieben.

Leider sind die Vergleiche vieler Kinder unangemessen, nämlich Versuche am untauglichen Vergleichsobjekt: Es ist wie mit Vierkant-Pflöcken, die nicht in Rundlöcher hineinpassen, wobei wir uns diese Kinder als besagte Pflöcke und die Gruppen als die Löcher zu denken haben. Die Gleichaltrigensozialisation kann da allerdings vieles abschleifen und glätten. Indes, solange niemand die hb Kinder darauf aufmerksam macht, ist ihnen in der Regel nicht klar, daß sie verschiedene Gleichaltrigengruppen brauchen werden und sich unter Umständen zu Zeiten im Hinblick auf einen speziellen Aspekt ihrer Persönlichkeit mit der falschen Gleichaltrigengruppe vergleichen. Besonders jüngere hb Kinder nehmen oft an, daß andere auch all das können, was sie selbst können, all das mögen, woran sie selbst Freude haben und die Welt nicht anders sehen, als sie sie sehen. So kommt es durch ihre Versuche, mit ihren Altersgenossen in Kommunikation zu treten und sich einzufügen, oft zu Verwirrung, Unverständnis und Kränkungen.

6.2 Wie weit soll das Sicheinfügen gehen?

Viele Eltern und andere Erwachsene könnten unrealistischerweise annehmen, daß Kinder der gleichen Altersstufe innerhalb wie außerhalb der Schule zueinander paßten. Zu solchen Fehlerwartungen kommt es besonders dann, wenn die Eltern noch nicht erkannt haben, daß die Fähigkeiten, die Gemütsart, die Interessenlagen und die Entwicklungsstufe ihres Kindes ungewöhnlich sind. Die meisten Eltern möchten, daß ihr

Kind «normal» ist und sich gut einfügt. In unserer Gesellschaft steht Soziabilität hoch im Kurs. Einerlei, was jemand von einem anderen hält, man erwartet von ihm, daß er mit ihm auskommt. Eltern und auch andere Erwachsene setzen das Kind womöglich unter erheblichen Druck mit ihrer Ansicht, daß Konformität das allerwichtigste sei, viel wichtiger als innere Antriebe des Kindes wie Entdeckerfreude und Drang zu Kreativität. Wenn es nach Eltern und Lehrern geht, sollen hochbegabte Kinder glücklich und zufrieden und von anderen Kindern akzeptiert sein. Selbst uns Großen gibt es vielleicht manchmal noch einen Stich, wenn wir uns an Augenblicke erinnern, in denen wir uns ausgeschlossen vorkamen, und wir wissen noch gut, wie überglücklich wir waren, wenn wir uns «beliebt» fühlten. Vielleicht veranlassen uns solche Erinnerungen dazu, daß wir uns um das geistig-seelische Wohl eines hb Kindes sorgen, das nur wenige Freunde hat und nicht beliebt ist.

Da hochbegabte Kinder viel zu geben haben, bringt für sie der Umgang mit vielen anderen Kindern eine Fülle von Anpassungen, aber auch zahlreiche Herausforderungen und Freuden mit sich. Was wir als befriedigende Beziehungen zu Gleichaltrigen betrachten würden, kann von den Vorstellungen hochbegabter Kinder erheblich abweichen.

Die Autoren haben festgestellt, daß manche hochbegabte Kinder, besonders aber höchstbegabte Kinder, nur einige wenige Freunde brauchen. Manchmal hat man den Eindruck, daß ihr Bedarf an Gleichaltrigen weitgehend durch einen speziellen Freund bzw. eine spezielle Freundin gedeckt wird, und zwar typischerweise im Rahmen einer recht intensiven Beziehung. Solche hb Kinder haben oft wenig Interesse daran, «beliebt» zu sein, zumal, wenn Beliebtsein einen gewissen Zeitaufwand für oberflächliche Beziehungen bedingen würde. Sie haben lieber wenige Freunde, aber die suchen sie sich aus und bevorzugen Beziehungen, die so sinnstiftend und intensiv sind, daß sie ihr Bedürfnis nach Beziehungen zu anderen und nach Akzeptanz erfüllen. Für sie und für Sie ist es wichtig, nicht zu vergessen: Nur ein paar Freunde zu haben, weil man nur ein paar haben möchte, ist etwas ganz anderes, als wenige Freunde zu haben, weil man nicht weiß, wie man Freunde gewinnt oder Freundschaften pflegt, oder weil man fürchtet, zurückgewiesen zu werden oder sich inakzeptabel zu fühlen.

Dennoch, die meisten hb Kinder würden sehr gern viele verschiedene, sinnstiftende Beziehungen unterhalten, und viele von ihnen wollen unbedingt beliebt sein und würden dafür zur Not sogar einige ihrer Interessen opfern. Meist versuchen diese Kinder, in mehreren Gruppen auf einmal Fuß zu fassen. Da müssen die Eltern dann vielleicht sehr oft mit dem Auto zur Verfügung stehen und staunen, wie vielfältig die Gruppen und wie groß die Altersspanne der Freunde des Kindes sind. Typisch für hochbegabte Kinder sind altersgemischte Gruppen.

Spezielle Freundschaften

Ihr Kind mag wenige oder viele Freunde haben – wir jedenfalls glauben, daß die meisten hochbegabten Kinder eine Beziehung brauchen, die ihnen ganz besonders viel bedeutet. Diese spezielle Freundschaft ist für das Kind ein sicherer Hafen, wo seine Einzigartigkeit gewürdigt wird, eine Freistatt, die ihm die Pressionen, Kränkungen und Beleidigungen ertragen hilft, mit denen ihm andere zusetzen mögen. In den Gesprächen mit diesem speziellen Freund oder dieser speziellen Freundin kann das Kind eine andere Perspektive für Situationen entwickeln, mit denen es konfrontiert wird, kann Zuneigung geben und empfangen und sich in seinem Wert bestätigt sehen.

Obwohl solche Spezialfreunde für das hochbegabte Kind seiner Intensität und großen Empfindungsfähigkeit wegen wichtig sind, halten wir auch Beziehungen zu anderen Gleichaltrigen für wünschenswert. Unser Rat: Ermutigen und bestärken Sie Ihr Kind, ein Netz von Beziehungen zu knüpfen, doch behalten Sie dabei im Auge, daß ihm das schwerfallen kann! Mit Hilfe eines solchen Beziehungsnetzes kann es den Wert und die Beiträge anderer schätzen lernen, die nicht so gescheit sind wie es selbst. Zu den schwierigsten Problemen dieser Kinder gehört die Aufgabe, sich auf die unterschiedlichen Erwartungen verschiedener Individuen und Gruppen einzustellen.

6.3 Wenn ein Kind erst einmal als «hochbegabt» abgestempelt ist...

Die öffentliche Identifikation der Hochbegabung eines Kindes verursacht bisweilen Probleme in den Beziehungen zu Gleichaltrigen. Wenn ein Kind als hochbegabt etikettiert ist, nehmen seine Gleichaltrigen wahrscheinlich automatisch an, daß sie «nicht begabt» sind, und fühlen sich unfair ausgegrenzt. Ein Kind meinte: «Man hat mir zu oft in der falschen Gesellschaft meine Geschicklichkeit unter die Nase gerieben. Die falsche Gesellschaft... sind meine Gleichaltrigen... Ich habe es gehaßt, Nummer eins in der Klasse zu sein. Natürlich haben mich meine Gleichaltrigen auch gehaßt. Aber intensiver war mein Selbsthaß» (American Association for Gifted Children, 1978).

Gewiß, viele Lehrer bemühen sich, die Unterstützung und Akzeptanz hochbegabter Kinder zu fördern. Andererseits sind wir auf Grund der vielen wirklich schlimmen Geschichten, die wir gehört haben, zu der Überzeugung gelangt, daß es offenbar Lehrer gibt, die hb Kindern grollen und sie absichtlich lächerlich machen. Anscheinend tun diese Lehrer alles, um hb Kindern das Leben schwer zu machen und sie vor ihren Gleichaltrigen herabzusetzen. Ein Teenager gab folgende Schilderung:

> «Die Zeit der Schulhof-Tyrannen liegt zum Glück hinter mir, als Kind habe ich mit ihnen genug Probleme gehabt. Wenn man älter und reifer wird, bekommt man es mit neuen Tyrannen zu tun, die viel raffinierter und erfinderischer vorgehen, ich meine diejenigen Lehrer, die glauben, sie könnten mir jede Menge Hausaufgaben aufbrummen, ich würde es schon schaffen. Das Dumme mit diesen Tyrannen ist, daß du zu keinem Lehrer laufen und um Hilfe bitten kannst. Oder sollst du vielleicht auf den Schulhof laufen?» (American Association for Gifted Children, 1978).

Wenn ein hochbegabtes Kind Vorzügliches leistet, werden daran die Unzulänglichkeiten derer deutlich, die weniger leisten. Schulische Hochleistung findet zwar meist Anerkennung bei Erwachsenen, aber von Gleichaltrigen wird sie oft als Bedrohung empfunden. Es ist von entscheidender Bedeutung, daß Eltern und Kinder dies verstehen und erkennen, daß das Lavierenmüssen zwischen Leistung und Akzeptiertwerden sich für Kinder zu einer sehr langen Tortur auswachsen kann. Eltern und Lehrer müssen vermeiden, die Leistung eines hb Kindes dessen Gleichaltrigen als Vorbild hinzustellen oder sie als ein Mittel zu benutzen, mit dem sie andere Kinder durch «Beschämung» zu Leistung anstacheln wollen. Wir kennen zum Beispiel den schlimmen Fall, daß eine Lehrerin einen hochbegabten Zweitkläßler vor ihrer vierten Klasse laut vorlesen ließ, «damit die Kinder sehen, wie sowas gemacht werden soll». Man wird sich denken können, wer an diesem Tage in der Pause vorgeknöpft worden ist.

In manchen Spezialschulen oder -programmen für hb Kinder ist es möglich, hb Kinder zu einer Gruppe zusammenzufassen und dadurch einige ihrer ständigen Probleme mit Gleichaltrigen zu verringern. Dieser Ansatz hat zwar sein Gutes, doch müssen wir darauf hinweisen, daß höchstbegabte Kinder vielleicht auch in diese Gruppe nicht hineinpassen. Hochbegabte Kinder unterscheiden sich in ihren Fähigkeiten sehr stark voneinander. Personen, die ihrem psychischen Leistungsvermögen nach zur Ein-Prozent Spitze gehören, unterscheiden sich voneinander mehr als andere Personen in den unmittelbar darunterliegenden vier Perzentilen.

Außerdem, wir haben das schon angemerkt, gibt es verschiedene Typen von Hochbegabung. So kann es einem hb Kind schwerfallen, zu anderen hb Kindern in Beziehung zu treten, obwohl die Wahrscheinlichkeit für Gleichaltrigenprobleme hier an sich geringer ist.

6.4 Führerschaft oder Herrschsucht?

Viele hochbegabte Kinder besitzen eine weitere Eigenschaft, die Schwierigkeiten mit Gleichaltrigen heraufbeschwören kann – sie organisieren Dinge und Menschen gern, und zwar meist in komplizierter Weise. Oft stoßen sie damit auf keine Gegenliebe bei Gleichaltrigen, die vielleicht das Gefühl haben, daß das betreffende Kind sie herumkommandieren, ummodeln oder beaufsichtigen will. Diese anderen Kinder verstehen vielleicht nicht einmal seine Ausdrücke oder seine Sprache.

Hochbegabte Kinder können gut Situationen analysieren und daraus für ihren Führungsanspruch Nutzen ziehen. Man kann ihnen den Unterschied zwischen Führerschaft und Herrschsucht klarmachen. «Gute Führer» sind ihren Anhängern voraus, aber nicht so weit, daß sie diese aus den Augen verlieren. Sie hören aufmerksam zu, weil sie wissen müssen, was die Anderen denken. Mit einer Reihe von Diskussionen über Führer und Führerschaft und über die Unterschiede zwischen guten Managementfertigkeiten und Diktatur können Sie Ihrem Kind die Bewältigung vieler Gruppensituationen erleichtern.

Führungsgeschick entwickeln

Ein Ziel Ihrer Diskussionen wird sein, bei Ihrem Kind Verständnis für die Gefühle von Anhängern zu wecken und ihm Fälle vor Augen zu führen, in denen es selbst Anhänger war oder hätte sein können. Wir haben festgestellt, daß es hb Kindern besonders gut bekommt, Hilfe anzubieten statt das Kommando zu übernehmen. Sie können Ihrem Kind helfen zu lernen, wann und wie man ein guter Anhänger ist, wie man andere um Hilfe bittet, wie man anderen hilft, sich wesentlich und geschätzt zu fühlen, und wie man die Funktionsfähigkeit einer Gruppe verbessert, ohne selbst den Gruppenführer zu mimen. Die Kinder können lernen, etwas «möglich zu machen», indem sie nicht befehlen, sondern delegieren und Hilfestellung geben und doch das Gefühl haben, Herr der Lage zu sein.

Verständnis für die Gesichtspunkte anderer und Einfühlung in sie sind Fertigkeiten, die gefördert werden müssen. Hier scheinen zwei Techniken besonders gut anzuschlagen, die hochbegabten Kindern in der Regel auch Spaß machen:

Gedankliches Antizipieren – Dank seiner fortgeschrittenen geistigen Fähigkeiten wird Ihr Kind komplexe Situationen durchdenken und das Antizipieren von Konsequenzen erlernen können. Dieses Antizipationsvermögen stellt sich indes nicht von selbst ein. Auch einem hochbegabten Kind muß man meist helfen, seine Überlegungen zu verfeinern. Dieses seelisch-geistige Rollenspiel schließt Fragen ein wie: «Was würde deiner Ansicht nach passieren, wenn du ... ?»; «Und was könnte dann geschehen?»; «Was würde er (würden sie) deines Erachtens dann tun (denken, fühlen, usw.)?»; «Wie könntest du darauf reagieren?»; «Was könntest du sonst noch versuchen?»

Gehen Sie nach der sokratischen Methode vor – Belehren Sie durch geschickte Fragen, aber steuern Sie keine Antworten, Meinungen oder Leitartikel-Kommentare bei. Dieser Ansatz zeigt dem Kind, daß Sie ihm selbstverantwortliches Verhalten zutrauen und gibt ihm die Möglichkeit, eine neue Situation geistig-seelisch zu durchleben, bevor es in sie verwickelt ist, so daß es sich rechtzeitig überlegen kann, wo es ansetzen und was es tun soll. Demonstrieren Sie ihm Ihre Fürsorglichkeit zum Beispiel dadurch, daß Sie seine Probleme in seinen Beziehungen zu Gleichaltrigen oder sein Gefühl des Isoliertseins anerkennen oder in Worten ausdrücken. *Wichtig ist*: Das Kind braucht das Gefühl, daß seine Probleme verstanden werden und für andere Bedeutung haben. Bieten Sie aber keine schnellen Lösungen an; helfen Sie ihm einfach, Alternativen zu durchdenken. Mit Fragen können Sie die Situation anders beleuchten, zum Beispiel: «Wie ließe es sich vermeiden, daß du den anderen in eine Lage bringst, in der es nur Sieg oder Niederlage gibt?» Das kann das Kind zu positiven Verhaltensweisen anregen, ohne ihm Alternativen zu verbauen.

Eine Variation dieses Vorgehens ist das *Rollenspiel*, mit dem Sie Ihrem Kind helfen, die Gefühle und Gedanken des anderen zu verstehen. Lassen Sie Ihr Kind die Rolle und die Verhaltensweisen der anderen Person durchspielen und übernehmen Sie dabei die Rolle Ihres Kindes. Hochbegabte Kinder finden das meist amüsant und aufschlußreich, besonders, wenn Sie Ihre Punkte melodramatisch – aber mit Humor! – akzentuieren. Sie können eine Situation mehrmals im Rollenspiel durcharbeiten und so von verschiedenen Ansätzen her daraufhin untersuchen, was geschehen würde, wenn. Sie können auch die Rollen tauschen.

Eine andere Methode zur Erleichterung von Beziehungen zu Gleichaltrigen besteht darin, daß Sie Kinder in Paaren an ein Projekt setzen. Das bringt die Kinder in seelischen Kontakt zueinander. Die gemeinsame Beteiligung an einer Aktivität ist eine der besten Möglichkeiten, gegenseitigen Respekt zu fördern und wirkt sich in gefühlsmäßiger Hinsicht vorteilhaft aus, auch wenn es sich um ein Projekt handelt, das das Kind an und für sich allein bewältigen könnte. In diesem Zusammenhang mögen die Eltern stets bedenken, daß für ein hochbegabtes Kind die eigene Innenwelt unter Umständen wichtiger ist als die soziale Welt seiner Gleichaltrigen. Seine eigenen Gedanken und Aktionen nehmen es womöglich dermaßen in Anspruch, daß es für andere keinen Blick mehr hat. Helfen Sie ihm erkennen, warum das andere abschrecken und mehr Probleme schaffen kann, als es löst.

6.5 Hochbegabte Teenager

Für den Teenager werden Konformität und Beziehungen zu Gleichaltrigen besonders wichtig. In dieser Zeit ziehen es viele hochbegabte Kinder vor, ihre Talente zu verbergen und auf Leistung bewußt zu verzichten, weil sie «dazugehören» wollen. Zumal Mädchen finden dann vielleicht: «Zu klug sein ist unklug.» Hochbegabte Teenager sind sich schmerzlich bewußt, daß sich ihre Gleichaltrigen in ihrem Handeln von Klischeevorstellungen in bezug auf hochintelligente Menschen bestimmen lassen: «Intelligente Typen feiern keine Parties, trinken nicht, gehen nicht mit Freund oder Freundin aus. Sie bleiben brav zu Hause und lösen die aufgegebenen Differentialgleichungen, damit am nächsten Morgen jeder bei ihnen abschreiben kann» oder «Manche glauben, sowas Profanes wie Partys oder Mädchen würde mich überhaupt nicht interessieren» oder «Manche halten mich für eingebildet und total abgehoben oder glauben, mit dem Typ kann man unmöglich auskommen. Sie haben von mir gehört, aber sie kennen mich nicht persönlich; sie haben die Kritiken gelesen und denken, jetzt kennen sie das Buch» (American Association for Gifted Children, 1978).

So kommt sich der hochbegabte Teenager im Widerstreit starker Gefühle oft wie der Esel zwischen zwei Heubündeln vor. Er möchte dazugehören, braucht das Erkunden und Erforschen, ist neugierig, denkt divergent, flexibel, unvoreingenommen und all das kann ihn dazu bringen, daß er zeitweilig Beziehungen zu Gleichaltrigen unterhält, die als Gefährten ihres Sohnes seinen Eltern nicht gerade willkommen sind. Hier können Sie ihm vielleicht helfen, darüber nachzudenken, was er aus diesen Beziehungen zu gewinnen oder zu lernen hofft und was ihn solche Freunde so alles kosten können. Hält das Kind trotzdem unbeirrt weiter an diesen Freundschaften fest, weil sie ihm wichtiger sind, wird es wahrscheinlich nicht viel bringen, wenn Sie ihm nun Ihrerseits Freunde aussuchen oder seinen Freundeskreis zu beschränken versuchen. Rufen Sie sich ins Gedächtnis zurück, was wir im Kapitel über Disziplin gesagt haben: Es nützt nichts, Grenzen zu setzen, denen Sie keine Geltung verschaffen können. Sie werden sich mit Ihrem Unbehagen an den Freundschaften Ihres Kindes im Rahmen dessen, was Sie durchsetzen können und tatsächlich durchsetzen, abfinden müssen.

Die beste Hilfestellung können Sie Ihrem Kind im Bereich seiner Beziehungen zu Gleichaltrigen vielleicht geben, indem Sie ihm ein gutes Vorbild sind. Das Ende der Kindheit bedeutet ja nicht das Ende von Beziehungen zu Gleichaltrigen; solche Freuden und Probleme wird das Leben weiterhin bescheren. Was Sie Ihrem Kind durch Ihr Verhalten anhand von Beispielen und Verständnis demonstrieren können, wird wichtiger sein als alles, was Sie sagen können; davon abgesehen wird die Kommunikation mit Ihrem Kind diese Beispiele vertiefen und verdeutlichen.

6.6 Fragen

Was soll ich meinem Kind sagen, wenn es klagt, es habe keine Freunde und sei einsam?

Wenn Ihr Kind Ihnen das sagt, ist ihm höchstwahrscheinlich in dem Augenblick genau so zumute, auch wenn Sie «wissen», daß es mehrere Freunde hat. Fragen Sie den Jungen behutsam, aus welchen Gründen er sich nicht akzeptiert fühlt. Hat man ihn nie akzeptiert? Hat ihn nicht doch schon mal jemand gemocht? Wie hat er damals durch sein Handeln und Verhalten die Zuneigung anderer für ihn gefördert? Inwiefern könnte er nach seiner eigenen Einschätzung durch sein Handeln und Verhalten vielleicht unbewußt dazu beitragen, daß andere sich von ihm abwenden?

Meine Tochter bringt keine Geduld für andere Kinder auf. Wie kann ich ihr helfen, toleranter zu werden?

Es wäre schon etwas gewonnen, wenn Ihr Kind erkennen würde, daß die anderen Kinder im allgemeinen nicht aus Bosheit handeln. Die meisten

Kinder tappen auf der Suche nach ihrem Weg durchs Leben ziemlich im Dunkeln, und oft ist ihr Handeln die Folge von Frustration oder Unkenntnis. Manchmal hilft es dem Kind, wenn Sie mit ihm über den Wert des Menschenlebens sprechen. Ein Klient tat dies mit gutem Erfolg in einem Gespräch mit seinem Kind über Darwins Evolutionstheorie und das Überleben des Tüchtigsten und über den Massenmord der Nazis an Juden und «lebensunwertem Leben» (mißgebildete Kinder, Geisteskranke). Das hochbegabte Kind dieses Klienten war entsetzt darüber, daß mit «Überleben des Tüchtigsten» dies gemeint sein sollte! Dann leitete der Vater zu Fragen bezüglich der Toleranz in unserer heutigen Gesellschaft über: Haben nicht auch weniger begabte Menschen ihren Wert, verdienen sie nicht Geduld und Respekt? Außer Intelligenz oder Talent gibt es noch viele andere, wichtige menschliche Eigenschaften, die wertvoll sind.

Ich finde mein Kind so zynisch. Was kann ich da machen?

Meist verbirgt sich hinter Zynismus ein frustrierter, sehnsüchtiger Idealismus, und auf den sollten Sie eingehen. Oft bringt es das Kind weiter, wenn es die Fähigkeit entwickeln kann, sich und die Welt auch mal mit Humor zu betrachten.

Mein Kind ist aber von Natur aus Einzelgänger. Der Junge ist mit sich allein glücklicher. Genügt es nicht, daß er sich auf diese Weise beschäftigt und damit zufrieden ist?

Manche hochbegabte Kinder neigen temperamentsmäßig mehr zum Einzelgängertum als andere. Aber allein sein, weil man allein sein will, ist etwas ganz anderes als ein Einzelgänger zu sein, weil man mit anderen mangels sozialer Kompetenz nicht zurechtkommt oder zuviel Angst vor Beziehungen zu anderen hat. Sie sollten die Situation Ihres Kindes auf diesen Unterschied hin unter die Lupe nehmen und ihm jede Hilfe geben, die es braucht, um hier zu einer fundierten Entscheidung zu kommen. Zu anderen Menschen sinnstiftende, herzliche Beziehungen aufzubauen ist ein Bedürfnis, das sich nie verliert.

Mein Kind hat einen Phantasie-Spielkameraden. Muß man sich deswegen Sorgen machen? Hört der Junge damit auf, wenn er mehr richtige Freunde gewinnt?

Besonders bei hochbegabten Kindern besteht die Neigung, sich Spielkameraden auszudenken, und oft verlangen sie von ihren Eltern in extremem

Maße, diesen Phantasiegeschöpfen Rechnung zu tragen. Solange Ihr Kind aber in Gefühlsdingen Ihnen und den meisten anderen gegenüber zu einem Geben und Nehmen fähig ist, besteht für Sie kein Grund zur Sorge wegen eines solchen imaginären Spielkameraden, denn der verschwindet gewöhnlich, sobald das Kind in die Schule kommt oder etliche wirkliche Freunde hat. Freuen Sie sich an der Kreativität Ihres Kindes und an seinem Sinn fürs Dramatische, und eine Bitte: Verspotten Sie es nicht wegen seines Phantasie-Gefährten!

Mein hochbegabter Junge, Teenager, hängt neuerdings mit ein paar wirklich blöden Freunden rum. Könnte nicht seine geistig-seelische Entfaltung darunter leiden?

Vermutlich nicht, auch wenn es von außen betrachtet anders aussieht. Wahrscheinlich ist sein Zugehörigkeitsbedürfnis wenigstens zur Zeit größer als sein Bedürfnis nach Leistung coram publico. Das gibt sich aber, wenn er lernt, seine Bedürfnisse hinsichtlich des Umgangs mit Gleichaltrigen mit den anderen Aspekten seines Lebens zu verknüpfen. Hb Kinder nehmen immer weiter Informationen auf, auch wenn es nicht den Anschein hat, und in den meisten Situationen wird Hochbegabung nicht schrumpfen oder verschwinden, wenn sie keine maximale Anregung erhält, wenigstens nicht, wenn diese Kinder schon 10 oder 12 Jahre alt sind. Da für Ihren Jungen Beziehungen zu anderen ein wichtiger Bestandteil seines Lebens bleiben und da er in bezug auf Freunde immer wieder Entscheidungen wird treffen müssen, sollten Sie ihm helfen, seine Fähigkeit zu entwickeln, Freunde zu wählen und zu halten und Vertrauen zu dieser seiner Fähigkeit zu gewinnen.

7. Lektion: Beziehungen von Geschwistern untereinander

Immer, wenn ein neues Familienmitglied hinzukommt, ändern sich die Beziehungen in der Familie. Für jedes Mitglied wandeln sich damit Verantwortlichkeiten, Abhängigkeiten, Autoritätsverhältnisse, «Hackordnung» und andere triviale und zentrale Erwartungen. Manche Eltern berichten, daß in einer Familie mit hb Kindern die Beziehungen der Geschwister untereinander besonders schwierig und frustrierend sein können; andere Eltern wiederum haben beobachtet, daß ein kluges, geistig-seelisch waches Kind die Beziehungen unter Geschwistern besonders angenehm gestalten kann. Was macht den Unterschied? Was sollten Eltern über den Umgang mit hochbegabten Geschwistern unbedingt wissen? Wir geben zwar nicht vor, alles über dieses komplexe Gebiet zu wissen, hoffen aber, daß Ihnen die folgenden Informationen etwas nützen können.

Stellung in der Geschwisterreihe

In mehreren Untersuchungen wurde festgestellt: erstgeborene Kinder werden in der Regel am meisten und am längsten beachtet und erzielen öfter hervorragende Leistungen als jüngere Geschwister. Daher werden sie eher als hochbegabt identifiziert (Boroson, 1973; Sutton-Smith & Rosenberg, 1970). Das älteste Kind wird wahrscheinlich ernst sein, empfindsam, gewissenhaft und auf die Billigung Erwachsener bedacht. Die Eltern haben ein besonderes Verhältnis zu ihrem erstgeborenen Kind; meist erwarten sie von ihm mehr, widmen ihm mehr Zeit und hoffen, daß es sich sie zum Vorbild nimmt (Sutton-Smith & Rosenberg, 1970). Bis zur Geburt des nächsten Kindes identifiziert sich das erste Kind nur mit Erwachsenen, und für die Eltern ist es vorerst das einzige, das sie in der Welt repräsentiert.

Das zweitgeborene Kind ist weniger auf Erwachsene hin orientiert, sondern eher auf Gleichaltrige. Es kann sein, daß es Leistung weniger schätzt, weniger Wert darauf legt, seinen Eltern zu gefallen, weltoffener ist, freundlicher und umgänglicher wirkt. Eltern beweisen im Umgang mit später geborenen Kindern allgemein mehr Gelassenheit, widmen ihnen weniger Zeit und investieren in sie nicht soviel von ihrem eigenen Ego.

Ein Kind in mittlerer Geschwisterposition empfindet seinen Platz in der Familie vielleicht als ungesichert. Das jüngste Kind nimmt eine Sonderstellung ein, denn es ist «das Baby»; die Situation des Erstgeborenen hat ihre Vorteile – aber das Kind in der Mitte fühlt sich vielleicht vernachlässigt, entmutigt und «hinausgedrängt» (Stoltz, 1975).

7.1 Spezielle Rollen

Kinder suchen sich in der Familie bestimmte Rollen. Jedes Kind will sich eine wichtige Position sichern und beobachtet genau, ob die anderen Erfolg haben oder nicht. Im Lichte dieser Beobachtungen beurteilt es sich selbst und strebt eine unverwechselbare Stellung an. Wenn ein Kind eine Rolle wie «der Naturtyp» oder «der Handwerker», «der Clown» oder «der Hilfsbereite» spielen will, wird wahrscheinlich kein anderes Geschwister Anspruch auf diese Rolle erheben, auch wenn es sie ausfüllen könnte. Der Wettstreit kann scharf sein. Manchmal gibt ein Geschwister auf, wenn das andere Erfolg hat. Wenn eines versagt und eine Schwäche zeigt, springt oft ein anderes ein, um zu zeigen, was es kann und daß es einen Vergleich nicht scheut. Dieses Konkurrieren um Rollen kann natürliche Unterschiede in den Interessen, Fähigkeiten, in der Persönlichkeit oder in der Gemütsart der Geschwister übertrieben kraß hervortreten lassen: «Ich bin besser als du!»

Wenn Kinder sich mit ihren Geschwistern vergleichen, fühlen sie sich vielleicht relativ weniger geschätzt, nicht so umfassend akzeptiert. Darauf beruht die wohlbekannte Geschwisterrivalität. Letztere kann in manchen Fällen intensiv sein und sich in wirklich abscheulichen Verhaltensweisen zeigen. Wenn in Ihrer Familie eine solche Situation entsteht, sollten Sie sich vor Augen halten, daß Kinder um etwas rivalisieren, was sie schätzen. Was das ist, müssen Sie ergründen. Manche Kinder wollen sich dadurch selbst ihre persönliche Macht beweisen, aber öfter konkurrieren Geschwister miteinander um Lohnendes wie Lob, Beachtung und besondere Anerkennung, besonders seitens ihrer Eltern.

Hochbegabte Kinder verstehen es instinktiv oder bewußt sehr gut, auf sich aufmerksam zu machen. Sie können im Interesse ihrer Forderungen ein beachtliches Raffinement entwickeln. So können sie dem Stil und den Wertorientierungen ihres Handelns einen «erwachseneren» Anstrich geben, sie können kreativer oder ganz generell aktiver sein. Außerdem können sie meistens recht geschickt mit dem Wort umgehen und auf diese

Weise Ihre Aufmerksamkeit derart mit Beschlag belegen, daß Ihnen für andere Geschwister weniger Zeit bleibt. Ist Ihr hb Kind auch das älteste, so sind jüngere Brüder und Schwestern vielleicht doppelt benachteiligt, weil Sie ihnen nur selten, wenn überhaupt, für längere Zeit ungeteilt Ihre Aufmerksamkeit geschenkt haben. Wenn Sie ein hb Kind haben, werden Sie sich vielleicht sehr intensiv und gründlich mit der Frage seiner Erziehung und seines schulischen Bildungsweges befassen müssen, wobei die Geschwister dann den Eindruck gewinnen, daß Sie für sie wohl «die übliche Schule» für ausreichend halten. Geschwister haben es sehr schnell heraus, daß dem hb Kind mehr Aufmerksamkeit zuteil wird als ihnen.

Besonders, wenn es älter wird, kann sich das hb Kind zur organisierenden Kraft in der Familie entwickeln und damit praktisch die Rolle des Haushaltungsvorstands übernehmen. Da es so kompetent und verständig wirkt, geben die Eltern womöglich den Entscheidungsfindungsprozeß in der Familie aus der Hand und überlassen dem hb Kind die Entscheidung, wo die Familie die Ferien verbringt, wieviel Geld für bestimmte Bereiche ausgegeben wird usw.. Auch wenn die Eltern diese Machtübernahme nicht offiziell gestatten, erfordern die Vielseitigkeit und Intensität der Interessen des hochbegabten Kindes soviel Aufmerksamkeit und Energie, daß die Förderung der Interessen der anderen Familienmitglieder darüber vielleicht zu kurz kommt. Eltern neigen in subtiler, ja ihnen vielleicht gar nicht bewußter Weise dazu, in ihr hb Kind allzuviel zu investieren und bewundern seine Leistungen nicht selten dermaßen, daß sie schließlich ganz auf die Leistungen dieses Kindes fixiert sind. Vielleicht sehen sie in dem Kind ihre Hoffnungen und Träume in Erfüllung gehen.

7.2 Ich bin nicht so gut wie du!

Es kann sein, daß die Eltern und das hochbegabte Kind andere Geschwister für weniger fähig halten oder weniger von ihnen erwarten. Diese Ansicht überträgt sich auf die Geschwister, die dann an ihrem Wert und ihrer Bedeutung für die Familie zweifeln. Da sie sich «unbegabt» vorkommen, werden sie wahrscheinlich direkt oder indirekt Ressentiments gegen andere Familienmitglieder zum Ausdruck bringen.

Bitte bedenken Sie: Auch wenn jüngere Geschwister nicht als hochbegabt identifiziert sind, können sie echte Begabungen haben, die man bislang nicht erkannt hat. Vielleicht hatten sie keine Gelegenheit, sie zu zeigen, vielleicht sind sie «Spätentwickler», oder sie sind auf nonverbalen

Gebieten begabt, die sich nicht so ohne weiteres messen lassen, vielleicht haben sie das Gefühl, daß die Rolle des «hochbegabten Kindes» in der Familie ja bereits vergeben sei und bewerben sich erst gar nicht um sie. Seien Sie nicht zu schnell damit bei der Hand, jüngere Geschwister des hb Kindes als weniger begabt abzustempeln! Vielleicht sollten Sie sie psychologisch individuell testen lassen. Da von jüngeren Kindern im allgemeinen weniger erwartet wird, haben diese vielleicht keine Chance, ihre Fähigkeiten zu beweisen. Ist das hochbegabte, leistungsstarke Kind das erstgeborene Kind, was oft vorkommt, so erwarten die Eltern womöglich bei den später geborenen Geschwistern die gleichen Wesenszüge und Merkmale, die das hochbegabte Kind aufweist. Wenn diese Kinder in manchen Leistungsbereichen nicht diese hohen Ansprüche erfüllen, kann es den Eltern leicht passieren, daß sie ihre eigentlichen starken Seiten und besonderen Fähigkeiten übersehen.

Zum Beispiel sind besonders gute Schüler in Mathematik und Naturwissenschaften möglicherweise leichter identifizierbar als junge Geisteswissenschaftler, und so könnten bei Geschwistern sogar spezifische Geistesgaben unerkannt bleiben. Wenn das erstgeborene Kind ein As in Mathematik ist, gilt ein zweitgeborenes Geschwister mit dichterischer Begabung vielleicht für weniger gescheit. Wenn Geschwister keine intellektuellen Gaben zeigen, so vergesse man nicht: es gibt viele Arten wertvoller Begabungen. Ein Kind kann von Natur außerordentlich einfühlsam, ein gütiger Menschen- oder Tierfreund sein oder der geborene Diplomat, der heftige Emotionen entschärft und Konfrontationen die Spitze abbricht. Jedes Kind besitzt einige spezielle Fähigkeiten, die sich identifizieren lassen und offene Anerkennung verdienen!

Negative Vergleiche

Wichtig ist also, das Vergleichen von Leistungen zu vermeiden. Vergleiche haben negative Wirkungen manchmal auf die Geschwister, manchmal auf das hochbegabte Kind. «Warum wirst du nicht so oft wie dein Bruder zu Geburtstagspartys und zum Übernachten eingeladen?» oder: «Warum gehst du denn nicht nach draußen wie deine Schwester und spielst Fußball mit den anderen Kindern?» Solche Fragen richten genauso viel Schaden an wie: «Warum setzt du dich nicht hin und lernst deine Lektionen, damit du genauso gute Zensuren kriegst wie Jane?» oder: «Wieso können wir uns auf dich nicht so verlassen wie auf Bill?» Kinder sind sich ihrer Unterschiede bewußt, und deshalb müssen Eltern ihnen helfen zu erkennen, daß diese Unterschiede natürlich und zu erwarten sind. Sie müssen bei den

Kindern immer die starken Seiten unterstützen, nicht die schwachen hervorheben. Nun mag es Ihnen selbst ja gelingen, Vergleiche zu vermeiden, aber das verhindert sie noch nicht bei anderen. Oft geben Großeltern, Tanten, Onkel und Freunde der Familie unüberlegt Kommentare ab, die die Kinder kränken und die Geschwisterrivalität schüren. Da Sie mit diesen Menschen vermutlich reden können, sollten Sie sie soweit wie möglich dafür gewinnen, das Positive herauszustreichen und keine negativen Vergleiche anzustellen. Das ist vielleicht nicht so einfach durchzusetzen, aber niemand kann es Ihnen verübeln, wenn Sie eindeutig erklären, daß in Ihrer Familie Sie die Hausordnung bestimmen und keine Bemerkungen oder Handlungen dulden, die Ihren Kindern schaden. Auf andere, zum Beispiel Tutoren, Lehrer, Trainer, Gleichaltrige und Bekannte Ihrer Kinder, werden Sie wohl keinen Einfluß haben; gleichen Sie jedoch deren Tadel und negative Vergleiche dadurch aus, daß Sie die starke Seite jedes Kindes durch freigebig gespendetes Lob und viel Ermunterung anerkennen. Dieses beharrliche und öffentliche Anerkennen wertvoller Individualität versichert das Kind seines eigenen Wertes und verringert sein Bedürfnis, destruktiv mit Geschwistern zu konkurrieren.

Zorn und Depression bei Geschwistern

Eltern werden auf Geschwisterrivalität aufmerksam, weil sie gewöhnlich offen mit selbstsüchtigem oder gehässigem Benehmen, Herumkommandieren, gegenseitigem Wegnehmen persönlichen Eigentums, Demütigen, Kritisieren, Tadeln und Schlägereien ausagiert wird. Obwohl es schwierig ist, müssen Sie erkunden, welchen Sinn diese Verhaltensweisen haben. Ausagieren kann ein Buhlen um – negative oder positive - Beachtung sein.

Das Verhalten eines Kindes, das anscheinend von Zorn motiviert ist, kann wiederum ein *«Depressiv-Äquivalent»* sein: Der Zorn überdeckt eine unterschwellige Depression, die darauf beruht, daß das Kind sich vernachlässigt, übergangen oder einsam fühlt. Wenn Sie die dahintersteckenden Gefühle herausspüren, können Sie auf das Verhalten angemessener reagieren und sich nicht nur mit dem im Gange befindlichen Kampf, sondern auch mit dem Bedürfnis des Kindes nach einem geschätzten Platz in der Familie befassen.

Einen nicht so offenkundigen Ausdruck findet Rivalität manchmal im *Imitationsverhalten*. Ein Kind ahmt vielleicht ein Geschwister nach, das es im Vollbesitz elterlicher Wertschätzung und Beachtung sieht. Oder es richtet sich in seinem Verhalten nach einem Elternteil, um in dessen Augen an Wert zu gewinnen. Gewöhnlich ist Imitationsverhalten erwünscht, bietet es dem Kind doch Möglichkeiten, neue Seinsformen zu erlernen. Es kann eine normale und angemesse Phase des Heranwachsens sein. Ein extremes Imitationsverhalten kann allerdings bedeuten, daß das Kind seiner eigenen Identität keinen Wert abgewinnt. Vielleicht hat es das Gefühl, daß es nicht wagen darf, es selbst zu sein, will es in seiner Familie existieren können, wo man es nicht akzeptiert oder würdigt.

7.3 Wie waren Sie als Bruder oder Schwester?

Wenn Eltern versuchen, die Gründe einer intensiven Geschwisterrivalität zu analysieren, müssen sie vielleicht untersuchen, welche Rollen sie selbst als Heranwachsende in ihren Familien gespielt haben. Hochbegabte Kinder haben oft hochbegabte Eltern, und so könnten sich ungünstige Familienmuster wiederholen. Waren Sie als Kind «die liebe Tochter» oder «der Clown», «der Hilfsbereite» oder «die Geschickte»? Wie hat Ihre Rolle Sie selbst und Ihre Geschwister weitergebracht oder behindert? Erwarten Sie eine Neuauflage dieser Familienrollen und Beziehungen der Geschwister in Ihrer jetzigen Familie bei Ihren Kindern? Reagieren Sie auf die Rollen Ihrer Kinder, wie Sie früher auf Rollen Ihrer Brüder und Schwestern reagiert haben? Wenn Sie sich überprüfen und ihr Selbstverständnis vertiefen, können Sie Ihre eigenen Reaktionen und Eigenheiten verstehen und akzeptieren lernen und dann besser begreifen, wie Ihre Kinder zueinander in Beziehung zu treten versuchen.

Andere Rollenvorbilder

Auch äußere Einflüsse und Rollenvorbilder können zur Geschwisterrivalität beitragen und Kindern ein negatives Bewältigungsverhalten nahelegen. Eltern, Lehrer, Fernsehen- und Kinofilme sind die primären Rollenvorbilder; sie zeigen Kindern, wie man in Familien miteinander umgeht. Leider demonstrieren zu viele dieser Erwachsenenrollen-Vorbilder Selbstsucht, Beleidigen, Sarkasmus, Rachsucht und Gefühllosigkeit, aber nicht, wie man zwischenmenschliche Beziehungen rücksichtsvoll und fürsorglich handhabt. Eltern müssen die Destruktivität dieser Leitbilder mit positivem Handeln neutralisieren. Statt wahlloses Konsumieren mieser Fernseh-Shows oder Filme können ja weitgehend andere Aktivitäten angesetzt werden. Auf jeden Fall sollten die Eltern ihren Ärger oder ihre

Kritik über Beispiele für schädliche Interaktionen äußern, und konstruktiv über deren schädliche Wirkungen mit ihren Kindern sprechen und diskutieren.

7.4 Zank und Streit

Was können Sie als Eltern unternehmen, wenn Ihre Kinder untereinander aus irgendwelchen Gründen zanken, streiten, kämpfen oder ein anderes negatives Geschwisterverhalten zeigen? Eine Faustregel lautet: Vermeiden Sie möglichst jede Beteiligung an dem Konkurrenzkampf. Wenn Sie sich in Hader Ihrer Kinder verstricken lassen, verstärken Sie das Verhalten, das Ihnen aufgefallen ist, und ermutigen zu dessen Wiederholung. Solange die Situation nicht physisch gefährlich wird, sollten Sie sich heraushalten. Mit ihrem Abseitsbleiben geben Sie den Kindern zu verstehen, daß Sie ihnen zutrauen, die Situation selbst klären zu können.

Aber Sie sollten solche Verhaltensweisen nun keineswegs völlig ignorieren, zumal nicht, wenn sie andauern und sich ein Muster entwickelt, das für eines oder mehrere der Kinder besonders schädlich werden könnte. Es ist ein Unterschied, ob Sie sich in einzelne Konfrontationen hineinziehen lassen oder ob Sie allgemeine Verhaltensnormen setzen.

Wir raten Ihnen zu einem offen fürsorglichen und aktiven Verhalten. Machen Sie Ihren Kindern klar, daß Sie von ihnen ein vernünftiges Verhalten zueinander erwarten und keine Grausamkeit dulden. Führen Sie ihnen vor Augen, worin die Kinder aufeinander angewiesen sind und ermutigen Sie zu Sensibilität. Ein möglicher Ansatz wäre: «Ich bin ganz traurig, wenn du deine Schwester veralberst, denn ich weiß, daß du ihre Hilfe bei manchem brauchst, was du gern lernen möchtest.»

Wenn Sie gegen inakzeptables Verhalten angehen, sollten Sie darauf achten, daß Sie Ihre Kinder nicht zu scharf kritisieren und nicht gleich mit dem dicksten Knüppel drohen. Elterliche Härte verschärft im allgemeinen die Geschwisterrivalität, weil bei den Kindern Zweifel aufkommen, ob sie wirklich akzeptiert sind. Weckt man in Kindern Unsicherheits- oder Schuldgefühle, so versuchen sie sich vielleicht durch einen verzweifelten Konkurrenzkampf selbst zu beweisen, daß sie ihren Geschwistern ebenbürtig sind. Bemühen Sie sich wie immer, die Gefühle, die dem Verhalten zugrunde liegen könnten, zu erkennen und zu akzeptieren. Treten Sie ihren Kindern mit Verständnis entgegen, auch wenn Sie das Verhalten kritisieren müssen.

7.5 Das Rollenspektrum erweitern

Oft hilft auch ein direktes Etikettieren positiver Rollen, die ein Kind übernommen hat. Wichtig ist, daß Sie möglichst mehrere, verschiedene Rollen ausfindig machen und etikettieren, um dem Kind zu zeigen, daß es viele verschiedene Beiträge zum Familienleben zu leisten vermag. Heute ist das Kind vielleicht «der Entdecker», nächste Woche «der rettende Engel» oder «der Mann für alles». Etikettieren Sie für das hb Kind alternative Rollen, weil Sie ihm damit klarmachen, daß es nichtintellektuelle Wesenszüge hat, die auch wichtig und notwendig sind. Auf diese Weise können die Kinder ihr Selbstkonzept erweitern und vielleicht erkennen, daß es möglich ist, manche Rolle mit Geschwistern zu teilen, ohne daß es irgend jemandem zum Nachteil gereicht.

Manche Rollen haben weniger Prestige als andere. Ein Kind könnte durchaus finden, daß der «Mann für alles» längst nicht soviel gilt wie «der Organisator» oder «der Planer». In diesem Fall hilft vielleicht ein Hinweis auf die einzelnen Bestandteile einer Rolle. Wie die Rolle «Hausfrau» an Glanz gewinnen kann, wenn Sie dartun, daß sie bei genauer Betrachtung die der Buchhalterin, der Personalchefin, der Chauffeuse, der Chefköchin, der Raumpflegerin mit einschließt, so kann die Rolle des «Mannes für alles» akzeptabler werden, wenn Sie Elemente etikettieren, die für diese Rolle notwendig sind und ihre Bedeutung erhöhen, zum Beispiel Organisation, Beharrlichkeit, Kreativität und Gewandtheit.

«Geschwister-Synergie»

Wachsendes Vertrauen zur eigenen Identität setzt jedes Kind in den Stand, die anderen zur Entwicklung ihrer Identität zu ermutigen. Das Resultat kann jene positive Kraft sein, die wir als «Geschwister-Synergie» bezeichnen. Synergie bewirkt, daß dank der Interaktion der Teile das Ganze mehr ist als nur die Summe seiner Teile. Was kein Geschwister allein zustandebringen würde, gelingt durch Kooperation. Ermutigen Sie Ihre Kinder möglichst oft dazu, zusammenzuwirken, statt einander Konkurrenzkämpfe zu liefern. Der Einfluß von Geschwistern kann sehr groß sein, und Synergie vermag die Familie als Ganzes zu beeinflussen. Sie müssen herausfinden, wie sich diese Kraft für positive Ziele einspannen läßt.

Bedenken Sie jedoch, daß grundsätzlich Geschwisterkameradschaft mit Geschwisterrivalität Hand in Hand geht. Kinder konkurrieren nicht den ganzen Tag miteinander. Für viele gemeinsame Stunden können sie einander Freunde und Gefährten sein, und manche Kinder mit starkem Ego blühen durch Konkurrenzkampf richtig auf, obwohl sie im Grunde verträgliche Gemüter sind. Das Ziel besteht unseres Erachtens darin, Zusammenarbeit und Kameradschaft soweit wie möglich zu fördern und Konkurrenzkampf dort zu reduzieren, wo er dem Wohlbefinden und dem Selbstwertgefühl des Kindes abträglich ist.

7.6 Gleichgewicht in der Familie

Wenn jedem Kind charakteristische Rollen offenstehen, geben Familienmuster Sicherheit. Jeder hat seinen «Tummelplatz», und jedes Familienmitglied kann sich darauf verlassen, daß die anderen ihre traditionellen Rollen spielen. Auch Vorhersagbarkeit trägt zu einem wohltuenden Familienleben bei. Zumal wenn jedes Mitglied sich geschätzt und akzeptiert weiß, funktioniert die Familie als Einheit reibungslos. Jedes Mitglied ist gleichsam ein Planet, der sich in seiner eigenen Bahn bewegt, unabhängig von den anderen, aber die Bahnen der anderen beeinflussend, so daß das ganze System intakt bleibt. Es wird innerhalb der Familie ein stabiles Gleichgewicht erreicht.

Freilich gibt es Ereignisse, die das Gleichgewicht stören: Krankheit, ein neuer Job, ein Umzug, ein Schulwechsel, Scheidung, Wiederverheiratung usw.; jedes dieser Ereignisse kann eine drei- bis neunmonatige Störung bedeuten. In dieser Umstellungsperiode werden neue Wege erprobt, wenn alte nicht mehr sicher sind. Die Geschwisterrivalitat kann besonders intensiv werden, da Brüder und Schwestern einander testen, manchmal auf der Suche nach neuen Rollen, manchmal in dem Bestreben, an den vertrauten Rollen festzuhalten. Am Ende werden sich ein neues Gleichgewicht und ein neues Muster ergeben, aber bis dahin kann der Prozeß die Geduld der Familie auf manche harte Probe stellen. Das neue Muster kann dem alten sehr ähnlich oder grundverschieden sein, es kann gesünder und befriedigender oder weniger zuträglich ausfallen. Die Qualität des neuen Gleichgewichts hängt davon ab, wie die Dinge in der Zeit der Störung und Krise gehandhabt werden.

Daher kann eine solche kritische Periode eine Zeit der Chancen sein. Sie gestattet es Familienmitgliedern, neue Rollen und neue Verhaltensweisen auszuprobieren, die unter den alten Bedingungen undenkbar waren. Die einzelnen Mitglieder können zu einem neuen Gefühl für den eigenen Wert gelangen und auf neue Weise bei anderen Anklang finden.

Einer unserer Kollegen verglich die Periode des gestörten Gleichgewichts mit einem Mann, der auf einem Bein steht: Ein Stups in die eine Richtung, und er fällt um, aber schiebt man ihn behutsam in die andere Richtung, so stellt er auch den anderen Fuß auf den Boden und steht sicher auf zwei Beinen da. Vielleicht können Sie für diesen behutsamen Anstoß in Ihrer Familie sorgen und in der schwierigen Zeit das Spektrum von Rollen und Aktivitäten erweitern, in denen sich Ihre Kinder versuchen können. Geben Sie ihnen die Gewißheit, daß ihre Grundsicherheit unvermindert ist, daß die Familie nach wie vor als Einheit funktioniert, auch wenn es nicht so aussieht, und ermutigen Sie sie zugleich, neue Möglichkeiten zu erwägen. Zeigen Sie ihnen dabei auch immer wieder, daß sie sich keine kräftezehrenden Wettkämpfe um Ihre Zuneigung zu liefern brauchen; Ihre Zuneigung sollte für sie sowieso keinem Zweifel unterliegen.

Einerlei, ob die Familie unter akutem Streß steht oder ob die Zeiten ruhiger sind, grundsätzlich gilt: Jedes Kind braucht das Gefühl, daß man es liebt, akzeptiert und schätzt, und daß man seiner bedarf. Starke Seiten betonen, negative Vergleiche vermeiden, keine Gefühllosigkeit durchgehen lassen, jedem Kind individuell Aufmerksamkeit schenken («Privatzeit», Lkt. 5.6), möglichst positive Rollenvorbilder in Ihren eigenen Beziehungen geben – das alles kann die negativen Auswirkungen von Geschwisterrivalität auf ein Minimum reduzieren und das positive Zusammenwirken der Geschwister fördern.

7.7 Fragen

Wie kann ich dazu beitragen, daß meine nichtbegabten Kinder auf ihre nicht so guten Zensuren stolz sind?

Sie könnten zum Beispiel damit beginnen, daß Sie sich selbst für die «Entweder-Oder»-Falle sensibilisieren, also nicht mehr davon ausgehen, daß ein Kind entweder begabt ist oder nicht. Wie das meiste im Leben ist auch dies relativ, denn die eigentliche Frage lautet, in welchem Grade und auf welchen Gebieten ein Kind begabt ist. «Nicht begabte» Kinder gibt es nicht. Also können und sollten Sie dazu beitragen, daß jedes Kind wenigstens ein Gebiet und hoffentlich sogar mehrere Gebiete in seinem Leben ausmacht, auf denen es Spezialist oder talentiert ist. Man sollte von jedem Kind erwarten, daß sein Arbeitsniveau in der Schule und in anderen Bereichen seinem Potential einigermaßen nahekommt. Durchschnittlich intelligente Kinder sind in den meisten Schulen zumindest zu solchen

Leistungen fähig, daß sie durchkommen und auf weiterführende Schulen oder Universitäten gehen können, vorausgesetzt, sie sind motiviert und zu einem angemessenen zeitlichen Einsatz für ihre Arbeit bereit. So können auch sie gute Zensuren erzielen, obwohl sie dafür härter arbeiten müssen als intellektuell Hochbegabte. Zudem kann ein schulisch weniger erfolgreiches Kind ein besonders Talent für Gesang, für Mechanik oder für den Umgang mit Tieren oder Menschen haben, während ein intellektuell Hochbegabter sich auf diesen Gebieten vielleicht mehr anstrengen muß, um dasselbe Niveau zu erreichen. Machen Sie Ihren Kindern klar, daß es vielerlei hochgeschätzte Verhaltensweisen gibt und daß nicht nur intellektuelle Fähigkeiten zählen, die sich benoten lassen.

Eines meiner Kinder war sehr extravertiert und das andere war ziemlich reserviert. Jetzt haben sich diese Rollen plötzlich in ihr Gegenteil verkehrt. Ist das normal?

Ja, das gibt es, besonders bei Zwillingen. Oftmals löst ein klar umrissenes Ereignis diese Rollenverkehrung aus, zum Beispiel eine Erkrankung eines der beiden Kinder. Es ist, als habe ein Kind eine bestimmte Rolle in der Familie für sich «gepachtet», die das andere Kind nicht beansprucht hat, bis sich eine günstige Gelegenheit bot oder der Rolleninhaber diese Rolle aufgab, weil er in ein neues Entwicklungsstadium kam. Bei hochbegabten Kindern ist das Vertauschen von Rollen anscheinend noch häufiger, da sie so viele verschiedene Verhaltensmuster ausprobieren.

Ich habe den Eindruck, daß meine Kinder unentwegt aufeinander herumhacken. Wo soll ich ansetzen, um sie davon abzubringen?

Versuchen Sie, durch aufmerksames Zuhören und Beobachten den Grund ihrer Rivalität zu ermitteln. Oft geht es den Kindern um die Aufmerksamkeit der Eltern oder um Machtproben. Prüfen Sie, in welchen Situationen Sie ihnen Beachtung schenken; die meisten Eltern merken dann, daß sie ihre Kinder am häufgsten dann beachten, wenn die Kinder sich schlecht betragen, und nur selten, wenn sie still und kooperativ sind. Ändern Sie Ihr Verhaltensmuster dahingehend, daß den Kindern mehr Aufmerksamkeit zuteil wird, wenn sie kooperativ sind und nett spielen. Und sagen Sie ihnen, wenn sie – was ja allzu selten vorkommt – schon mal still und kooperativ sind, wie sehr Sie dieses Verhalten zu würdigen wissen. Oder Sie sagen zum Beispiel: «Dank eurer Mitarbeit habe ich mein Pensum geschafft, wie wär`s denn jetzt mit einem leckeren Eis?» Manche Eltern erzielen gute Erfolge damit, indem sie immer ein paar Streifen zuckerfreien

Kaugummi in der Tasche haben, die sie auf die Geschwister herabregnen lassen, wenn sie nett zueinander sind. Während einer Streiterei der Kinder haben Sie mehrere Möglichkeiten: Wenn sie offensichtlich streiten, damit Sie es hören, sollten Sie sich aus der Schußlinie begeben. Nehmen Sie ein Buch und gehen Sie in den Garten oder in ein anderes Zimmer. Fängt das Zetern erneut an, wenn Sie wieder erscheinen, verziehen Sie sich abermals kommentarlos. Manche Eltern haben sich Stereo-Kopfhörer gekauft und setzen sie auf, sobald das Zanken beginnt. Andere Eltern fahren ihre Nerven ein bißchen mit dem Auto spazieren. Der springende Punkt ist: Lassen Sie sich nicht unnötig in Streitigkeiten hineinziehen und vergessen Sie nicht, jedem Kind häufig «Privatzeit» (vgl. Lkt. 5.6) zu widmen, auch wenn sie kurz ist.

Hat es mit den Problemen der mittleren Geschwisterposition wirklich etwas auf sich?

Ja. Das ältere Kind wird oft nachdrücklicher zu Leistung angehalten und ist mehr auf Erwachsenenaktivitäten hin orientiert. Das erklärt vielleicht, wieso soviele erstgeborene Kinder als hochbegabt identifziert werden. Das jüngste Kind spielt oft die Rolle des «Familienbabys» oder Nesthäkchens der Familie. Das Kind in mittlerer Geschwisterposition hat vielleicht keine bestimmte Rolle und gerät in den Hintergrund. Bei hochbegabten «mittleren» Kindern ist die Hochbegabung unter Umständen schwer festzustellen, und so können Identitätsaufbau und Selbstwerterleben für sie besonders schwierige Probleme sein.

Ist bei unserem 18 Monate alten Kind, das wir für hochbegabt halten, tatsächlich schon ein Gefühl von Geschwisterrivalität möglich?

Nicht nur möglich, sondern sogar wahrscheinlich! Bei hochbegabten Kindern ist damit zu rechnen, daß sie Entwicklungsstufen früher erreichen als andere Kinder. Da sie infolgedessen von ihren eigenen Wünschen und den Verhaltensweisen anderer präzisere Vorstellungen haben, neigen sie mehr zu intensivem Konkurrenzverhalten .

Inwieweit soll ich meine Kinder Streitfälle und Kämpfe selber austragen lassen, auch wenn das ältere, gescheitere meist Sieger bleibt?

Wie schon erwähnt, sollten Sie ziemlich tolerant sein. Hilfreich wäre es allerdings, wenn Sie den betreffenden Kindern die Augen dafür öffnen könnten, was das ältere denkt und fühlt. Wege dazu sind Rollenspiel und

Rollentausch sowie das experimentelle Durchspielen einiger nicht-argumentativer Möglichkeiten des Problemlösens, aber in der Hitze des Gefechts wird das wahrscheinlich nicht gehen, und deshalb werden Sie dann wohl direkt eingreifen und alle Kinder auf ihr Zimmer oder in neutrale Ecken schicken müssen, damit sich die erregten Gemüter beruhigen. Vermutlich können Sie im Laufe der Zeit ihr Verhalten so formen, daß sie diplomatischer werden und sich besser in die Lage des anderen einfühlen. Freilich müssen sich die Eltern auch fragen, wie sie selbst Meinungsverschiedenheiten vor den Kindern austragen, will sagen, welche Rollenvorbilder sie geben; denn daraus lernen die Kinder eine Menge in bezug auf das Abbauen von Spannungen mit Nahestehenden.

8. Lektion: Brechen mit Traditionen

Unsere Welt ist von Traditionen beherrscht. Das geht vom kleinsten Kleidungs- oder Tischmanieren-Detail bis hin zu Moral und Ethik. Manche Traditionen beeinflussen ganze Kulturen oder große Bereiche der Gesellschaft, sorgen für Zusammenhalt und Integration und sind eine berechenbare Basis für ein ganzes Sozialsystem. Gesetze, ethische Richtlinien, religiöse Rituale, Moralvorschriften und formale Zeremonien erhalten und festigen diese Traditionen. Andere Traditionen betreffen kleinere Gruppen innerhalb einer Gesellschaft, ethnische Minderheiten, geographische Gruppen, die Geschlechter, Mitglieder einzelner Altersgruppen, Familien, Klubs usw.. Auch diese Traditionen mögen in Bräuchen, Manieren, geschriebenen und ungeschriebenen Regeln und Ritualen ihren Ausdruck finden. Wenn wir Traditionen weiterführen, geben wir Wertbegriffe, Ziele, Geschichte und Gefühle von Mensch zu Mensch weiter, von Gruppe zu Gruppe oder von Generation zu Generation. Indem wir das tun, bekräftigen wir unsere Verpflichtung den anderen gegenüber, die diese Tradition teilen. Traditionen helfen uns, unserem Leben Gestalt zu geben, unsere Wertorientierungen zu definieren, sie beeinflussen sogar unsere Träume; sie helfen uns erkennen, was andere von uns erwarten.

Geteilte Erfahrungen als Grundlage

Um uns der Welt, die uns umgibt, zugehörig fühlen zu können, brauchen wir Wurzeln, die tief hinabreichen in die gemeinsamen Erfahrungen unserer Kultur. Aus diesen Wurzeln beziehen wir ein Gefühl der Sicherheit und des Dazugehörens, wenn wir uns mit riskanten Unternehmungen in die Außenwelt vorwagen.

Für Kinder sind diese Wurzeln gewöhnlich fest in Familientraditionen eingebettet, in die kraftvolle Geschichte geteilter Erfahrungen mit Familienmitgliedern. Das heranwachsende Kind treibt nun seinerseits Seitenwurzeln, indem es mit anderen Menschen aus anderen Milieus interagiert. Auch diese Wurzeln geben Sicherheit und das Gefühl, zu einer größeren Gruppe zu gehören und in die Welt hineinzuwachsen.

Übergangsriten

Viele Traditionen, Rituale, Sitten und Gebräuche sind mit bestimmten Entwicklungsstufen verknüpft und wechseln mit ihnen oder werden aufgegeben, sobald das Kind altersmäßig über sie hinaus ist. Wenn ein Kind in die Schule kommt, lernt es einen ganz neuen Komplex von Ritualen kennen und muß sich mit ihnen auseinandersetzen, während andere Rituale wie etwa das Nachmittagsschläfchen überflüssig werden. Es gibt viele «Übergangsriten», die neue Entwicklungsstufen kennzeichnen. Manche gehören der Gesamtkultur an, andere sind nur innerhalb der Familie oder einer anderen kleinen Gruppe anerkannt. So mögen beispielsweise bestimmte Geburtstage (13, 16, 18, 21) oder das Überwechseln von der Grundschule zur Sekundarstufe oder ins Gymnasium als besondere Anlässe gelten. Das Erreichen dieser Etappen bedeutet, daß man sein Leben mehr oder weniger neu organisieren, sich auf neue Erwartungshaltungen, neue Freunde, den Verlust gewohnter Annehmlichkeiten (oder das Verblassen alter Schmerzen) und das Hinzutreten neuer einstellen muß. Manchmal sind neue Erwartungen deutlich markiert (der Achtzehnjährige lernt Auto fahren), andere hingegen müssen erst durch aufmerksames Beobachten anderer herausgefunden werden (z.B. an der neuen Schule ist vielleicht nur eine bestimmte Schuhmarke «in»).

8.1 Manchmal passen Traditionen nicht

Hochbegabten Kindern können aus Traditionen mancherlei Probleme erwachsen. Da diese Kinder geistig-seelische Entwicklungsphasen normalerweise schneller durchlaufen, ergeben sich nicht selten Phasenverschiebungen in bezug auf ihrem Alter angemessene Rituale und Traditionen. Die Erwartungen der Gesellschaft sind nicht auf das Kind als ein Individuum zugeschnitten. Rituale, die Kindergartenkindern und Erstkläßlern den Übergang aus der kleinen Welt der Familie in die größere Welt anderer Kinder und bislang unbekannter Erwachsener erleichtern sollen, mögen dem hochbegabten Kind infantil, trivial und völlig überflüssig erscheinen. Ihre ganze Kindheit hindurch müssen sie mit etlichen Ritualen früher umgehen als andere Kinder.

Zudem durchmessen hb Kinder schneller die sogenannten «Stufen der Moralentwicklung», die wir in Box 13 (S.183) zusammengestellt haben. Der rasche Entwicklungsverlauf bedeutet, daß sich das hb Kind wahrscheinlich in vielen Bedürfnissen, Vorlieben, ja sogar Persönlichkeitszügen nicht im Gleichschritt mit seinen Gleichaltrigen bewegt. Vermutlich wird es daher Traditionen, die für seine Gleichaltrigen selbstverständlich sind, in Frage stellen, anzweifeln oder mit Verachtung strafen.

Box 13: Stufen der Moralentwicklung (nach Dabrowski, 1964)

Stufe 1 : primäre Integration
Stufe 2 : eindimensionale Desintegration
Stufe 3 : spontane mehrdimensionale Desintegration
Stufe 4 : organisierte mehrdimensionale Desintegration
Stufe 5 : sekundäre Integration

Den ersten Teil von Dabrowskis Theorie der Hochbegabung – die overexcitabilities – haben wir bereits in Teil I unter Kapitel 1.1 kennengelernt. Im zweiten Teil seiner Theorie beschreibt er fünf Stufen der Moralentwicklung. Dabrowski antizipiert bei hochbegabten sensiblen Kindern die Kapazität und den starken Willen zur fünften Stufe, zur sekundären Integration.

Auf der ersten Stufe, *der primären Integration*, dominiert Egozentrismus. Menschen, die sich auf dieser Stufe der Entwicklung befinden, haben eine nur schwach ausgeprägte Fähigkeit zu Empathie und Selbstkritik, so daß sie die Ursachen von Konflikten außen – meist bei anderen – suchen. Eigenverantwortlichkeit kennen sie kaum. Auf den eigenen Vorteil bedacht und mit einem ausgeprägten Konkurrenzdenken erreichen diese Menschen in unserer Gesellschaft oft Führungspositionen.

Menschen auf der zweiten Stufe, *der eindimensionalen Desintegration*, lassen sich hauptsächlich von ihrer Bezugsgruppe oder von Allgemeinwerten leiten oder sie sind moralische Relativisten, für die alles geht. Oft zeigen sie ambivalente Gefühle und unsicheres Verhalten, da ihnen die eigenen inneren Werte fehlen und sie damit anfällig sind für Manipulationen. Ihre inneren Konflikte sind horizontal, das heißt, sie bewegen sich zwischen Werten auf ihrer eigenen Ebene und führen nicht zu innerem Wachstum.

Auf der dritten Stufe, *der spontanen mehrdimensionalen Desintegration*, entsteht Mehrdimensionalität. Es entwickelt sich eine hierarchische innere Wertestruktur. Innere Konflikte werden spontan durch äußere Ereignisse, unerklärbare Erfahrungen oder durch eine unbewußte Entwicklungsbereitschaft ausgelöst. Sie vollziehen sich vertikal, das heißt zwischen Werten auf verschiedenen Ebenen, was sich in dem Versuch ausdrückt, höhere Standards im Verhalten zu erreichen. Es besteht eine Unzufriedenheit mit dem Menschen, der man ist, da man sich daran mißt, wer man sein könnte und sollte (Idealselbst). Der Vergleich zwischen Ist und Soll erstreckt sich auch auf gesellschaftliche Themen.

Dieser innere Kampf kann von existentieller Verzweiflung, Ängstlichkeit, Depression und Gefühlen von Unzufriedenheit mit dem Selbst begleitet sein. Dabrowski spricht von positiver Fehlanpassung, da diese Spannungen und Konflikte die Basis und Energie für Weiterentwicklung und Selbstaktualisierung liefern. Um die positiven Aspekte dieser anstrengenden und oft sehr leidbesetzten Situation sehen zu können, sind Begleitung, Beratung und Therapie oft unablässig. Die Erfahrung von Desintegration auf höheren Entwicklungsstufen ist meist weniger angstbesetzt, da ihr Sinn und ihre Notwendigkeit aus der vorangehenden Erfahrung meist eher verstanden werden.

Im Vergleich zu Menschen auf der emotional turbulenten Stufe drei ist auf der vierten Stufe, *der organisierten mehrdimensionalen Desintegration*, die Entfernung von Ist und Soll geringer. Menschen auf dieser Entwicklungsstufe haben ihre eigenen Ideale erreicht oder leben in dem Glauben, daß das, was sein soll, sein wird. Oft bekleiden sie Führungspositionen innerhalb der Gesellschaft. Sie zeigen in hohem Maße Verantwortlichkeit, Echtheit, reflektierte Urteilsfähigkeit, Empathie, Selbständigkeit im Denken und Handeln, Selbsterkenntnis und -bewußtsein.

Auf der fünften Stufe, *der sekundären Integration*, sind Selbstaktualisierung und die Umsetzung des Ideal-Selbst erreicht, wodurch innere Konflikte beigelegt wurden. Desintegration wurde durch die Integration eigener Werte und Ideale in das Leben und Dasein überwunden. Das Leben wird im Dienste der Menschheit gelebt und von den höchsten und universalsten Prinzipien wie Liebe und Achtung allen Lebens geleitet.

Nur etwa zehn Prozent aller Menschen gelangen zu den letzten beiden Stufen der Moralentwicklung. Unsere Erfahrung hat uns jedoch gezeigt, daß die meisten hochbegabten Kinder diese oberen Niveaus erreichen können. Für den geschulten Beobachter ist das Streben nach der dritten, vierten und fünften Stufe der Moralentwicklung schon beim hochbegabten Kleinkind beobachtbar. Tragischerweise wird dieses Streben jedoch oft als unerwünschtes oder unverstandenes Verhalten abgelehnt. Beispielhaft sind:

- autodidaktisches Lernen
- starker Wille
- sich gleich wert fühlen besonders bezogen auf Erwachsene
- «ungehorsam sein» im Sinne von selber machen und selber entscheiden wollen
- Verweigerung des blinden Gehorsams und Unterordnung unter eine Autorität
- ausgeprägter Gerechtigkeitssinn für sich und andere, gutes Sorgen für sich selbst – oft im negativen Sinne als Egoismus mißverstanden
- Freude an Auseinandersetzungen, die Traditionen und Werte grundlegend in Frage stellen
- Risikobereitschaft usw.

Die tragischen Konsequenzen von Ablehnung, Unterforderung und Unverständnis dieser Eigenschaften können sich in delinquentem Verhalten, Schulversagen und -verweigerung und psychischem Leid wie Rückzug, Depression, Einsamkeit und Suizid äußern.

Wie schon in Teil I beschrieben, sagen die Intensität und die Zusammensetzung der overexcitabilities, kombiniert mit Talenten und besonderen Begabungen, theoretisch das Entwicklungspotential einer Person voraus. Verschiedene Kombinationsmöglichkeiten führen zu verschiedenen Arten von Hochbegabung. Gemeinsam ist ihnen die hohe Sensibilität. Sie bewirkt, daß das Individuum Reize und Informationen vermehrt aufnimmt, die verarbeitet und kanalisiert werden müssen. In der Entscheidung, auf welche Reize aus den verschiedenen OE's das Kind reagieren soll, lernt es täglich, Prioritäten zu setzen. Dies ist eine der Voraussetzungen für die Entwicklung eines hierarchisch aufgebauten inneren Wertesystems.

Gemeinsam ist jedoch allen hochbegabten Kindern, daß sie sich erst durch eine Erziehung, die die moralische Entwicklung gleichrangig zur geistig-seelischen fördert, entfalten können. Dies wirft ein Blitzlicht auf die Anforderung an eine zukünftige Beschulung hb Kinder. Mit einer Leistungsanpassung allein wird man dem Phänomen Hochbegabung nicht gerecht werden können. Die Förderung individueller Entwicklung wird

Vielfalt in die Gesellschaft bringen, nicht nur Berühmtheit, hohes Einkommen und hohen Status.

Menschen, die sich auf den oberen Stufen der Moralentwicklung befinden, sind häufig die Führer, Schöpfer und Erfinder, die Erhebliches zur Gesellschaft beitragen und Wissen und Philosophie neuformulieren helfen, was oftmals Veränderungen größerer Traditionen mit sich bringt. Während Traditionen ein Kontinuum von den kleinsten, alltäglichsten Bräuchen bis hin zu den Grundprinzipien der Rechtsprechung bilden, können sie auch über das Bürgerlich-Rechtliche hinaus ins Grundsätzliche-Weltordnende vorstoßen. Auch diejenigen, die die höchsten Stufen der Moralentwicklung erklommen haben, können über das Gesetz hinausgehen; manchmal tun sie es, indem sie sich opfern, und oft, indem sie das Rechtsempfinden der Welt und schließlich eine Rechtsordnung verändern. Einen solchen Weg schlagen hochbegabte Kinder unter Umständen schon früh im Leben ein.

8.2 «Warum, warum, warum?»

Blinder Glaube, bedingungsloses Gehorchen oder passives Akzeptieren von Traditionen widersprechen der Natur des hochbegabten Kindes; es fragt fortgesetzt «Warum?». Von der kritischen Bewertung des hb Kindes scheint keine Sitte, kein Ritual ausgenommen zu sein. «Warum muß ich, wenn ein älterer Mensch ins Zimmer kommt, auch dann aufstehen, wenn ich gerade an etwas Wichtigem arbeite?»; «Warum muß meine Handschrift ordentlich und sauber sein, wenn man sie doch auch so lesen kann?»; «Was macht es, ob ich Jeans oder einen Rock trage, solange ich meinen Körper bekleide?»; «Warum können Mädchen nicht General und Jungen nicht Lippenstiftverkäufer sein?»; «Warum machen Politiker Versprechen, wenn sie diese Versprechen nicht einhalten können?»

Manche Traditionen, die zum reibungslosen und berechenbaren Funktionieren der Gesellschaft beitragen, sind vielleicht kaum mehr als eine Gewohnheit, an der man nicht etwa ihrer Notwendigkeit oder ihres Wertes wegen festhält, sondern einfach, weil sie nie untersucht und abgeschafft worden sind. Schlimmer noch: Manche davon lähmen das Individuum und blockieren Entwicklungswege, die allen offenstehen sollten und zwar nur, weil eine frühere, weniger aufgeklärte Zeit es so dekretiert hat. Das analytisch außergewöhnlich befähigte Kind kann und sollte viele dieser nutzlosen, leeren, mitunter schädlichen Bräuche in Zweifel ziehen und ablehnen.

8.3 Bestehende Muster durchbrechen

Wenn gescheite Kinder älter werden, erkennen sie mehr Alternativen und merken, daß sie sich nicht durch Traditionen gebunden fühlen müssen. Unseres Erachtens sollte diese persönliche Freiheit im Interesse des Kindes gefördert werden, auch wenn den Eltern dabei nicht so ganz wohl ist. Hochbegabte Kinder müssen wissen, daß jeder Mensch sich für andere Lösungen entscheiden darf, wenn die alten nichts mehr taugen, und daß die Erweiterung seiner Welt ein vernünftiges Ziel ist. Unsere Empfehlung: Helfen Sie Ihrem Kind, neue Möglichkeiten optimistisch zu beurteilen. Wenn es über seine Traditionen hinaus andere Traditionen kennenlernt, werden ihm alternative Lebensstile bekannt und bewußt, die mehr Erfüllung bedeuten können. Je mehr Erfahrung es sammelt, desto mehr Fertigkeiten erwirbt es und desto mehr Optionen werden ihm verfügbar. Es hat dadurch mehr Kontrolle über sein Leben.

Natürlich werden Sie Ihre Kinder nicht dazu ermuntern wollen, Traditionen nur um des Verwerfens willen zu verwerfen, wiewohl viele Kinder dies tun, um sich damit eine von der Familie gesonderte Identität zu verschaffen. Machen Sie sie darauf aufmerksam, daß viele, wenn nicht alle Traditionen einem bestimmten Zweck dienen. Helfen Sie Ihren Kindern, diesen Zweck zu ermitteln und gründlich zu untersuchen, und zwar durch Abwägen gegen das, was sie sich von der Absage an alte Traditionen versprechen. Es gibt da immer Vor- und Nachteile, und über die sollte sich ein Kind im klaren sein, bevor es handelt. Wenn es zum Beispiel alle Tischmanieren ablegt, wird es vielleicht feststellen müssen, daß keiner mehr mit ihm essen mag. Wenn es in abgeschnittenen, ausgefransten Jeans und schmutzigem Hemd zu einem Vorstellungsgespräch erscheint, kriegt es den Job womöglich wegen seines Aufzuges nicht. Helfen Sie ihm, Traditionen nicht nur von seinem persönlichen Standpunkt aus zu betrachten, sondern auch mit den Augen anderer, die diese Traditionen für wichtig halten.

8.4 Um welchen Preis?

Das Brechen mit einer Tradition ist immer eine zweischneidige Sache. Einerseits fördert es Unabhängigkeit und kreatives Denken. Andererseits kann es gerade diejenigen, für die Traditionen eine Hilfe bedeuten, in einem Maße irritieren oder entfremden, daß das Kind plötzlich isoliert und verlassen dasteht, da es seine Verbindung zu seiner Gruppe gekappt hat. Viele Menschen denken in absoluten Kategorien und halten alles für «gut» oder «schlecht», für «richtig» oder «nicht richtig», wobei weder ein Mittelfeld vorhanden ist noch Raum für Fragen bleibt. Hb Kinder gehen über dieses Schwarz-Weiß-Denken hinaus, es sei denn, man hat ihnen zu sehr eingebleut, daß Autorität auf keinen Fall angezweifelt werden darf. Mit ihrem divergenten Denken können sie Ideen und Informationen integrieren, statt sie zu parzellieren, können sie neue Zusammenhänge herstellen und neue Grundsätze entwerfen. Vielleicht wollen sie ältere Traditionen nun sogleich durch diese Prinzipien ersetzen. Aber soziale und kulturelle Veränderungen vollziehen sich heutzutage derart rasch, daß viele Menschen sich fester denn je an ihre vertrauten Bräuche und Regeln klammern, um ihr Unbehagen zu überspielen. Und diese Menschen werden anderen, durch die sie sich in ihrer Sicherheit bedroht fühlen, vermutlich besonders feindlich gesinnt sein. Die meisten Autoritäten versteifen sich auf ihre Positionen, wenn man sie herausfordert, und werden noch unduldsamer. Man muß hb Kindern beibringen, daß sie vielleicht ihren eigentlichen Absichten entgegenarbeiten, wenn sie Autoritäten so hart bedrängen oder so direkt konfrontieren, daß diese gleich von vornherein auf eisernen Widerstand schalten, weil sie ihre Kontrollgewalt in Gefahr sehen.

Was den Preis des Brechens mit Traditionen betrifft, so geht es nicht nur um die Reaktionen anderer. Wenn das Kind mit einer Tradition bricht, die es bislang gläubig vertreten, gebilligt oder auch nur passiv akzeptiert hat, gerät es in eine Krisensituation. Es wird sich wahrscheinlich ungeschickt vorkommen, verunsichert und verletzbar fühlen und womöglich erkennen müssen, daß es seinen Beziehungen zu anderen bleibenden Schaden zufügt, wenn es vor aller Welt mit Traditionen bricht. Mögen die anderen positiv reagieren oder negativ, seine Stellung zu ihnen wird ein für allemal verändert sein. Hinzu kommt der Konflikt zwischen der Sicherheit des Bekannten und dem Abenteuer des Ungewissen. Es ist gut festhalten an dem, was man weiß, auch wenn es wenig befriedigt; Mut hingegen und Selbstvertrauen erfordert es, etwas Neues zu wagen.

8.5 Besonders viel Verständnis und Geduld

Wie weit können hochbegabte Kinder mit dem Anzweifeln oder Verwerfen von Traditionen gehen, ohne das sie ihre eigene Sicherheit oder ihr

Zugehörigkeitsgefühl gefährden? Dieses Problem wird sie wahrscheinlich in den oben skizzierten Konflikt stürzen, und hier nun brauchen sie besonders viel Verständnis. Es kann für Eltern schwer werden, dieses Verständnis aufzubringen und die Kinder darin zu unterstützen, daß sie ihre Welt unbedingt selbst einschätzen wollen. Als der junge Albert Schweitzer sah, daß andere Jungen ohne warme Kleider auskommen mußten, soll er sich geweigert haben, seine Wintersachen zu tragen, deren Kauf seinen Eltern mit dem bescheidenen Pfarrergehalt des Vaters nicht eben leicht gefallen sein dürfte. Sehr zum Kummer und zur peinlichen Verlegenheit seiner Eltern wollte er unbedingt so ärmlich gekleidet gehen wie die anderen. Ihm war das Gleichheitsprinzip wichtiger als der Wunsch seiner Eltern, er möge doch die Anstandsformen wahren. Wie es scheint, haben sie diesen Konflikt nie gelöst (Manton, 1955).

Das schwierigste bei der elterlichen Betreuung eines hochbegabten Kindes ist wohl die Tatsache, daß man sich nicht verstecken kann. Das Kind wird Sie auf jede Heuchelei festnageln, es wird Ihre Trugschlüsse entdecken, Ihre Hintertürchen erspähen. Ein Siebenjähriger fragte seine Mutter: «Ist das ein richtiges Gesetz oder so eins wie die Geschwindigkeitsbegrenzung auf 100 Kilometer in der Stunde?» Und Sie können nicht so tun, als gäbe es keine inneren Widersprüche in der Familie oder in der Gesellschaft. So manchen irrationalen Brauch werden Sie einfach nicht rechtfertigen können. Vielleicht entdecken Sie bei vielen Ihrer eigenen Traditionen, wenn Ihr Kind Sie auf sie anspricht, daß Sie sie beibehalten haben, ohne darüber nachzudenken. Ist es wirklich nötig, daß man jeden Morgen sein Bett macht, einen Schlips umbindet, täglich staubsaugt oder jemanden zum Essen einlädt, an dessen Gesellschaft man keine Freude hat? Ihr Kind mag andere Wertorientierungen entwickeln, aber müssen die schlechter sein als Ihre? Möglicherweise wird Ihnen durch Fragen Ihres Kindes plötzlich klar, daß Ihr Leben von Ritualen reglementiert ist und Ihr «Lebensplan» nirgendwohin führt. Es könnte hilfreich – wenn auch schwierig – sein, Ihr Kind über Ihre Entdeckungen zumindest teilweise ins Bild zu setzen.

8.6 Was für Familientraditionen haben Sie?

Vielleicht empfiehlt es sich für Sie, die kulturellen Überzeugungen, Sitten, Traditionen, Werte, vorgefaßten Meinungen und Vorurteile Ihrer Familie zu untersuchen. Wenn Sie das als Familien-Selbstprüfung angehen, sehen

Ihre Kinder, daß Sie das Infragestellen von Traditionen zulassen; außerdem zeigen Sie ihnen damit überzeugend, wie man so etwas in sozial akzeptabler Weise macht. Dann können Sie gemeinsam Ihre Prioritäten definieren. Entscheiden Sie, welche Gewohnheiten für Ihr Wohl und das der Familie als Ganzes wesentlich sind. Welche Traditionen sind wirklich sakrosankt und können nicht gebrochen oder verletzt werden, ohne die Familie einer größeren Zerreißprobe auszusetzen? Wenn Sie diese Entscheidungen ansteuern, sollten Sie es den Kindern rechtzeitig ankündigen, denn falls sie sogar die geheiligten Traditionen in Frage stellen wollen, geben Sie ihnen damit eine Chance, ihre Ansichten so ruhig und überlegt wie möglich darzutun. Auf diese Weise gehen Sie mit einem guten Beispiel voran; so machen Sie den Kindern Mut zu solchen Denkprozessen, in denen sie ihre eigenen Wertprioritäten setzen und selbst Entscheidungen treffen. Unter Umständen helfen Sie ihnen schon dadurch, daß Sie sie einfach veranlassen, sich über ihre Wahlmöglichkeiten klar zu werden.

Beispielsweise sah eine Neunjährige eines Morgens, daß es regnete. «Da werde ich ja klitschnaß!» jammerte sie. «Dieses Jahr trägt niemand Regenmäntel, aber wirklich niemand.» «Wirst du denn gern naß?» fragte die Mutter. «Nein, du hockst dann den ganzen Tag naß und klamm rum und fühlst dich einfach mistig.» «Aber wenn du deinen Regenmantel anhast, hänseln dich die anderen Kinder?» «Klaro! Ich sag dir ja, niemand trägt sowas!» Die Mutter schwieg, das kleine Mädchen stand am Fenster und schaute hinaus in den Regen. «Ach was, die können mich mal, sollen sie reden. Naßwerden ist superdoof.» Sprach's, zog den Regenmantel an und trollte sich in die Schule.

Offene Diskussion kann einem hochbegabten Kind zu mehr Verständnis für Beziehungen zu Gleichaltrigen und zu Geschwistern, für die Notwendigkeit von Disziplin usw. verhelfen. Dabei können Sie übrigens eine Menge über das Funktionieren Ihrer Familie erfahren. Ziehen Sie folgende Fragen in Erwägung: Wie belohnt Ihre Familie kreatives, analytisches Denken? Oder bevorzugt Ihre Familie Konformität? Wodurch geben Sie Ihren Kindern die Gewißheit, daß sie beurteilen können, ob eine Idee stimmt oder vernünftig ist? Wodurch die Gewißheit, daß sie gemäß diesen Entscheidungen zu handeln vermögen? Wieviel Zeit nimmt sich die Familie für bedeutungslose Rituale und Gewohnheiten? Wie reagieren Sie, wenn ein Familienmitglied Traditionen in Zweifel zieht, oder wenn Sie Menschen mit anderen Traditionen begegnen? Wie helfen Sie Ihren Kindern, den Wert ihrer Traditionen zu würdigen, ohne daß sie sich von ihnen völlig vereinnahmen lassen? Die Antworten auf diese Fragen könnten Sie in Erstaunen versetzen und zu einigen Änderungen anregen. Und endlich die allerschwierigste Frage: Was tun Sie oder werden Sie tun, wenn es Ernst wird mit dem Brechen von Traditionen, wenn ein Kind etwas Schädliches oder Ungesetzliches mit langfristigen Folgen ausprobieren will? Genau dann ist ein klar umrissenes Prioritätenprogramm unentbehrlich!

Machen Sie Ihrem Kind klar, daß es anderen Unbehagen verursacht, wenn es mit Traditionen bricht und daß diese Menschen vielleicht gar nicht erkennen, was sie da eigentlich so beunruhigt oder aufbringt. Dank seines Einfühlungsvermögens wird das hochbegabte Kind begreifen: Wer die Traditionen anderer in Frage stellen will, muß so ruhig, taktvoll und höflich wie möglich vorgehen.

Hoffentlich werden Sie stets bedenken, daß Geduld, Toleranz und Flexibilität Ihre wichtigsten Verbündeten sind, wenn Sie sowohl die Sicherheit der alten Traditionen ins Heute hinüberretten als auch die Suche nach besseren Möglichkeiten fördern wollen. Handeln Sie nach der Erkenntnis, daß Sie Traditionen stiften können, weil sie Ihnen wichtig sind.

8.7 Fragen

Mir scheint, daß mein Kind Autorität immerzu in Frage stellt und anders sein will. Ich fürchte, es wird sich damit sehr unbeliebt machen, vielleicht vorzeitig von der Schule abgehen oder sich in echte Schwierigkeiten bringen. Was kann ich tun?

Hochbegabte Kinder pflegen Autorität nun einmal in Frage zu stellen, zumal, wenn sie sich dem Jugendalter nähern. Aber wenn wir das Wort «immerzu» hören, müssen wir Zweifel anmelden. Gibt es nicht doch ein paar Autoritäten, die es anzuerkennen scheint? Vielleicht sind die eine Basis, auf der sich aufbauen ließe. In den Situationen, in denen es sich der Autorität eindeutig versagt, werden Sie die «natürlichen Konsequenzen» wohl weitgehend ihren Lauf nehmen lassen müssen. Sie können Ihrem Jungen helfen zu erkennen, inwiefern er sich mit seinem Verhalten letztlich ins eigene Fleisch schneidet; besprechen Sie das mit ihm aber so, daß er sich nicht bedroht fühlt, und akzeptieren Sie seine Gefühle. Auch wenn Sie ihm die Freiheit zugestehen, Traditionen in Zweifel zu ziehen, können Sie ihm die Augen für den Wert dieser Traditionen öffnen.

Wenn er zum Beispiel befindet, Höflichkeit sei überflüssig, werden Sie ihn zwar nicht zwingen können, höflich zu sein, aber Sie können Konsequenzen eintreten lassen – oder welche herbeiführen –, die vielleicht eine Diskussion über die Gründe für Höflichkeit anbahnen. Wenn Sie für eine bestimmte Zeit einmal jegliche Höflichkeit aus dem Familienleben verbannten, ja vielleicht Unhöflichkeit geradezu zum «Gesetz» erhöben, würde wohl jeder in der Familie bald erkennen, was Manieren in der menschlichen Interaktion bedeuten.

Freilich gibt es einige Traditionen, zum Beispiel Gesetze, bei denen es nicht angeht, daß Sie die natürlichen Konsequenzen nach Übertretungen einfach nur abwarten. Sie können nicht dulden, daß Ihr Kind sich oder andere in Gefahr bringt. In diesen Fällen sollten Sie dem Kind helfen, sich einmal selbst die Ursprünge und gegenwärtigen Zwecke der Tradition zu überlegen und sich die Konsequenzen auszumalen, statt daß es erst etwas macht, was unwiderruflich ist und sich dann den realen Konsequenzen stellen muß.

Mein Kind hat sämtliche Traditionen unserer Familie und der Gesellschaft verworfen. Wird es sich dadurch der Gesellschaft nicht um so mehr entfremden?

Hat Ihre Tochter sie wirklich alle verworfen? Das wäre nämlich sehr ungewöhnlich und würde bedeuten, daß Sie mit ihr zu einem Psychologen gehen sollten. Doch einerlei, ob sie nun alle oder nur die meisten Traditionen ablehnt - wir vermuten, daß in Ihrer Familie die Kommunikation zusammengebrochen ist und Zorn, Depression und Entfremdung den Ton angeben. Und wenn Ihre Tochter nicht wenigstens einige Traditionen übernehmen und deren Wert anerkennen kann, wird sie sich tatsächlich immer mehr entfremdet fühlen. Helfen können Sie ihr, indem Sie untersuchen, ob Sie oder andere Familienmitglieder trivialen Ritualen zuviel Gewicht beimessen und entsprechend jene Traditionen vernachlässigen, die Wichtiges zu sinnstiftenden zwischenmenschlichen Beziehungen beitragen. Versuchen Sie, wieder zu einer Kommunikation von Gefühlen zu kommen (vgl. Lkt. 5), denn Kommunikation, Mitteilen von Gefühlen und gegenseitiges Vertrauen sind der Unterbau sinnvoller Traditionen.

Wie kann ich meine hochbegabten Kinder zu unkonventionellerem Verhalten ermutigen? Sie scheinen mir nämlich sehr konformistisch zu sein und legen mir zuviel Wert darauf, immer «richtig» zu handeln.

Man fühlt sich irgendwie sicher, wenn man sich auf vertraute Verhaltensweisen und Traditionen stützen kann. Gerade die Vorhersagbarkeit traditioneller Anschauungen und Verhaltensweisen läßt einen glauben, man habe sein Schicksal gut in der Hand, was allerdings ein Irrtum sein kann. Wenn Kinder sich allzu konformistisch geben, haben sie meistens Angst davor, daß nonkonformistisches Verhalten schlimme Folgen haben kann. Sie sollten Ihre Kinder diesbezüglich beruhigen und ermutigen, aber vielleicht auch gelegentlich selbst in nicht traditionsgebundener oder unerwarteter Weise handeln. Zum Beispiel könnten Sie ganz offen Sinn und Zweck bestimmter Traditionen zur Diskussion stellen und die Frage anschneiden, was denn schlimmstenfalls passieren würde, wenn man diese Tradition mißachtete. Vergessen Sie nicht, Ihre Kinder zu belohnen, wenn sie Kreativität und Mut zu Neuem zeigen, und akzeptieren Sie ihre tastenden Bemühungen um Unabhängigkeit, auch wenn sie bei den ersten Schritten noch stolpern.

9. Lektion: Depression

Sind depressive Verstimmungen bei hochbegabten Kindern wahrscheinlicher als bei anderen? Ist bei ihnen die Suizidneigung größer? Unseres Erachtens ist die erste Frage mit ja und die zweite mit vielleicht zu beantworten. Aber wir sind auch der Meinung, daß man sich damit nicht abzufinden braucht. Mit bestimmten Schritten können Sie die Wahrscheinlichkeit für Depressionen reduzieren oder zumindest die Intensität der Niedergestimmtheit verringern.

Wie gravierend ist das Problem?

Depression ist bei hochbegabten Kindern ein ernstes Problem, das darf man nicht übersehen. In den letzten zwei Jahrzehnten hat sich die Zahl der Suizide junger Menschen um 250 Prozent erhöht; in den Vereinigten Staaten wird Suizid heute als dritthäufigste Todesursache von Menschen zwischen 15 und 24 Jahren genannt (Lajole & Shore, 1981). Suizidversuche mögen häufiger vorkommen bei Jugendlichen, die ungewöhnlich kreativ sind (Bowers, 1978), überdurchschnittlich gute Zensuren haben (Fox, 1971; Lester & Lester, 1971), sehr wettbewerbsintensive und hochselektive Schulen besuchen (Lester & Lester, 1971; Ross, 1969; Seiden, 1969) und deren Durchschnitt der erzielten Klassennoten an Colleges unlängst gesunken ist (Seiden, 1969).

Gewiß, nicht jede Depression endet mit Suizid, aber diese Daten lassen erkennen, daß es sich um ein Problem von einer alarmierenden Größenordnung handelt. So unerfreulich das Thema Depression auch sein mag, Eltern müssen sich damit befassen, wenn sie ihren hochbegabten Kindern wirklich gute Mentoren sein wollen.

Was ist Depression?

Wie wir den Begriff hier verwenden, bedeutet «Depression» mehr als eine milde Traurigkeit. Depression meint intensive Gefühle von Verzweiflung, Schuld, Hoffnungslosigkeit und Wertlosigkeit. Ein niedergestimmter Mensch steht unter dem Eindruck, daß die Dinge nicht so sind, wie sie sein sollten, sieht aber für sich keine Möglichkeit, die Lage zu ändern. Dieses Gefühl von Hoffnungslosigkeit und daß «alles verloren» ist, macht das Überwinden einer Depression so schwierig. Es fehlen sowohl die Energie als auch der Wunsch, sich wieder zu aktivieren und auf Veränderungen hinzuarbeiten. Die mit der Depression verschränkten Gefühle sind vage, diffus, anscheinend ohne Anfang und Ende. Ein niedergestimmter Mensch hat das Empfinden, daß er immer deprimiert war und es immer sein wird.

Oft sind Eltern überrascht, wenn sie hören, daß Kinder genau wie Erwachsene in eine Depression geraten können. Sogar bei Säuglingen und Kleinkindern sind Depressionen möglich, Störungen, die mitunter körperliche Wachstums- und Entwicklungsprobleme hervorrufen, wenn das Kind keine Zuwendung und Fürsorge erfährt. Sowohl bei Kindern als auch bei Erwachsenen ist Depression gewöhnlich begleitet von Sichzurückziehen, Energieverlust, Interessenabbau und vielleicht von Schlafstörungen, Appetitlosigkeit oder Überessen.

9.1 Drei Arten von Depressionen

Bei hochbegabten Kindern treten vor allem drei Arten von Depressionen auf. Die eine rührt von ihrem Drang her, moralisch, verantwortungs- und leistungsmäßig unerreichbar hohen Standards gerecht zu werden, die sie sich selbst gesetzt haben (vgl. auch Lkt. 4). Ein Teenager sagte: «Ich werde traurig... Ich döse und hoffe, im Traum mein Ideal zu verwirklichen. Was für eins? Irgendeins! Mir schweben soviele unerreichbare Ideale vor, die ich realisieren könnte» (American Association for Gifted Children, 1978).

Eine Depression anderen Typs kann darin wurzeln, daß sich das Kind entfremdet und von anderen Menschen isoliert fühlt. Diese Kinder glauben vielleicht, daß andere sie nicht als Personen akzeptieren, sondern nur als Gehirne, Computer oder Leistungs-Riesen; sie beschränken ihre Beziehungen zu anderen Menschen oft auf oberfächlichste Kontakte, zeigen nur noch, was ihrer Meinung nach andere von ihnen erwarten und akzeptieren und kommen sich dabei unentwegt als Heuchler vor (Miller, 1981).

Der dritte Typ ist die «existentielle Depression» (vgl. auch Lkt. 9.2.). Sie entwickelt sich aus der intensiven Beschäftigung mit den Grundproblemen der menschlichen Existenz. Diesen Kindern macht die Frage zu schaffen, ob menschliche Werte nicht rein situationsgebunden, willkürlich, ohne

Substanz sind (May, 1953). Solchen abstrakten Überlegungen, ob das Leben einen absoluten Sinn hat, liegen gewöhnlich persönliche Grübeleien über den Sinn des eigenen Lebens zugrunde.

Gemeinsam sind diesen drei Typen der Depression die darin steckenden Zorngefühle. Wer Depressionen bei sich selbst oder bei anderen verstehen will, muß vor allem den an der Depression beteiligten Zorn ins Auge fassen. Zorn ist ein Gefühl, das die meisten von uns gut verstehen können. Zorn führt zu Aktion. Wenn wir unseren Zorn leugnen, so tun, als existierte er nicht, werden wir wahrscheinlich in eine Depression verfallen. Wir können uns sinnbildlich Depressionen als Zorn vorstellen, der «nicht weiß wohin».

Manchmal fühlen sich Kinder in ihrem Zorn frustriert und hilflos, weil sie weder ihre Gefühle ausdrücken dürfen noch ein Mitspracherecht in der Frage haben, wie die Situation, die sie empört, geändert werden kann. Mitunter richtet sich der in der Depression schwelende Zorn gegen das Selbst, so daß diese Kinder sich für ihre Missetaten oder Unzulänglichkeiten selbst tadeln oder gar bestrafen. Zuweilen sind sie wütend über die, wie sie es sehen, «Ungerechtigkeit des Lebens», oder sie haben sich in derart umfassende und vage Frustrationsgefühle verrannt, daß sie sich völlig machtlos vorkommen. Ein Elternteil bezeichnete eine Spielart dieses Zorns als «die Jammertour» – ein hartes Wort dafür, daß die Kinder durch die erlittene schlechte Behandlung verstört sind, aber nicht auf Abhilfe sinnen, sondern in Selbstmitleid versinken, finster über ihren Zorn grübeln und maulen.

Depression ist, was man an der Oberfläche sieht; darunter liegt Zorn. Solange der Betreffende seinen Zorn nicht erkennt, läßt sich Depression ebensowenig behandeln, wie man Rauch in einem Briefumschlag einfangen kann: Sobald man sie packen will, entzieht sie sich dem Zugriff. Wenn er seine Gefühle in Zorn umetikettiert, setzt er damit in sich meist Energie frei, mit der er endlich wieder handeln kann, auch wenn dieses Handeln nur darin besteht, daß er aufhört, sich zu tadeln oder zu bestrafen.

Das härene Hemd

Selbstbestrafung als Verhalten ist von so grundlegender Bedeutung für das Depressionsgeschehen, daß wir einen Moment bei ihr verweilen wollen. Im Mittelalter nähten sich Mönche, die sich sündig oder unwürdig fühlten, in härene Hemden ein und trugen sie, die grobe Seite nach innen, tagein, tagaus in Hitze und Staub. Die ständig auszuhaltenden Qualen – Juckreiz und wunde Haut – waren die Sühne für ihre Unzulänglichkeiten. Wenn die

Mönche meinten, nun hätten sie genug gebüßt, schnitten sie sich das härene Hemd vom Leibe. Natürlich läßt sich sagen, durch ein härenes Hemd werde man kein besserer Mensch, weder mache es eine Tat «ungeschehen», noch korrigiere es eine Situation. Wie dem auch sei, jedenfalls sind die Selbstvorwürfe und der Selbsttadel des Depressiven das psychische Äquivalent des härenen Hemdes. Unser härenes Hemd ist meist eine Folge von unangemessen hohen Forderungen, die wir an uns selbst stellen.

9.2 Existentielle Depression

Die meisten Teenager durchleben Perioden, in denen sie ihre persönlichen Wertbegriffe in Zweifel stellen, ihre Beziehungen zu anderen analysieren und nach «Sinn» suchen. Vielleicht bezweifeln oder bestreiten sie religiöse und ethische Normen und fragen Unbeantwortbares wie: «Wenn Gott gut ist und alles geschaffen hat, woher kommt dann das Böse, und wie kann Gott es dulden?» Solche Überlegungen sind bei Jugendlichen normal, aber bei einem acht oder neun Jahre alten Kind erstaunen sie. Da dieses Forschen nach den letzten Dingen bei hochbegabten Kindern sehr früh auftreten kann und niemand damit rechnet, wird es vielleicht übersehen, einfach abgetan oder nicht gebührend ernst genommen. Aber wenn ihm diese Fragen zusetzen, bringen sie für das Kind ein durchdringendes Gefühl von Einsamkeit mit sich, begleitet von Depression und Ängstlichkeit infolge intensiver Beschäftigung mit der bedrückenden «Nichtigkeit» des Lebens. Dieser Zustand ist ein Beispiel für das in Dabrowskis Theorie (vgl. Teil I, 1.1 und Lkt. 8) beschriebene Verharren in der Desintegration, die sich in der Unzufriedenheit mit und dem Infragestellen der Welt und auch der eigenen Person äußert. Ein sechsjähriges Kind führte mit seiner Mutter folgendes Gespräch:

- Kind: «Wie kann ich erfahren, wie es ist, wenn man stirbt?»
- Mama: «Das kannst du nicht, und ich kann es auch nicht.»
- Kind: «Nur die Toten wissen es, und die können nicht reden.» (Pause)

  ... «Ich muß wohl warten, bis ich sterbe, dann weiß ich, wie das ist.»
- Mama: « Vermutlich. Und ich auch.»
- Kind: «Alles, auch Menschen, die nicht zu unserer Familie gehören, alles muß sterben.»

– Mama: «Jedenfalls alles Lebendige.»

– Kind: «Auch was nicht lebendig ist, muß sterben. Auch dieser Tisch hier muß sterben.»

– Mama: «Mag sein, aber anders.»

– Kind: «Ja, sogar die Erde kann sterben. Wenn alles Lebendige sterben muß, dann auch, was nie gelebt hat. Also gibt es kein immer. Es gibt überhaupt gar kein immer!»

Praktisch alle hochbegabten Kinder erleben zumindest einmal eine Phase existentieller Depression. Um sie zu bewältigen, müssen sie in ihrem eigenen Leben und in ihren Beziehungen zu anderen einen Sinn finden können. Sie müssen ein Gefühl der Zugehörigkeit zum Universum entwickeln, und dieses Gefühl hängt in hohem Maße von ihren Beziehungen zu Familie und Freunden ab.

9.3 Hilfe!

Eltern können ihren Kindern helfen zu lernen, wie man Depressionen vermeiden oder bewältigen kann; auf den Typ der Depression oder ihre Intensität kommt es dabei nicht an. Mit den im folgenden umrissenen Maßnahmen, in Verbindung mit Ratschlägen, die wir Ihnen weiter oben gegeben haben, müßten sich sowohl Häufigkeit als auch Intensität von Depressionen verringern lassen. Normalerweise dürfte ein Stimmungstief nur ein paar Stunden dauern, höchstens ein paar Tage. Wenn es länger anhält, müssen Sie unverzüglich fachmännischen Rat einholen!

Bitte betrachten Sie die Depression eines Kindes nicht als «so eine Phase». Sagen Sie ihm nicht: «Nun hör mal auf damit!» Solche Bemerkungen behindern die Kommunikation gerade dann grundlegend, wenn ihr Kind sie am nötigsten braucht. Wenn man eine Depression einfach abschütteln könnte, wäre das Problem ja nicht so ernst. Wird die Depression eines Kindes derartig bagatellisiert, beweist man damit einen Mangel an Achtung vor dem Kind als Person. *Für diejenigen, die sie erleiden, ist die Depression sowohl real als auch qualvoll, das hat mit dem Alter nichts zu tun.*

Versuchen Sie nicht, einem Kind seine Depression auszureden. Je mehr Sie ihm logisch auseinandersetzen, was für ein schätzenswertes Kind es ist, desto mehr wird es darauf beharren, daß es nichts tauge. Wenn es sagt: «Ich bin ein totaler Versager», und Sie daraufhin anführen, es habe doch aber gerade einen Preis gewonnen (oder etwas anderes richtig gemacht), wird es Ihnen mit Sicherheit genau erklären, warum das nicht zählt. Diese Methode ist also wirkungslos, und doch wenden Eltern sie immer wieder an, denn bisweilen scheint sie gut zu funktionieren. Das Kind hört auf, über seine Schlechtigkeit oder Unwürdigkeit zu reden. Trotzdem bleibt weiter das Gefühl von Depression in ihm erhalten, und obendrein fühlt es sich nun von seinen Eltern oder von anderen Menschen unverstanden oder nicht akzeptiert.

Statt dem deprimierten Kind mit Vernunftgründen zu kommen, sollten Sie die Haltung einnehmen: «Es tut mir wirklich leid, daß dir so zumute ist.» Helfen Sie Ihrem Kind, seine Niedergeschlagenheit als Zorn und Frustration zu begreifen. Versuchen Sie es lieber mit verständnisvollen Bemerkungen wie: «Du scheinst aber sehr böse auf dich zu sein»; «Du machst es dir zu schwer, du bist zu streng gegen dich!»; «Mir kommt es so vor, als ob du Richter, Geschworener und Staatsanwalt in einer Person bist»; «Ich frage mich ernsthaft, ob du dadurch, daß du dich so bestrafst, etwas ändern oder ein besserer Mensch werden kannst.» Mit Ihren Kommentaren können Sie dem Kind zu der Erkenntnis verhelfen, daß es sich selbst bestraft und den Anstoß zu Überlegungen geben, wieviel Strafe es wirklich braucht. Vielleicht können Sie sogar auf das härene Hemd zu sprechen kommen und dem Kind klarmachen, daß nur es selbst sich von diesem Hemd zu befreien vermag; fragen Sie es behutsam, wann es dazu imstande zu sein glaubt. Vielleicht werden Sie die Diskussion vorläufig damit beenden müssen, daß Sie sagen: «Ich kann nicht finden, daß du so schlecht bist, wie du dich siehst. Ich hoffe sehr, du fühlst dich bald wohler in deiner Haut.» Geben Sie ihm nach einer solchen Erörterung Zeit zum Nachdenken; die meisten Menschen finden nicht sogleich aus ihrer Depression heraus. Achten Sie sehr darauf, daß Sie weder Gefühle noch Probleme leugnen. Sie verkünden ja nicht, daß alles immer aufs beste bestellt sei und stets ein gutes Ende nehme. Sie erkennen an, daß das Kind ein Recht auf seine Gefühle hat, Sie fördern seine Selbstachtung und seine Zuversicht in bezug auf seine Fähigkeiten und seinen Wert, aber zugleich machen Sie ihm klar, daß Sie seine total negative Haltung nicht gutheißen.

9.4 Suizid

Die Vorstellung, unsere Kinder könnten an Suizid denken, hat für uns als Eltern etwas Ungeheuerliches, besonders, wenn unsere Kinder hochbegabt sind, anscheinend auf der Sonnenseite des Lebens stehen und doch offenbar außergewöhnliche Kraft- und Fähigkeitsreserven haben. Warum sollte ein solches Kind seinem Leben ein Ende setzen wollen, einem Leben, das zu gestalten wir ihm doch nach bestem Vermögen geholfen haben?

Bei einem hochbegabten wie bei jedem anderen Menschen ist Suizidverhalten primär die Folge davon, daß er wiederholt Streßsituationen erlebt, die zu bewältigen er sich außerstande sieht. Der Zorn in der Depression wird so groß, daß der Betreffende sich selbst oder einen anderen Menschen schließlich so dramatisch bestraft, wie es dramatischer überhaupt nicht geht. Der gegen andere gerichtete Zorn sollte als Aspekt nicht übersehen werden; Suizid kann als Tötung nicht nur einer Person gemeint sein.

Depression und Suizid kommen bei hochbegabten Kindern vor, aber das bedeutet nicht, daß bei jedem hb Kind die Wahrscheinlichkeit für Suizid besteht. Hochbegabte Kinder unter 14 Jahren mögen von Suizid reden, verübt wird er in diesem Alter selten. Wahrscheinlicher schon sind diesbezügliche Gesten, Suizidversuche und anderes destruktives Verhalten auf den Altersstufen 14 bis 19, wenn Jugendliche Identitätskrisen erleben und herauszufinden versuchen, wer sie sind und wo ihr Platz in der Welt ist. Experimentieren mit Drogen und Alkohol oder deren Mißbrauch erhöhen die Wahrscheinlichkeit für Depression und Denktrübungen (Miller, 1975).

Wie läßt sich schweren Depressionen oder Suizid bei hochbegabten Kindern vorbeugen? Wichtiges dazu haben wir in den voraufgegangenen Kapiteln über Motivation, Kommunikation von Gefühlen, Disziplin, Streßmanagement und Beziehungen zu Gleichaltrigen und zu Geschwistern gesagt. Darauf fußt unser Rat: Wenn Gefühle von Einsamkeit, Unglücklichsein oder gar ein Todeswunsch ausgedrückt werden, dürfen Sie das auf keinen Fall ignorieren! Eine Suizidgeste ist ein Hilferuf, und der sollte weder übergangen noch bagatellisiert noch ins Lächerliche gezogen werden. Hier ist professionelle Hilfe vonnöten!

Die Wahrscheinlichkeit, daß Ihr Kind einen Suizidversuch unternehmen oder wirklich Suizid begehen wird, ist gering. Nach unserer Ansicht können Sie sie noch weiter reduzieren, wenn Sie stets bedenken, daß ein Depression möglich ist und daß der Umgang mit ihr Einfühlung und Feingefühl verlangt. Gleichgültig ob das in der Familie geschieht oder ob Sie fachmännischen Beistand hinzuziehen – wenn das Kind für seine Niedergestimmtheit echtes Verständnis findet, kann dies zur einer engeren und stützenden emotionalen Beziehung führen.

9.5 Kummer und Trauer

Kummer und Trauer um den Verlust eines geliebten Menschen sind andere Reaktionen als die oben erörterten Depressionen. Auch Bekümmerte können deprimiert sein. Aber Kummer und Trauer sind normale, starke Gefühle des Traurigseins über den Verlust eines Stücks von einem selbst. Depression kann Kummer als Zorn auf «das Schicksal» oder «die Ungerechtigkeit des Lebens» begleiten oder vielleicht als Zorn auf einen selbst, weil man etwas nicht gesagt oder nicht getan hat. Man muß den Ausdruck von Kummer zulassen und fördern. Menschen, die ihren Kummer ob eines Verlustes frühzeitig bekunden und offen mit anderen teilen, bemerken in der Regel eine Vertiefung ihrer Beziehungen zu anderen Menschen. Bei denen, die ihn unterdrücken, kommt es häufig zu einer verzögerten Reaktion, aus der sich eine Depression entwickeln kann.

Kinder reagieren genau wie Eltern auf den Verlust von Verwandten und Freunden. Schon als Säuglinge und Kleinkinder sind sich hochbegabte Kinder ihrer Bindung an andere Menschen sehr bewußt und reagieren unter Umständen intensiv auf Unterbrechungen dieser Bindungen. Es braucht sich bei dem Verlust nicht um einen Todesfall zu handeln; auch Trennung und Scheidung der Eltern können als großer Verlust empfunden werden. Die Kinder reagieren auf ein solches Ereignis ganz bestimmt, und ihre Gefühle drücken sich dann vielleicht darin aus, daß sie sich zurückziehen oder daß sich ihre Eß- oder Schlafgewohnheiten ändern.

Diese Veränderungen können Eltern sehen. Nicht zu sehen ist für sie hingegen, was sich das Kind zur Erklärung des Geschehens in seinem Leben alles ausdenken mag. Der «Egozentrismus» des Kindes ist offenbar bei hochbegabten Kindern besonders stark und kann dazu führen, daß das Kind alle seine Erklärungen auf sich selbst bezieht. Vielleicht glaubt es, es habe die Trennung der Eltern durch schlechtes Betragen seinerseits verschuldet. Unter solchen Umständen ist es ganz besonders wichtig, daß die Eltern mit den hb Kindern reden und ihnen zuhören. Sagen Sie ihnen, was vor sich geht und erläutern Sie, soweit möglich, die Gründe. Bringen Sie etwas Realität in ihre Phantasien.

Die «Positivliste»

Ein sehr hilfreiches Beziehungsangebot für die Stärkung des Selbstwertgefühls des Kindes ist die Positivliste. Die meisten Eltern lesen ihren Kindern zum Einschlafen eine Gutenacht-Geschichte vor oder reden über die

Probleme des Tages. Streichen Sie die Problemgespräche zur Schlafenszeit, führen Sie diese stattdessen tagsüber und ersetzen Sie die Abendgeschichte mehrmals pro Woche, oder so oft ihr Kind es wünscht, durch ein Gespräch mit ihrem Kind über:

- ...die Situationen, Ereignisse, Begegnungen des heutigen Tages, die für Ihr Kind gefühlsmässig gut und angenehm waren,
- ...die Situationen in der Schule oder zuhause oder unter Gleichaltrigen, die Ihr Kind erfolgreich gelöst hat,
- ...die neuen Wissensinhalte, die es erfahren hat und über
- ...die Leistungen, auf die Ihr Kind stolz ist.

Durch die Positivliste schläft Ihr Kind mit guten Gefühlen im Rückblick auf den Tag ein und wacht mit der Hoffnung auf einen guten neuen Tag auf. Anfangs wird Ihr Kind vielleicht nicht einmal das kleinste gute Gefühl finden. Geben Sie dann bitte nicht auf und machen Sie ihrem Kind keine Vorschläge für gute Ereignisse und versuchen Sie auch nicht, es zu überreden. Bleiben Sie geduldig und gehen Sie durch Nachfragen die Tage und Wochen so lange zurück, bis Ihr Kind ein gutes Gefühl gefunden hat. Bitten Sie dann Ihr Kind, am nächsten Tag wieder darauf zu achten, wann es sich wohl fühlt, damit es Ihnen abends die Situation berichten und Sie sich gemeinsam darüber freuen können. Nach einigen Wochen werden Sie erleben, wie sich die Gestimmtheit und das Wohlbefinden Ihres Kindes verändert. *Dies ist eine sehr gute Prophylaxe gegen Depressionen!*

9.6 Reframing

Kennzeichnend für Depression sind unter anderem festgefahrene Gedanken und eine starre, negative Sicht der eigenen Person, der aktuellen Situation und der Zukunft. Eine Methode, eine solch eingefrorene Perspektive in Bewegung zu bringen und um andere Sichtweisen zu bereichern, ist das Reframing. Reframing heißt wörtlich übersetzt «neu rahmen». Im übertragenen Sinne bedeutet Reframing, Dinge, Sachverhalte, Ansichten oder Bewertungen aus einer erweiterten Perspektive zu betrachten und damit eine neue Sichtweise mit neuen Lösungsmöglichkeiten entstehen zu lassen. Zur Veranschaulichung führen wir in Abbildung 6 das 9-Punkte-Problem an (nach Watzlawick et al., 1992):

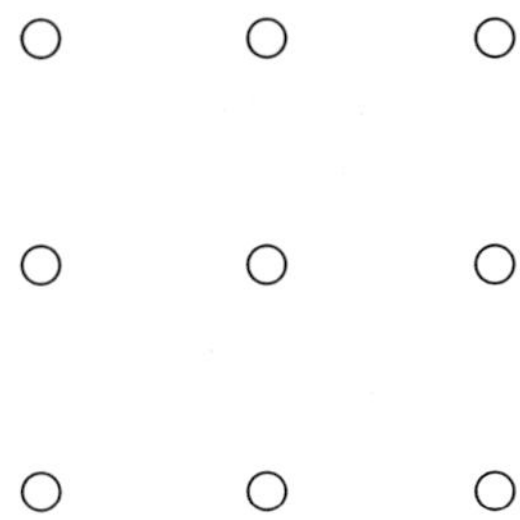

Abb. 6: 9-Pkt.-Problem

Ihre Aufgabe ist nun, die neun Punkte durch vier Striche zu verbinden, und zwar ohne dabei den Stift abzusetzen. Die Lösung finden Sie in Abbildung 7 auf der nächsten Seite, doch versuchen Sie es erst einmal selbst, bevor Sie weiterlesen!

Die wenigsten Personen lösen dieses Problem mühelos. Um die neun Punkte verbinden zu können, muß man die Striche über den durch die Punkte implizit gesetzten Rahmen hinaus ziehen. Man vergrößert also den Rahmen, in dem man nach der Lösung des Problems sucht beziehungsweise hebt den gesetzten Rahmen auf (Reframing). Nirgendwo steht in der Instruktion zum 9-Punkte-Problem geschrieben, daß der Rahmen nicht überschritten werden darf, aber die meisten Personen machen diese Annahme ganz von selbst oder denken nicht darüber nach. Genau das passiert uns auch häufig in alltäglichen Situationen: Wir setzen uns oft zu enge Grenzen im Denken, Fühlen und Handeln, die uns unnötig einschränken. Durch die Methode des Reframing können diese Grenzen bewußt gemacht und erweitert werden. Ein Beispiel: Ein als verhaltensauffällig bezeichnetes Kind kann auch als lebendig, voller Energie und als kreativ beschrieben werden.

Reframing hat nichts damit zu tun, einfach positiv zu denken. Es gibt immer mehrere Perspektiven, die genauso «wahr» und zutreffend sein können, und beim Reframing geht es darum, belastende, einseitige und lähmende Sichtweisen durch nützlichere, angenehmere und konstruktivere zu ergänzen. Ein Klassiker: Das Glas ist halb leer – Das Glas ist halb voll! Mit der Methode des Reframing haben Sie also die Möglichkeit, auf einseitig-negative Äußerungen und Bewertungen Ihres Kindes mit dem Angebot hilfreicherer Interpretationen zu reagieren. Einiges müssen Sie dabei allerdings beachten: Es geht nicht darum, die Sichtweise Ihres Kindes wegzureden, sondern darum, sie zu *ergänzen*. Weiterhin wirkt ein

Reframing nur, wenn Sie selbst daran glauben, daß die von Ihnen vorgeschlagene alternative Sichtweise möglich ist. Es hilft nichts, wenn Sie gegen eine negative Bemerkung einfach etwas Positives dagegenstellen. Achten Sie also darauf, daß Ihr Vorschlag zum Kind und zu Ihnen paßt und binden Sie ihn – wenn möglich – in den Lebenskontext Ihres Kindes ein.

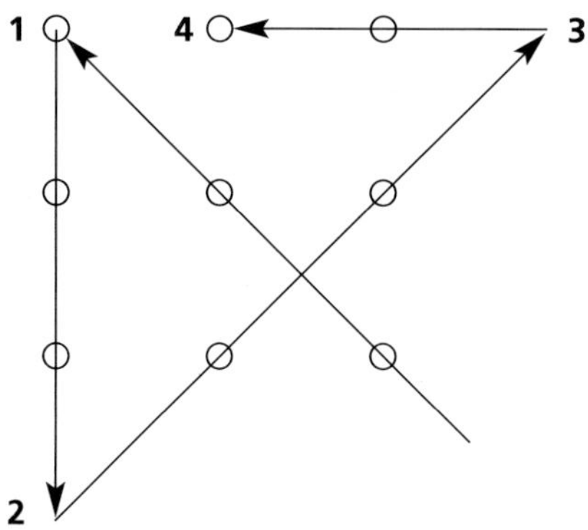

Abb. 7: Auflösung des 9-Pkt.-Problems

Zum Schluß noch einige Beispiele:

- «Ich bin nicht gut genug.» Mögliche Reframings: «Du hast einen starken Wunsch, Dich weiterzuentwickeln und noch mehr zu lernen», «Du hast eine Vorstellung davon, wie Du in der Zukunft sein möchtest» oder «Du hast ein hohes Vorstellungsvermögen von dem, was Du für Dich willst.»
- «Ich bin zu empfindlich.» Mögliche Reframings: «Du kriegst viel mit», «Du gehst vorsichtig mit Dir und anderen um» oder «Du verfügst über Gefühlsreichtum.»
- «Ich will immer der erste sein!» oder «Ich kann nicht verlieren.» Mögliche Reframings: «Du hast einen starken Willen», «Du kämpfst und gibst nicht schnell auf» oder «Du hast das Potential, ein guter Chef zu werden.»
- «Ich bin zu egoistisch.» Mögliche Reframings: «Du sorgst so gut für Dich, daß Du anderen nicht zur Last fällst», «Egoismus ist Selbstschutz eigener Bedürfnisse» oder «Nur wer selber zufrieden ist, kann anderen etwas geben.»

- «Ich bin zu langsam.» Mögliche Reframings: «Du bist genau, sorgfältig, überlegt» oder «Du bist sehr vielfältig und wählst genau unter deinen vielen Möglichkeiten aus. Das braucht Zeit.»

9.7 Auch Eltern können Depressionen haben!

Starke Beanspruchung durch das Arbeitsleben, Verantwortung, die wir tragen müssen, hohe Erwartungen, die wir hegen, alle diese Faktoren machen auch uns als Eltern anfällig für Depressionen. Leicht können bei uns Schuldgefühle entstehen, weil wir meinen, wir täten für unsere Kinder mit ihrem so großen Potential nicht alles, was wir vermöchten. So frustriert uns vielleicht die Gleichgültigkeit oder die unverhohlene Feindseligkeit der übrigen Welt. Auch wir brauchen ein Auslaßventil für die Zorngefühle, die der Depression Vorschub leisten.

Tragen Sie Sorge, daß Sie sich Ihre persönlichen Bedürfnisse ebenso gewissenhaft erfüllen, wie Sie sich der Bedürfnisse Ihrer Kinder annehmen. Oft konzentriert sich die ganze Familie auf das hochbegabte Kind in einem Maße, daß daraus bei Ihnen selbst oder bei anderen in der Familie Depression und unterschwellige Ressentiments resultieren. Praktisch gilt alles, was wir in diesem Kapitel über hb Kinder gesagt haben, auch für Sie, wenn Sie Ihre Verantwortung und Ihre Pflichten als elterliche Betreuer ernst nehmen. Auch Sie müssen darauf achten, daß Sie sich keine unerreichbaren Standards setzen, von der Welt nicht mehr verlangen, als sie Ihnen geben kann und sich nicht auch in ein härenes Hemd einnähen. Im nächsten Kapitel Eltern gehen wir auf Ihre Bedürfnisse ein.

9.8 Fragen

Hat Depression nicht auch physische Ursachen? Sie kommt doch gewiß nicht immer nur von Zorn?

Ja, es gibt solche physischen Ursachen. Eine Minderung der Schilddrüsentätigkeit, eine Verminderung des Blutzuckers (Hypoglykämie), Anämie, Reaktionen auf Drogen und andere Bedingungen können Depressionen verursachen oder eine bereits bestehende Depression verschlimmern. In der Adoleszenz greifen besonders im normalen System rasche Veränderungen Platz, die zu Verstimmtheit führen können. Hochbegabte Kinder sind nicht gefeit gegen körperliche Probleme, und diese sollten natürlich medizinisch beobachtet werden. Aber auch davon abgesehen müssen Sie mit den Gefühlen Ihres Kindes grundsätzlich sehr behutsam umgehen.

Unser achtzehn Monate alter Junge sagt zu sich selbst schon Dinge wie: «Du bist ein böser Junge!» oder «Es tut mir leid, daß ich so schlecht bin, Mama!» Kann ihm tatsächlich bereits klar sein, was er da sagt?

Wahrscheinlich ist es ihm klar, und was Sie sehen, ist die Entwicklung seiner Vorstellung von sich selbst. Es ist wichtig, daß er sich sowohl Schmeichelhaftes als auch Selbstkritisches sagt und lernt, daß er sich in Vergangenes nicht zu verbeißen braucht. Helfen Sie ihm, den Unterschied zu erkennen zwischen «Schlechtes oder Dummes tun» und «ein schlechter Mensch sein». Vielleicht nützt es etwas, wenn Sie ihn fragen, für wie «schlecht» er sich denn hält und was ihn nach seiner Ansicht zu einem besseren Menschen machen könnte.

Meine Tochter äußert Suizidabsichten, und ich habe gehört, daß hochbegabte Kinder extrem suizidgefährdet seien. Woher soll ich wissen, ob sie nur beachtet werden will oder ob sie es ernst meint?

Bitte denken Sie nicht, ein Kind werde garantiert Suizid verüben, bloß weil es hochbegabt ist! Die meisten hochbegabten Kinder wachsen heran und sind relativ glücklich, zufrieden und mit sich selbst einigermaßen im Reinen, und wir hoffen, daß unser Buch und ähnliche Arbeiten zeigen können, wie sich diese Entwicklung unterstützen läßt. Allerdings scheinen, wie wir schon sagten, hb Kinder in stärkerem Maße zu Depressionen zu neigen, zumal, wenn man sie nicht als hochbegabt identifiziert oder in ihren Gefühlen und ihrem Selbstwerterleben nicht genug unterstützt hat. Kinder denken manchmal an Suizid oder sagen, ihnen sei danach zumute.

Da dies bei Ihrer Tochter der Fall ist, sollten Sie zweierlei beherzigen. Erstens: Dann und wann im Leben kommen den meisten Menschen Suizidgedanken. Zweitens: Wenn jemand von Suizid spricht, muß man ihm immer aufmerksam zuhören und ernst nehmen, was er sagt, statt es zu leugnen, ins Lächerliche zu ziehen, zu ignorieren oder ihn abzukanzeln.

Äußerungen oder Gesten mit Suizidbezug sind Hilferufe und als solche zu werten! Auch wer mit einer Suizidgeste eindeutig jemanden manipulieren oder in eine bestimmte Richtung drängen will, braucht Hilfe, damit er die zugrunde liegenden Zorn- und Frustrationsgefühle in den Griff bekommt. Versichern Sie sich unverzüglich fachmännischen Beistands. Sagen Sie Ihrem Kind, daß Sie es ernst nehmen, daß Sie ihm aufs Wort glauben, wie unglücklich es ist, und daß Sie wissen, daß etwas getan werden muß. Reden Sie Ihrer Tochter gut zu, zunächst einmal selbst jede andere Möglichkeit auszuloten, weil es keine Möglichkeiten mehr gibt, wenn man sich getötet hat. Achten Sie darauf, ob Drogen und Alkohol im Spiel sind; deren Mißbrauch erhöht die Suizidgefahr. Lassen Sie vor allem den Mut nicht sinken und sorgen Sie dafür, daß Ihrem Kind geholfen wird, aber auch Ihnen selbst, wenn es nötig ist!

10. Lektion: Eltern

Als elterliche Betreuer hochbegabter Kinder befinden Sie sich in einer anderen Lage als die meisten Ihrer Freunde, Nachbarn und Verwandten. Viele Freunde und Verwandte können Ihnen nicht nachfühlen, wie schwer es für Sie ist, ein außerordentlich gescheites Kind aufzuziehen. Andere Erwachsene mögen über manche Ihrer Einstellungen und Handlungen den Kopf schütteln. Wenn Ihr Kind dank seiner fortgeschrittenen Fähigkeiten mit verschiedenen Situationen fertig zu werden vermag, könnten Sie es für richtig halten, ihm ungewöhnlich viel Freiheit zu lassen. Vielleicht finden Sie, daß Ihr Neunjähriger in Ihrer Abwesenheit sehr gut allein zurechtkommt und wesentlich verantwortungsbewußter ist als der dreizehnjährige Babysitter, den andere Eltern hinzuziehen, aber wenn Sie den Jungen alleinlassen, könnten andere das als Vernachlässigung des Kindes interpretieren.

Oft werden sich Ihre Interessen, Anliegen und Sorgen von denen anderer Eltern unterscheiden, und wahrscheinlich denken diese Leute, Sie übertreiben, wenn Sie die Verhaltensweisen Ihres Kindes schildern. Daraus können sich durchaus Spannungen mit der Familie und mit Freunden und Bekannten ergeben. Eine Mutter vertraute uns an, daß ihre Schwiegermutter sie als «verrückt» bezeichnete, weil sie ihrer zehnjährigen Tochter regelmäßig erlaubt bis 23 Uhr aufzubleiben. Die Mutter wußte, daß hochbegabte Kinder oft weniger Schlaf brauchen, die Großmutter wußte es nicht. Negative Reaktionen reflektieren manchmal bewußte Eifersucht, aber öfter fußen die Ideen, Besorgnisse und Ratschläge anderer Erwachsener bloß auf deren persönlichen Kindheitserfahrungen, auf dem, «was alle wissen» und auf Beobachtungen hinsichtlich dessen, was man vom Durchschnittskind erwarten dürfe. Besonders Erzieher gehen in ihren Erwartungen nicht selten gewohnheitsmäßig von dem aus, was für die meisten Kinder gilt. Auch andere Fachleute haben oft nicht genug Verständnis für Fragen des Wachstums und der Entwicklung des hb Kindes und dafür, welchen Einfluß es auf Familie und Freunde ausübt.

Vielleicht müssen Sie sich mehr als die meisten Eltern auf sich selbst verlassen, wenn Sie entscheiden, was für Sie und Ihr Kind das Beste ist. Vielleicht müssen Sie sich von manchen Traditionen fortentwickeln, in denen Sie groß geworden sind. Wenn Sie wissen, was bei Ihnen selbst funktioniert hat und was nicht, müssen Sie prüfen, ob dieser Stil bei Ihrem hochbegabten

Kind dieselbe Wirkung hervorbringt. Andere Erwachsene können nur in begrenztem Maße helfen. Hören Sie sich einmal ihre Ansichten an, aber entwickeln Sie Zivilcourage. Vielleicht müssen Sie die Fähigkeit trainieren, unbeirrt gegen den Strom zu schwimmen

10.1 Geheimhalten oder nicht?

Wie haben Sie darauf reagiert, als Sie erfuhren, daß Ihr Kind hochbegabt ist? Haben Sie es jedermann erzählt? Die meisten Eltern sagen es nur ein paar Freunden, andere hüten es als großes Familiengeheimnis. Auf Grund mancher Einstellungen in der Öffentlichkeit und negativer Erfahrungen glauben viele Eltern, sie müßten die Tatsache, daß ihr Kind hochbegabt ist, vor aller Welt geheimhalten.

Unsere Zeit unterhält eine öffentliche Abwertungs- anstelle einer Aufwertungskultur. Damit ist gemeint, daß man sich öfters aus Mißgunst über den Vorteil eines Anderen und aus Angst um die eigene Geltung nicht mit ihm über seinen Erfolg gemeinsam freuen kann. Viele fühlen sich in solchen Situationen so unsicher, daß sie den Anderen abwerten müssen, zur Rettung des Selbstwertes und um den eigenen Schmerz nicht zu fühlen. Es ist also für Sie eine sehr persönliche Entscheidung, ob sie auf ihre individuelle Weise für mehr Toleranz, für das Anderssein Ihres Kindes kämpfen möchten.

Manche Schwierigkeiten gehen auf semantische Empfindlichkeit gegen den Begriff «hochbegabt» zurück. In unserer Kultur, wo Chancengleichheit als hohes Ziel gilt, reicht manchmal schon der Verdacht, jemand habe von der Natur besondere Vorzüge – «Gaben» – mitbekommen, als Anlaß zu Klagen über elitäre Tendenzen aus. Eltern mögen aber stets bedenken, daß es sowohl unfair als auch unvernünftig ist, alle ohne Rücksicht auf individuelle Fähigkeiten gleich zu behandeln und von allen das Gleiche erwarten zu wollen.

Vielmehr sollte jedermann das Recht haben, kraft seiner Befähigung und seines Einsatzes über das Mittelmaß hinauszuwachsen. Programme für Hochbegabte sind nicht elitärer als Programme für Sportler oder für behinderte Schüler und Studenten. Unsere Freunde, deren Fürsorge geistig zurückgebliebenen, lernunfähigen oder körperbehinderten Kindern gilt, sind jetzt wohlinformiert, aufgeschlossen und selbstsicher – sie haben das Schweigen gebrochen. Wahrscheinlich müssen die Eltern hochbegabter Kinder ihre Sache auch stärker in der Öffentlichkeit vertreten.

Da die Bezeichnung «hochbegabt» Distanz schaffen kann, werden Sie vielleicht andere Wendungen benutzen wollen, mit denen Sie Ihr Kind beschreiben können, ohne Überlegenheit zu suggerieren. In der Praxis lösen die Besonderheiten Ihres Kindes bei anderen Erwachsenen vielleicht weniger Abwehr aus, wenn Sie ihnen sagen, Ihr Kind «konzentriert sich intensiv» oder «es liebt Wortspiele», «ist von Mathematik fasziniert», «will immer eine Erklärung haben», «ist extrem neugierig» oder «spielt gern mit älteren Kindern».

Ist Ihr Kind jedoch höchstbegabt, werden seine Unterschiede zu anderen wohl so manche sozial kritische Situation heraufbeschören. Genau wie das höchstbegabte Kind die bisweilen negativen Reaktionen anderer Menschen verkraften lernen muß, so müssen Sie sich vielleicht mit einem gewissen Maß an Unverständnis seitens der gesamten Welt abfinden.

Haushaltspflichten – ein Problem

Wenn der Tag genug Stunden hätte und der Mensch die entsprechende Ausdauer und Zähigkeit besäße, wären Eltern vielleicht imstande, den Erwartungen aller gerecht zu werden. In einer Untersuchung (Kollstedt, 1981) wird die Zeit, die eine durchschnittliche Mutter wöchentlich dem Haushalt widmet, auf 99,6 Stunden geschätzt. Da sich die Elternrollen erweitert haben, wenden jetzt auch Väter viel Zeit für Haushalt und Familienbetreuung auf. Es wird Ihnen nicht leicht fallen, Ihre persönlichen Bedürfnisse, die Hausarbeit und die Ansprüche neugieriger Kinder, die ihre gerade aktuellen Interessen oder Anliegen mit Ihnen teilen wollen, unter einen Hut zu bringen.

Aber man kann den Zeitaufwand für Familienbetreuung ohne qualitative Abstriche reduzieren und sich manchen Haushaltsärger ersparen. Vielleicht sollten Sie sich durch einschlägiges Buchstudium (z.B. Bombeck, 1967; Lakein, 1974; Young & Jones, 1981) systematisch Haushaltsführungs- und Management-Techniken aneignen, damit Ihnen dann mehr Zeit für Ihre Kinder bleibt. Und wenn es dabei um hochbegabte Kinder geht, ist Zeit besonders wichtig; darum muß sie wohlüberlegt eingeteilt werden.

Welches Image haben Sie daheim?

Alle Eltern möchten Erfüllung, Kompetenz, Frieden und Bereicherung in das Leben ihrer Kinder bringen. Aber wenn wir überdenken, was wir tatsächlich tun und sagen, werden wir feststellen, daß das Image, welches wir unseren Kindern bieten, nicht unbedingt unserem Ideal entspricht. Bei Haim Ginott (1965) heißt es:

> «Keine Mutter und kein Vater wachen des morgens mit dem Wunsch auf, ihrem bzw. seinem Kind das Leben schwer zu machen. Keine Mutter sagt sich: «Heute werde ich keifen und meckern und mein Kind soviel wie möglich demütigen.» Doch trotz guter Absichten ertappen wir uns dabei, daß wir Dinge sagen, die wir nicht so meinen, und sie in einem Ton vorbringen, der uns selbst nicht gefällt.»

Gerade die vielen kleinen Details des täglichen Lebens kosten uns die meisten Nerven und führen oft dazu, daß wir uns über Fragen und Forderungen unserer Kinder ärgern, weil wir uns dieser Belastung nicht mehr gewachsen fühlen. So empfinden Sie es vielleicht als eine Zumutung, daß Ihre persönlichen Bedürfnisse so wenig zählen sollen, während Sie immerzu anderen helfen, deren Belange Vorrang beanspruchen.

Nehmen Sie sich Zeit zum Aufladen Ihrer Batterien, das ist ein Muß! Geben können Sie nur soviel, wie Sie zu geben haben. Prüfen Sie, was Sie in sich selbst investieren. Enthält Ihr Programm Aktivitäten, die Sie einer Selbstverwirklichung nach Ihren Vorstellungen näherbringen? Kinder brauchen Eltern nicht nur als Betreuer und als Personen, die sich für ihr Treiben interessieren; die Eltern müssen ihnen auch vorleben, was Menschen sein können. Kinder müssen sehen, daß ihre Eltern sich als Individuen respektieren und daß sie ihr Recht auf eigene Interessen und Aktivitäten wahren wie sie dem Recht der Kinder auf die ihrigen Rechnung tragen. Es ist ein Balanceakt; Sie können sich weder hundertprozentig für andere verausgaben noch hundertprozentig nur für sich selber dasein.

10.2 Prioritäten in der elterlichen Betreuung

Jeder Elternteil bringt andere elterliche Auffassungen und Betreuungsstile von der Kindererziehung mit in die Ehe. Die Ehepartner gehen in bezug auf die Kinder jeweils von eigenen Prioritäten, Hoffnungen, Erwartungen und Voraussetzungen aus. Obwohl die meisten Menschen von ihren eigenen Wertorientierungen vielleicht nur ungenaue Vorstellungen haben, wenn sie heiraten, erwarten sie unrealistischerweise, daß die Ehe unter anderem eine sofortige Verschmelzung bewirkt, aus der ein gemeinsamer elterlicher Betreuungsstil hervorgeht. Das indes geschieht nicht. Eine junge Mutter meinte dazu: «Mir scheint, daß meine Eltern es seinerzeit richtig gemacht haben und daß es falsch ist, wie mein Mann unsere Kinder erziehen will.» In den meisten Familien erwächst eine gemeinsame Einstellung zur elterlichen Betreuung aus Versuch und Irrtum in der Praxis und aus vielen Diskussionen. Als Eltern müssen Sie klären, in welchem Maße Sie Ihr Kind als Ego- und Identitätsersatz beanspruchen. Allmählich merken Sie, wieviele Ihrer eigenen Hoffnungen, Ängste und Träume Sie zu Überreaktionen auf die Verhaltensweisen Ihres Kindes verführen. Je länger Sie Eltern sind, desto besser erkennen Sie beide, was es heißt, gute Eltern zu sein, und welches die richtigen Rollen für jeden Elternteil sind.

Elterliche Betreuung ist mehr als «Bemuttern»

Wenn ein Kind beide Eltern kennt, obwohl diese getrennt leben, wird es von beiden Eltern beeinflußt. Wie das Kind die Muttersprache erlernt, so wird es Einstellungen, Verhaltensweisen und Erwartungen seiner Umwelt aufnehmen. Es ist weithin anerkannt, daß die Warmherzigkeit, Unterstützung und das Interesse einer Mutter Intelligenz und Kreativität des Kindes beeinflussen. Studien haben unlängst gezeigt, daß auch Väter die intellektuelle Entwicklung ihres Kindes signifikant beeinflussen; zuviel Einschränkung beeinträchtigt die intellektuelle Fähigkeit und Fürsorge und Ermutigung vergrößern sie (Radin, 1972; 1973; Sinn, 1978). Solche Befunde unterstreichen, wie wichtig die Bemühungen sind, in der elterlichen Betreuung zu gemeinsamen Prioritäten und Erwartungen zu finden.

10.3 Familienformen:

Alleinerzieher

In den Vereinigten Staaten und in Europa nähert sich die Scheidungsrate rapide der 40-Prozent-Marke, und demgemäß steigt die Zahl der Alleinerzieher.

Wie bewältigt ein Elternteil mit einem hochbegabten Kind die Scheidungssituation? Was kann ein alleinerziehender Elternteil tun, um dieser veränderten Familiensituation die besten Möglichkeiten abzugewinnen? Mit solchen Fragen beschäftigen sich ganze Bücher. Kurz gesagt ist es so, daß sowohl Scheidung als auch Alleinerziehen mehr Kommunikation erfordern, wenn die betroffenen Kinder hochbegabt sind. Sorgen, Schuldgefühle, Depression und andere Gefühle werden in dieser Übergangszeit sowohl von Ihnen als auch von Ihrem Kind besonders intensiv erlebt; um so wichtiger wird die intime «Privatzeit» (vgl. Lkt.5.6).

Der vermehrte Druck, unter dem Sie als Alleinerzieher stehen und die offensichtliche Befähigung des hochbegabten Kindes können bei Ihnen zu einer starken Abhängigkeit von dem Kind führen. Das kann zwar Ihre Beziehung vertiefen, aber Sie müssen sorgsam vermeiden, Ihr Kind als Ersatz für den abwesenden Elternteil zu benutzen. Ihr hb Kind kann Ihnen weder ein erwachsener Vertrauter sein noch in bezug auf die anderen Kinder elterliche Betreuungsverantwortung übernehmen. Hochintelligente Kinder vermögen sich mit Situationen intellektuell zu befassen, aber vergessen Sie nicht, daß ihre emotionalen Reaktionen die von Kindern sind.

Die zusammengesetzte Familie

Besonders schwierig ist die Verschmelzung elterlicher Betreuungsstile in einer zusammengesetzten Familie (entstanden durch Wiederverheiratung zweier Elternteile aus verschiedenen aufgelösten Ehen), da nun aus zwei früher praktizierten Familienstilen ein neuer Familienstil entstehen soll. Das verlangt von beiden Partnern viel Geduld. Zwei verschiedene, bewährte elterliche Betreuungsstile lassen sich in der Praxis der Kindererziehung nur selten ohne weiteres verbinden. Die meisten Eltern wachsen ja mit ihren Kindern und können ihre Erwartungen hinsichtlich der elterlichen Betreuung sowie der Lebensstile, die sie kultivieren möchten, im Laufe von Jahren koordinieren.

Stiefeltern

Wie sollten Sie als Stiefvater oder -mutter zu Ihrem neuen Stiefkind in Beziehung treten? Nach unserer Ansicht hat jeder Erwachsene die Pflicht, seine Beziehung zu jedem Kind selbst zu gestalten, und er sollte dies so offen und einfühlsam tun, wie es die Situation erlaubt. Zweifellos hilft es weiter, wenn die Stiefmutter oder der Stiefvater Verständnis für vieles hat, worin sich ein hochbegabtes Kind von anderen Kindern unterscheidet und wenn sie bzw. er diese Unterschiede akzeptieren kann.

In «zusammengesetzten» Familien wird oft der eine Elternteil zum Repräsentanten seines leiblichen Kindes. Aber wenn ein Elternteil davon ausgeht, daß ein Kind seines Schutzes bedarf, zeigen sich darin Vorbehalte gegen die Kompetenz des Kindes und seine Fähigkeit, für sich selbst einzustehen. Dieser Elternteil benachteiligt wahrscheinlich sowohl das Kind als auch sich selbst, wenn er dem Kind die Möglichkeit verbaut, von sich aus eine Beziehung zum Stiefelternteil anzuknüpfen.

10.4 Leben an der Kampffront

Manchmal ist ein Elternteil mit der Handhabung einer Situation durch den anderen Elternteil nicht einverstanden. Hierbei gilt es zu bedenken, daß viele Entscheidungen «in vorderster Front» und in Eile getroffen werden. Hat ein Elternteil eine Grenze gesetzt, soll der andere Elternteil sie möglichst nicht aufheben, denn hochbegabte Kinder bemerken ein solches Gegeneinander gewöhnlich sehr wohl.

Angenommen, die Mutter sagt zum Kind: «Du hast dein Abendbrot nicht gegessen, nun bekommst du bis zum Frühstück morgen nichts mehr zu essen.» Unvernünftig wäre es, wenn der Vater später befände: «Das war bloß, weil deine Mutter sich geärgert hat, mein Kind, ich denke doch, daß du eine Kleinigkeit essen darfst, wenn der Hunger zu groß wird.»

Eine Ausnahme ist unseres Erachtens nur statthaft, wenn das Kind körperlich oder emotional wirklich zu Schaden kommen würde, falls der andere Elternteil nicht eingriffe.

Statt die Entscheidung Ihres Ehepartners zu unterlaufen, sollten Sie mit ihm in einer vertraulichen Besprechung oder, wenn es die Situation gestattet, auch unter Beteiligung der Kinder Anlaß und Weichenstellung analysieren. In einer besonders schwierigen Lage können die Eltern eine Einschränkung, die verfügt worden ist oder verfügt werden soll, zu zweit in aller Ruhe diskutieren.

Ist eine disziplinarische Entscheidung unumgänglich, so soll der präsente Elternteil sie treffen; es empfiehlt sich nicht, damit zu warten, bis der andere Elternteil heimkommt oder gegessen und sich mit einem Glas gestärkt hat. Denn zum einen verliert die aufgeschobene Entscheidung infolge der Verzögerung an Wirksamkeit und zum anderen ist bei diesem Verfahren ein Vertrauensverlust zu befürchten. Das Kind kommt sich vielleicht mehr wie das Opfer einer Verschwörung vor und nicht wie ein Mensch, dessen Verhalten Konsequenzen hat.

Manchmal hält ein Elternteil den anderen aus Situationen heraus, die für das Kind oder ihn peinlich werden könnten. Er erliegt dann der Versuchung, «Papa (oder Mama) damit nicht zu behelligen» und die Last allein zu tragen. Aber dieser schlecht beratene Alleingang besagt entweder, daß der betreffende Elternteil das Kind für den anderen Elternteil nicht akzeptierenswert findet oder daß der andere Elternteil den Dingen nicht gewachsen ist. In beiden Fällen kann dadurch das Vertrauen leiden.

Die «Hausordnung» in der Familie

Welche Regeln sind die besten? Ein Patentrezept scheint es nicht zu geben. Das vorliegende Buch kann wie ähnliche Texte anderer Autoren nur einige Grundprinzipien umreißen, weitgefaßte Richtlinien, in denen natürlich Raum für viele akzeptable elterliche Betreuungsstile bleibt, die überwiegend eine Frage des Geschmacks, der Tradition und des kulturellen Erbes sind. In jeder Familie sehen die Regeln ein bißchen anders aus, da sie die Wertorientierungen und den Charakter der Eltern widerspiegeln. Kinder, zumal hochbegabte, machen sich die «Hausordnung» meist schnell und ohne große Mühe zu eigen. Sie wissen einfach, daß bei der Oma «nicht so schnoddrig dahergeredet wird» oder daß sie jeden Morgen das Bett machen sollen, wenn sie bei ihrem Vater und seiner neuen Frau zu Besuch sind. Im allgemeinen braucht es Sie nicht zu beunruhigen, daß anderswo andere Regeln gelten als bei Ihnen daheim; Ihr hb Kind paßt sich da mindestens so schnell an wie Sie selber. Achten Sie bei der Aufstellung Ihrer «Hausordnung» darauf, daß sie auf den Werten fußt, die hb Kindern besonders am Herzen liegen: Ehrlichkeit, Verantwortlichkeit und Selbstachtung (Colangelo, 1976). Dann kann sie Ihren Kindern eine innere Führung geben, die an ihrer Kraft zur emotionalen Entfaltung anknüpft und nicht gegen, sondern für sie arbeitet.

10.5 Praktische Tips

Der Familienrat – Der Familienrat ist das regelmäßige Zusammentreffen der ganzen Familie, um anfallende Aufgaben zu verteilen, Anerkennung auszusprechen, Konflikte zu lösen, Regeln und Punkte der Hausordnung festzulegen und Familienaktivitäten zu planen. Die Beteiligung aller Familienmitglieder betont Gleichberechtigung. Obwohl die Einführung eines Familienrats zunächst aufwendig und etwas technisch erscheint, kann sie sich als sehr zeit- und kraftsparend und damit sinnvoll erweisen. Sie ist einen Versuch wert.

Vorbereitend wird eine Liste ausgehängt, auf der jeder Vorschläge für Familienunternehmungen oder für Themen des Familienrats eintragen kann. Für das Treffen sollte der Familienrat einen – für jeden – günstigen Termin bestimmen, der entweder dauerhaft oder jeweils neu festgelegt wird. Kein Treffen darf ohne die Zustimmung aller verschoben werden, und für die Zeit des Zusammenseins sollten keine Telefonate angenommen werden. Die Teilnahme ist freiwillig, und niemand darf genötigt werden, das Treffen zu verlassen. Das Treffen kann zum Beispiel folgenden Ablauf haben:

Box 14: Familienrat

- Gegenseitige Anerkennung und Dank aussprechen,
- Protokoll des letzten Treffens vorlesen und den Ablauf dieses Treffens besprechen,
- Konflikte ansprechen und gemeinsame Lösungssuche (Problemlösen vgl. Lkt. 4),
- anfallende Aufgaben verteilen,
- Familienaktivitäten planen.

Einige Anregungen für Richtlinien:

- Dem anderen zuhören, Vorschläge nicht sofort kommentieren,
- jedem Gelegenheit zur Äußerung geben, bei offenen Punkten auf die Lösung hinarbeiten, respektvoll miteinander umgehen, ein Abschlußprotokoll verfassen.
- Alle getroffenen Entscheidungen gelten bis zum nächsten Familienrat und können zwischendurch nicht eigenmächtig verändert werden. Bei Abstimmungen sollten keine Mehrheitsentscheidungen gelten, sondern Konsens angestrebt werden.
- Meinungsverschiedenheiten zwischen Kindern nicht sofort abblocken oder Partei ergreifen; besser ist es, auf die Kommunikationsregeln der Treffen hinzuweisen.

Sich selbst gegenüber annehmender werden – Manche Eltern fassen die Forderung, ihren Kindern gegenüber annehmender zu werden, als eine zusätzliche Belastung auf, die ihren jetzigen Streß noch verschlimmert. Sie befürchten, noch toleranter, aufmerksamer und verständnisvoller werden zu müssen, noch weniger Zeit für sich zu haben und noch mehr Ärger und Wut herunterschlucken zu müssen. Jedoch beginnt die Annahme des Kindes mit der Annahme der eigenen Person. Wenn Sie sich selbst Fehler eingestehen und verzeihen, können sie viel leichter und selbstverständlicher Ihrem Kind gegenüber verständnisvoll sein, auf Ihre eigenen Bedürfnisse achten und sich nicht ständig eigene Wünsche verwehren.

Überlastung erkennen und zugeben – Viele Eltern hochbegabter Kinder stellen an sich ähnlich perfektionistische Ansprüche wie ihre Kinder, und es fällt ihnen schwer, vor sich selbst einzugestehen, welche Gefühle sie den Kindern in manchen Situationen wirklich entgegenbringen. Auch – ganz normale ! – negative Gefühle wahrzunehmen, hilft dabei zu erkennen, was man gerade braucht und wie man sich selber helfen kann. Nutzen Sie Ihre Gefühle als Wegweiser, um Erziehungsschwierigkeiten zu bewältigen. Die folgenden Fragen in Box 15 können Ihnen dabei helfen:

Box 15: Überlastung erkennen

- Wie geht es mir im Moment? Bin ich genervt, überanstrengt, deprimiert?
- Wieviel Kraft und Energie habe ich im Augenblick?
- Woher kommen die Gefühle? Haben sie etwas damit zu tun, wie sich das Kind verhält, oder haben sie andere Ursachen?
- Welche Wünsche und Bedürfnisse habe ich?
- Wenn ich viel Zeit hätte, was würde ich tun?
- Fehlt mir vielleicht etwas ganz Grundlegendes und das schon seit einiger Zeit?
- Was könnte ich mir jetzt Gutes tun? Was könnte mir helfen, mich besser zu fühlen?
- Wünsche ich mir etwas von anderen, von meinem Partner, von den Kindern?
- Wenn Sie erkannt haben, wodurch Ihre Überlastung zustande kommt, überlegen Sie Sich, wen Sie in die Lösungssuche miteinbeziehen wollen. Sie müssen nicht alles alleine bewältigen!

Weder Opfer noch gerechter Zorn – Streit und Aggressionen in der Familie können vielfältige Ursachen haben. An dieser Stelle möchten wir Sie dazu anregen, über zwei mögliche Wurzeln nachzudenken: Die Eltern sehen sich in der Opferrolle, da sich das Kind in ihren Augen undankbar, rücksichtslos, egoistisch und abweisend verhält, sobald es eigene Wege geht. Als «Opfer» müssen sich die Eltern verteidigen, meist indem sie ihr Verletztsein hervorheben und Schuldgefühle suggerieren. Dadurch wiederum werden sie zu Verfolgern des Kindes.

Oder die Eltern empfinden «gerechten Zorn», da sie ihre Ansprüche für gerechtfertigt halten und daraus die Berechtigung ableiten, mit Aggression zu reagieren. Wut und Zorn werden nicht wie im ersten Fall subtil und indirekt vermittelt, sondern direkt geäußert.

Es kann hilfreich und aufschlußreich sein, wenn Eltern sich selbst gegenüber aufmerksam werden, ob und wann sie sich als Opfer sehen oder «gerechten Zorn» verspüren. Solche Empfindungen müssen auf ihren Realitätsgehalt hin überprüft werden und können Anlaß dafür geben, das Verhältnis zum Kind und die eigenen Vorstellungen und Erwartungen genau zu überdenken

Privatzeit für Eltern – Anknüpfend an die Privatzeit für Ihre Kinder (vgl. Lkt. 5.6) können Sie mit großem Entgegenkommen und Verständnis seitens Ihrer Kinder rechnen, wenn Sie für sich selbst oder für sich als Paar eine elterliche Privatzeit einführen, die genauso heilig ist wie die Privatzeit für die Kinder.

Verantwortung übernehmen – Um diese und andere Anregungen für sich nutzen zu können, müssen Sie die Verantwortung für Ihr eigenes Wohlbefinden übernehmen und nicht auf den Partner oder die Kinder übertragen. Ein harmonisches Familienleben trägt sicherlich viel zu diesem Wohlbefinden bei. Trotzdem ist es wichtig zu erkennen, daß weder der Partner und ganz besonders nicht die Kinder die Aufgabe haben, Ihre Bedürfnisse zu erfüllen. Übersehen Eltern diesen wichtigen Punkt, bürden sie ihren Kindern die ungeheure Last auf, durch ihr Verhalten ihre Eltern glücklich machen oder dem Leben der Eltern einen Sinn geben zu müssen. Natürlich brauchen auch Eltern Hilfe und Unterstützung. Andere Eltern, Freunde oder professionelle Helfer sind der richtige Ort, sich die nötige Entlastung zu holen.

Zusammenfassung

Wir können uns keine bessere Zusammenfassung unserer Empfehlungen für die elterliche Betreuung in Familien mit hochbegabten Kindern denken, als sie Max Ehrman in Desiderata gibt, da für unser Thema so vieles von dem gilt, was er in diesem Werk sagt. Bei Max Ehrman also heißt es: «Behalten Sie die Ruhe trotz des Lärmens und Hastens und denken Sie daran, welchen Frieden die Stille schenken kann. Stellen Sie sich mit allen Personen gut, soweit das geht, ohne zu kapitulieren. Tragen Sie ruhig und klar vor, was Sie für richtig halten, und hören Sie anderen zu, auch wenn sie Dummbeutel und Ignoranten sind, denn auch die haben ihre Geschichte zu erzählen.

Meiden Sie laute und aggressive Leute, sie sind eine Qual für Geist und Seele. Wenn Sie sich mit anderen Menschen vergleichen, werden Sie feststellen, daß manche bedeutender und manche weniger bedeutend sind als Sie. Freuen Sie sich über Ihre Leistungen, aber auch über Ihre Pläne.

Erhalten Sie sich Ihr Interesse an Ihrer Laufbahn, und sei sie noch so bescheiden; sie ist ein echter Besitz im Wandel der Zeiten. Seien Sie vorsichtig in geschäftlichen Dingen; die Welt ist voller Lug und Trug. Aber werden Sie darüber nicht blind für Tugend und Rechtschaffenheit, die es ja auch gibt; viele Menschen streben hohen Idealen nach, und überall im Leben wird Heroismus bewiesen.

Seien Sie Sie selbst. Heucheln Sie vor allem niemals Zuneigung. Seien Sie jedoch auch nicht zynisch, wo es um Liebe geht, denn sie überdauert jede Enttäuschung. Nehmen Sie freundlich und mit Würde Abschied von der Jugend. Stärken Sie Ihren Geist als Ihren Schutzschild in jähem Unglück. Quälen Sie sich indes nicht mit Wahngebilden. Ermüdung und Einsamkeit brüten viele Ängste aus. Üben Sie in zuträglichem Maße Disziplin, aber seien Sie auch nett zu sich selbst. Nicht minder als die Bäume und die Sterne sind Sie ein Kind des Universums. Sie haben ein Recht, hier zu sein. Und zweifellos nehmen die Dinge im All ihren Lauf, so wie sie es sollen, ob es Ihnen klar ist oder nicht.»

10.6 Fragen

Manchmal kommt es mir vor, als ob ich aufgefressen würde. Meine Kinder brauchen so viel und sind so anspruchsvoll, daß ich das Gefühl habe, von mir ist nichts mehr übrig, was ich geben könnte. Was kann ich tun?

Sie sehen völlig richtig, daß Sie nur geben können, was Sie sind. In erster Linie haben Sie die Pflicht, wohlüberlegt so für sich selbst zu sorgen, daß Sie nicht ausbrennen. Vielleicht sollten Sie in der Familie Ihre Anliegen zur Diskussion stellen und Familienmitglieder in Worten ausdrücken lassen, wie sie Ihren Einsatz schätzen. Sie sind der wichtigste Mensch im Leben eines Kindes und dürfen nicht vergessen, daß elterliche Betreuung wahrlich eine Investition fürs Leben ist. Wenn Sie klug investieren, trägt das üppige Zinsen. Das bedeutet aber nicht, daß Sie zum Märtyrer werden müßten, dessen bittere Leiden gar kein Ende nehmen und der die Dinge nur noch mit umflortem Opferblick sieht. Bedienen Sie sich getrost anderer Erwachsener in Ihrer Familie oder in Ihrer Gemeinde, um ein bißchen Freizeit zu bekommen, die gänzlich Ihnen gehört. Sie sind der Vater bzw. die Mutter, und die Führung in der Familie obliegt den Eltern, nicht den Kindern, auch wenn sie hochbegabt sind.

Manchmal fühle ich mich außerstande, mein Kind so zu erziehen, daß es seine Anlagen voll wird nutzen können. Geht das anderen Eltern auch so?

Ja. Es kann eine drückende Verantwortung sein, mit einem hochbegabten Kind Schritt halten zu wollen. Seit seiner Säuglingszeit müssen Sie vierundzwanzig Stunden am Tag auf dem Sprung sein und versuchen, ein kindisches, nicht verantwortliches, impulsives, geschwätziges kleines Wesen zu überwachen, das weniger Schlaf braucht als Sie. Streichen Sie, was nicht unbedingt notwendig ist: Selbstgebackenes Brot, das mit Tränen gegessen wird, macht niemanden an Ihrem Tisch froh. Wesentlich sind Ihre Zufriedenheit, Ihr inneres Gleichgewicht und das emotionale Klima Ihrer Beziehung. Wenn Sie Ihrem Kind Mut, Hoffnung und ein gesundes Selbstwertgefühl geben können, kann fast alles andere warten.

Inwieweit soll ich der Fürsprecher meines hochbegabten Kindes sein? Wann soll ich in der Schule intervenieren? Ich fürchte, der Lehrer wird es mein Kind entgelten lassen, wenn ich mit Vorschlägen komme oder auf besondere Bedürfnisse hochbegabter Kinder hinweise.

Wenn Gesundheit, Sicherheit oder Wohlergehen des Kindes gefährdet sind, müssen Sie zweifellos eingreifen. Unser Vorschlag: Planen Sie als Langzeit-Projekt, wie Sie den Schulleuten Informationen zukommen lassen können. Normalerweise berücksichtigt die Ausbildung von Lehrern, psychologischen Beratern und Schulpsychologen nur in geringem Maße die Bedürfnisse hochbegabter Kinder und ihrer Familien. Soweit sie darüber etwas wissen, haben sie es sich in der Praxis angeeignet. Mit höchstbegabten Kindern haben sie meist gar keine oder nur ganz wenig Erfahrung.

Sie brauchen Ihre Hilfe. Tun Sie sich mit anderen Eltern zusammen und beginnen Sie einen fortlaufenden Dialog mit Schulleitern, Schulaufsichtsbehörden, Erziehungsberatern und Schulpsychologen. Beschaffen Sie ihnen Literatur; sorgen Sie für berufsbegleitendes Training; stellen Sie Verbindungen zu Gruppen her, die sich für die Belange hochbegabter Kinder und ihrer Eltern einsetzen; laden Sie Redner ein.

Wenn Sie mit einem Lehrer ein bestimmtes Problem oder eine bestimmte Situation besprechen, müssen Sie von seinem Erfahrungsniveau und Kenntnisstand in bezug auf hb Kinder ausgehen. Zum großen Teil wird Ihre erste Unterredung mit einem Lehrer ein gegenseitiges Kennenlernen sein. Beachten Sie bitte dabei einige Grundlagen jeder Kommunikation: Zeigen Sie Verständnis für seine Lage, besonders für die emotionalen Aspekte; sagen Sie ihm nicht nur, was Sie sagen wollen, sondern auch, was Sie nicht sagen wollen; überprüfen Sie laufend die Verständigung, indem Sie ihn zu wiederholen bitten, was er Sie sagen hört. Wenn diese Richtlinien befolgt werden, finden Lehrer und Eltern in den meisten Situationen zu einer harmonischen Zusammenarbeit, in der sich einer vom anderen unterstützt fühlt. Aber wenn sich keine solche Beziehung zu dem Lehrer herstellen läßt, sollten Sie sich ohne weiteres an den Erziehungsberater oder den Schulleiter oder jeden anderen im Schulsystem wenden, der als Verbindungsmann zu dem Lehrer oder zwischen ihm und Ihnen als Dolmetscher fungieren könnte. Solange sich die Situation emotional nicht hochschaukelt, ist es unwahrscheinlich, daß der Lehrer Ihnen Ihr Anliegen verargen und seinen Groll an Ihrem Kind auslassen wird.

Wenn Ihr Kind höchstbegabt ist, werden Sie praktisch während seiner ganzen Schulzeit sein Fürsprecher zu sein haben und vielleicht sogar für das Kind kämpfen müssen. Obige Vorschläge gelten für den Umgang mit Erziehern, in den Sie aber Ihrerseits auch viel Bestimmtheit, Bewußtheit und Beharrlichkeit einbringen müssen. Vergessen Sie nie, daß Sie eine Menge über Ihr Kind wissen, und verlieren Sie den Mut nicht.

Sollen wir unserem Kind soviel Bereicherung wie möglich verschaffen?

Grundsätzlich schon, indes mit Vorbehalt. Kinder werden bereichert durch Ermutigung, Beteiligung und Wissen, wo es sich um ihre eigenen Interessengebiete handelt, nicht um Bereiche, in denen sich Erwachsene über das Kind innere Befriedigung erhoffen. Nie sollte ein Kind allein zum primären Brennpunkt der Familienaktivitäten werden, und Sie sollten den Etat der Familie nicht zu Gunsten des hochbegabten Kindes so strapazieren, daß es dadurch zu offenen oder verdeckten Ressentiments kommt oder das Kind sich durch überzogene Erwartungen überfordert fühlt.

Soll ich den Tanten, Onkeln und Großeltern sagen, daß meine Tochter hochbegabt ist?

Das hängt von Ihrem Verhältnis zu diesen Verwandten und zu Ihrem Kind ab. Ob Ihre Tochter hochbegabt ist oder nicht, geht im Grunde nur

Sie und das Kind und vielleicht die Schulbehörden etwas an. Dennoch können Sie andere von der Begabung Ihres Kindes informieren, wenn Sie meinen, daß sie von dieser Mitteilung keinen unwillkommenen Gebrauch machen werden; sie sollten allerdings die verschiedenen Vorsichtsmaßnahmen beachten, die wir in diesem Buch genannt haben und Ihre Tochter nicht zu Primadonna-Allüren verführen, indem sie überall bei Nachbarn, in Geschäften usw. herumerzählen, daß sie ja «soo begabt ist».

Sollen Eltern ihrem Kind sagen, daß es hochbegabt ist?

Sie werden sich mit dieser Frage auseinandersetzen müssen. Ihr Kind wird früh im Leben merken, daß es anders ist als andere Kinder, und dafür braucht es eine Erklärung. Statt des Terminus «hochbegabt» können Sie Begriffe wie «geistig sehr beweglich» oder «talentiert» verwenden. Unabhängig von Ihrer Wortwahl müssen Sie darauf achten, daß Sie dem Kind klarmachen: Hochbegabung ist kein Entweder-Oder – andere sind nicht «unbegabt», sondern besitzen andere Fähigkeiten, und wir alle sind voneinander abhängig und müssen bei jedem Menschen seine besondere starke Seite würdigen.

Elternbriefe

Elternbrief 1

Adrian P. ist der mittlere von drei Söhnen. Er ist anstrengend, seit er auf der Welt ist. Ich hatte zunehmend das Gefühl, immer etwas langsamer zu sein als er; ich litt unter seiner Unberechenbarkeit und unter seiner Unbeirrbarkeit. In der Kindergartenzeit hatten mein Mann und ich sehr viel Glück mit den Erzieherinnen, die zwar oft Adrians fehlende Regelakzeptanz beklagten, ihn aber in seiner Andersartigkeit wegen seiner Freundlichkeit, seiner Phantasie und Kreativität sehr mochten.

In der folgenden Grundschulzeit wurde unser Sohn zunehmend zum verhaltensauffälligen Außenseiter, da er nicht in den Klassenverband zu integrieren war. Damit wuchs der Berg der Schuldzuweisungen an uns Eltern, die es offensichtlich nicht geschafft hatten, ihr Kind «richtig» zu erziehen. Ich war oft verzweifelt und einfach erschöpft von der erzieherischen Arbeit im Alltag, oft ratlos, weil ich mit den extremen Stimmungen meines Sohnes nicht umgehen konnte.

Das SENG - Seminar hat bei mir vor allem eins geändert: Die Akzeptanz eines Kindes, das immer anders sein wird als andere, das aber vielfältige Möglichkeiten und Fähigkeiten besitzt, die ich jetzt zu sehen besser in der Lage bin. Ich lernte, daß es Möglichkeiten des Umgangs auch mit diesen Kindern gibt, die Normen und Konventionen oft in Frage stellen. Vor allem hatte ich das entlastende Gefühl, diese «Andersartigkeit» nicht «verschuldet» zu haben.

Ich kann sehr viel wohlwollender als früher Reaktionen und Verhaltensweisen bei Adrian zulassen und sehr viel selbstbewußter mit der oft negativen Einschätzung anderer umgehen. Das tut uns beiden und auch unserer Familie gut.

Dr. Piontkowski

Elternbrief 2

Für unser erstes Kind hat es leider viel zu lange gedauert, um als hochbegabtes Kind erkannt und akzeptiert zu werden. Es war für uns Eltern nicht nachvollziehbar und völlig unerklärlich, warum unser aufgewecktes Kind vom ersten Schultag an in unserem Schulsystem nicht bestehen konnte. Sein soziales Verhalten und seine Denkweise wurden ebenfalls nicht akzeptiert. Trotz aller Bemühungen seinerseits fühlte er sich oft von Erwachsenen wie von Kindern mißverstanden und ausgegrenzt. In vielen Gesprächen mit den unterrichtenden Pädagogen über Verhalten, Umgang und Emotionen konnte kein gemeinsamer Konsens gefunden werden. «Das Kind hat in die Norm zu passen!» war der Kommentar, den wir zu hören bekamen. Unser Weg führte dann durch Familienberatungsstellen, psychologische Ambulanzen und Psychiatrien, jedoch mit deren Absicht, Kind und Familie «in die Norm» zu pressen. So wurden wir von einer therapeutischen Katastrophe in die nächste therapiert. Als wir durchtherapiert waren, war unsere Familie dann wirklich kaputt. Nach langem Suchen habe ich dann unser Kind in der Beschreibung der Hochbegabungsproblematik wiedererkannt. Bei dieser Äußerung begegneten mir Reaktionen von blankem Entsetzen über Lachen bis hin zu Spott. Mit meinem Wissen und Glauben an unser Kind stand ich den pädagogisch und psychologisch geschulten Fachleuten allein, einsam und hilflos gegenüber. Oft habe ich an mir selbst gezweifelt.

Schließlich fanden wir professionelle Hilfe, doch der angerichtete Schaden war für unseren Sohn zu groß, um noch in unserem Schulsystem bestehen zu können. Mit 10 Jahren hat er sich für ein Internat im Ausland entschieden. Seither lebt und lernt er dort und hat sich weitgehend gefangen und schulisch sehr gut entwickelt.

Im SENG-Seminar konnte ich erleben und erfahren, daß viele andere Familien mit hb Kindern in ähnlicher Problematik leben. In den SENG-Seminaren konnte ich die vergangenen Jahre noch einmal durchleben, verarbeiten und viele Situationen hinterfragen. Eine «normale» Erziehung konnte gar nicht funktionieren. Es hat mir viele Schuldgefühle genommen. Jetzt funktioniert unser Familienleben wieder – wir können Bedürfnisse wahrnehmen, Situationen sicherer meistern.

Mit unserem zweiten betroffenen Kind gehen wir neue Wege. Wir sind nicht mehr über die Situation unserer Tochter verunsichert, können Gespräche über «normale» Erziehung besser führen und lassen uns nicht mehr beirren. Mit ihren Gefühlen wie Wut, Ohnmacht und Stolz etc. und ihren Verhaltensweisen, aber auch mit unseren Gefühlen gegenüber unserem Umfeld und der Schule können wir umgehen. Uns ist klar, wir werden im Hinblick auf die Schulsituation und auf unser Umfeld immer wieder mit Un- und Mißverständnis, Streßbewältigung, Motivationsverlust und manchmal auch mit Depressionen konfrontiert werden, aber wir handeln jetzt mit einem anderen Bewußtsein. Für mich persönlich bedeutet es die

Akzeptanz unserer Lebenssituation und schließlich die Akzeptanz für mich selbst. Das SENG-Seminar liegt jetzt ein Jahr zurück und meine Motivation für neue Dinge wächst ständig; ich habe keine Angst mehr, den Dingen und Situationen, die uns begegnen und noch begegnen werden, hilflos gegenüberzustehen. Traurig hingegen stimmt mich immer noch die Nichtakzeptanz unserer anders fühlenden und denkenden Kinder in unserem Schulsystem. Bedeutet bei uns Nichtwissen Erwachsener Nichtakzeptanz? (Aufklärung tut Not, auch in Deutschland).

Mechthild Grailach

Elternbrief 3

Von der Mutter eines höchstbegabten Kindes

Im Jahre 1978 erfuhren mein Mann und ich offiziell, daß unser Sohn RJ ein höchstbegabtes Kind sei. Nachdem wir selber ausgiebig über Hochbegabung recherchiert und uns mit zahlreichen Erziehern besprochen hatten, wurde RJ zwei Monate vor seinem sechsten Geburtstag getestet. Jetzt, da ich dies schreibe, ist er zehn Jahre alt. In den verflossenen Jahren hat es manches Auf und Ab, viele erzieherische Katastrophen und gelegentlich auch Zeiten gegeben, in denen alles relativ glatt ging. An manchen Tagen können wir es immer noch nicht recht glauben, daß unser Sohn so von der Norm abweicht, wie es die Zahlen belegen; an anderen Tagen wiederum ist der Unterschied zu anderen mit Händen zu greifen.

Wir haben lange gebraucht, um zu erkennen, und noch länger, um zu akzeptieren, daß für Kinder in den oberen Bereichen der menschlichen Intelligenz pädagogisch praktisch einfach nicht genug getan wird. Da die Schule trotz über fünfzigjähriger Forschung nur wenige Antworten anzubieten hat, müssen Eltern, Lehrer und die hochbegabten Kinder eben selbst weiterhin Pionierarbeit leisten.

Ich habe festgestellt, daß in der Regel Kinder mit IQ-Werten von 150 und darüber als «außergewöhnlich begabt» etikettiert werden und eine weitere Gruppe, bisweilen als «höchstbegabt» bezeichnet, IQ-Werte von über 180 aufweist. Eigene Erfahrungen habe ich mit Kindern beider Gruppen, nämlich mit meinem Sohn und dem Sohn meiner besten Freundin. Da unsere Kinder dermaßen von der Norm abweichen, daß selbst Hochbegabten-Programme ihren Bedürfnissen nicht gerecht werden, und da so wenige Erzieher und andere Eltern Erfahrung mit Kindern aus diesen

Intelligenzbereichen haben, besteht eines unserer größten Probleme darin, bei anderen ein bißchen Verständnis für das zu wecken, worum es uns geht. Wir können uns nicht so recht vorstellen, wie normale Kinder sind; wieviel schwerer muß es dann anderen fallen, sich einen Begriff davon zu machen, wie unsere Kinder sind oder was sie vermögen! Vielleicht kann dieser offene Brief ein wenig aufklären über das Leben mit einem höchstbegabten Kind.

Hintergrund

Erst nachdem RJ das fünfte Lebensjahr erreicht hatte, sahen wir ernstlich Grund zu der Vermutung, daß er mehr sei als nur normal gescheit. Bis dahin hatte der Begriff «hochbegabt» in unserem Umgangswortschatz keinen Platz gehabt. So ergeht es den meisten Eltern hochbegabter Kinder; ihr Interesse für Fragen der Hochbegabung beruht selten auf einer freiwilligen Entscheidung.

Hätten wir bei RJ's Geburt gewußt, was wir heute wissen, so wären uns seine Fähigkeiten ganz sicher schon auf Altersstufe 2 klargeworden. Jeder hätte die Symptome erkennen können, der sie zu deuten verstand, doch dazu waren weder wir noch andere Leute in unserer Umgebung in der Lage. Unsere drei älteren Jungen, RJ's Halbbrüder, sind alle hochbegabt, aber wir bezeichneten sie nicht so, denn sie wuchsen in den 6Oer und frühen 70er Jahren auf, und wir wußten, daß wir eine gescheite Familie waren. Temperamentsmäßig unterschieden sich die älteren Jungen erheblich voneinander, und als RJ sich entwickelte, faßten wir sein Anderssein als einen Ausdruck von Individualität auf, die uns nicht weiter erstaunte. Jedenfalls paßte er allem Anschein nach gut in die Familie.

Der andere, vermutlich gewichtigere Faktor, der uns die Größe von RJ's Potential nicht erkennen ließ, war der Umstand, daß der Sohn meiner besten Freundin, der im selben Monat wie RJ zur Welt gekommen war, ebenfalls höchstbegabt ist (Wir wissen jetzt, daß Jasons IQ, obwohl die Stanford-Binet-Skala gar nicht so weit geht, annähernd 196 beträgt). Jason und RJ wuchsen die ersten drei Jahre praktisch zusammen auf und taten vieles ungefähr zur gleichen Zeit, allerdings war Jason unserem RJ immer um ein paar Wochen bis sechs Monate voraus. Jasons Mutter und mir fiel zwar auf, daß zwischen dem, was unsere Söhne vermochten, und dem, was sie entsprechend der Norm können sollten, ungeheure Diskrepanzen klafften, aber wir nahmen an, daß diese Richtlinien das bare Minimum darstellten und ließen sie deshalb weitgehend unberücksichtigt. Beispielsweise lasen wir bei Gesell, ein drei- bis vierjähriges Kind müßte die Grundfarben erlernen können, und weil unser zwanzig Monate alter Junge die schon seit geraumer Zeit kannte, befaßten wir uns einfach nicht weiter mit diesem Buch.

Als RJ zweieinhalb war, übertraf er mich zum ersten Mal im Denken. Wir fuhren mit einem Nachtzug zu meinen Eltern zu Besuch. Nach dem Abendessen entdeckte er den Wasserspender in unserem Waggon. Fasziniert von den konischen Pappbechern, füllte er einen um den anderen mit Wasser und trug sie einzeln in unermüdlichem Pendelverkehr zwischen Zapfstelle und unseren Sitzplätzen hin und her. Als ich ihm schließlich Einhalt gebot und seinen Pyjama anzog, wollte er noch etwas zu trinken haben. Ich sagte ihm, er könne jetzt nicht mehr zu dem Wasserspender gehen, sondern müsse ins Bett. Er fing an zu zetern, und weil ich einem für dieses Alter typischen Wutanfall zuvorkommen wollte, der jeden in dem vollbelegten Wagen gestört und mich in peinliche Verlegenheit gebracht hätte, erklärte ich meinem Sohn, es habe keinen Zweck, mit mir zu argumentieren, ich sei eine erwachsene Mutter und er ein sehr kleiner Junge, der diesen Kampf niemals gewinnen könne. «Ich werde immer gewinnen!» versicherte ich ihm (Heute sehe ich ein, daß ich wirklich verdient habe, was dann geschah.). Er hörte auf zu quengeln und machte sich bereit für unser übliches Zubettgeh-Ritual mit Einschlafgeschichten und Holzpuzzles. Fast eine Stunde verging mit diesen Aktivitäten. Dann sagte ich ihm, nun sei aber endgültig Schlafenszeit. Damals mußte er jeden Abend vor dem Einschlafen eine Pille einnehmen, die er gewöhnlich mit Wasser schluckte. Er erbot sich, das Wasser zu holen. Ohne nachzudenken, setzte ich ihn in den Gang. Er tapste hin zu dem Wasserspender. Nachdem er mit einem gefüllten Pappbecher zurückgekehrt war und die Tablette genommen hatte, meinte er engelhaft lächelnd: «Siehst du, Mama, ich habe gewonnen.» Ich entsinne mich noch gut, daß ich damals dachte: Was fängst du mit diesem Kind erst an, wenn es dreizehn ist? Inzwischen habe ich gelernt, daß herausfordernde Situationen der Art, wie ich sie unabsichtlich heraufbeschworen hatte, für den Jungen geradezu ein Lebenselixier sind.

Schon als er noch sehr jung war, fielen er und seine Gespräche in Läden, Restaurants und an anderen allgemein zugänglichen Orten auf und wurden kommentiert. Da ich seine Gespräche gewohnt war und nicht wußte, wie andere kleine Kinder redeten, glaubte ich, man nehme von ihm Notiz, weil er ein so niedlicher kleiner Steppke sei. Später, als er mit dem Lesen anfing, wurde offensichtlich, daß diese Aufmerksamkeit nicht seinem netten Aussehen galt. Leute fragten ihn nach seinem Alter und sagten dann zu unserem Mißvergnügen über seinen Kopf hinweg zu uns, er sei aber wirklich ein «fixes» Kerlchen. Allmählich bemerkten wir bei ihm eine Neigung, sich vor Publikum zu produzieren. Mit seinem angeborenen, ziemlich intellektuellen Humor fischte er sich Lacher, soviel er wollte. Wir wußten damals nicht, daß dieser Sinn für Humor typisch war für höchstbegabte Kinder, und deshalb hielten wir den Jungen nicht für ein «fixes Kerlchen», sondern für einen kleinen Schauspieler und Angeber.

Wir erfuhren auch schon früh, daß er sehr kreativ war, ahnten aber nicht, daß Kreativität wahrscheinlich mit außergewöhnlichen intellektuellen Gaben einhergeht. Er reagierte außerordentlich sensibel auf die Emotionen anderer Menschen, konnte sich ungemein gut einfühlen und war sehr liebevoll und schmuserig. Auch diese Eigenschaften brachten wir nicht mit geistiger Brillanz in Verbindung. Am meisten fiel uns in seinen frühen Jahren auf, daß das Zusammensein mit ihm stets großen Spaß machte. Mit zweieinhalb Jahren sagte er zum ersten Mal etwas, worin ich ein «Gedicht» erkannte. Da er gefragt hatte, warum das Laub fiel und zusammengeharkt wurde, versuchte ich, ihm den Herbst zu erklären. Er dachte einen Moment sehr ernst nach und meinte dann: «Die Blätter fallen vom Baum und weinen. Sie sagen: Mami, Mami, wir sind grün und gelb und traurig!» Als Dichterin, die ich war, glaubte ich, eine besondere Antenne für Poetisches in den Äußerungen zweijähriger Kinder zu haben und dachte mir, daß RJ's «Gedicht» wahrscheinlich das typische Bild eines Zweijährigen von einer Welt ausdrückte, in der Bäume und Blätter sprechen können und die Trennung von der Mutter den Gipfel der Traurigkeit bedeutet. Ich kannte nicht viele zweijährige Kinder.

Höchstbegabte Kinder sind Individuen wie andere Kinder. Ihre Persönlichkeiten, Temperamente, Vorlieben und Abneigungen sind so mannigfaltig wie die in jeder anderen Gruppe. Temperamentsunterschiede könnten auch erklären, daß Eltern extreme Hochbegabung nicht frühzeitig erkennen. Wir glaubten an den Mythos, alle «kleinen Genies» seien unglückliche oder sehr einzelgängerische oder arg fehlangepaßte Kinder, und RJ war von Geburt an glücklich, extravertiert, warmherzig und allgemein zufrieden. Wenn er als Baby schrie, dann nur, um uns mitzuteilen, daß er Hunger oder Schmerzen hatte. Mit sechs Monaten saß er buchstäblich stundenlang gemütlich in seinem fahrbaren Bettchen, betrachtete still seine Spielsachen und nuckelte bisweilen nachdenklich an ihnen. Schon als Säugling war er «ein Träumer», wie man ihn später in der Schule nannte. Er beobachtete immer sehr gut und hat sich offensichtlich nur selten gelangweilt oder frustriert gefühlt. Seine ganze frühe Kindheit hindurch machte ihm das Bekanntwerden mit neuen Menschen und wechselnden Situationen keinerlei Mühe und anscheinend auch keine Angst.

Jason dagegen schien anders zu sein, so anders, wie das bei einem Baby nur möglich ist. Er schrie oft und lange und war offenbar mit nichts und niemandem zufrieden. Als RJ mit sechs Monaten sitzen konnte und das genoß, versuchte Jason mit aller Macht zu krabbeln und schrie vor Wut und Enttäuschung, wenn es ihm nicht gelang.

Auch Jason war ein sehr aufmerksamer Beobachter, verlangte aber ständig neue Anregung. Oft hatte man den Eindruck, daß er sich in seinem unkoordinierten Körper wie ein Gefangener fühlte, wie jemand, der mit sich selbst in Fehde lag. Doch wie RJ schien er weder vor fremden Menschen noch vor fremden Situationen Angst zu haben und fand alles Neue untersuchenswert.

Noch heute sind die beiden Kinder sehr verschieden. Jason fordert ständig Anregung – er will Bücher lesen, an Projekten arbeiten, braucht Material zum Malen, Basteln, Bauen. RJ ist ein Träumer geblieben; er widmet sich zwar Projekten, hängt aber auch lange Perioden hindurch seinen Gedanken nach. Jason und RJ haben nicht dieselben Interessen, aber sie können sie miteinander teilen, und trotz ihrer verschiedenen Gemütsart kommen sie miteinander immer noch besser aus als es ihnen jemals einzeln mit einem anderen Kind gelungen ist.

Viele Menschen, die RJ kennen, haben mir gesagt, alle anderen höchstbegabten Kinder in ihrer Bekanntschaft seien unglücklich gewesen, Bob und ich müßten als Eltern also etwas richtig machen, da RJ ja offenkundig glücklich und zufrieden sei. So verlockend es ist und so tröstlich es sein mag zu glauben, daß wir mit unserer elterlichen Betreuung unseren Sohn zu einem glücklichen Menschen gemacht haben – es wäre weder wahr noch den Eltern der unglücklichen Kindern gegenüber fair gedacht. RJ war von Anfang an ein heiteres, sonniges Gemüt; seine Grundveranlagung ist ebenso ein Teil von ihm wie seine Haarfarbe.

Wie erklärt sich die Beobachtung, daß die meisten höchstbegabten Kinder unglücklich sind? Anscheinend ist diese Beobachtung nämlich nicht falsch, jedenfalls zeigen Forschungen: Während das Kind im IQ-Bereich von 130-140 wahrscheinlich ungewöhnlich gefestigt, glücklich, kompetent und äußerlich erfolgreich ist, werden bei dem Kind mit einem IQ von über 150 wahrscheinlich kleinere bis schwere emotionale Probleme auftreten. Sind dies nun alles Kinder «schlechter» Eltern oder Kinder aus labilen Familien? Offensichtlich kann es nicht nur an der Familie liegen. Diese Kinder sind zu einem Leben in einer Gesellschaft gezwungen, für die sie sich nicht eignen. Sie «passen» nicht in ihre Kultur und entsprechen nicht den Erwartungen anderer. Vor allem passen sie nicht in die Schule, dieses in der Regel rigide Milieu, in dem sie einen großen Teil ihrer wachen Stunden verbringen.

Eine weitere Komplikation besteht darin, daß gerade diese Kinder eigentlich nahtlos in das Schulmilieu hineinpassen sollten. Scheinbar verheißt ihnen die Schule doch die herrlichsten Möglichkeiten. Ihr besonderes Vergnügen im Leben ist das Lernen, und so erwarten diese Kinder von der Schule die höchsten Befriedigungen und Freuden. Wenn sich die Realität des Schullebens unverkennbar als negativ erweist, da sie sie hemmt, statt sie vorwärtszubringen, müssen sie sich nicht nur mit dieser Negativität auseinandersetzen, sondern auch damit, daß ihre hohen Erwartungen zunichte werden. Ein Kind, das vor der Schule Angst hat, nickt vielleicht nur zynisch, wenn sie sich als mies herausstellt. Das Kind, das sich von der Schule die Erfüllung all seiner Träume erhofft hat, ist unwahrscheinlich enttäuscht, wenn es merkt, daß sie so unvorstellbar hinter seinen Erwartungen zurückbleibt. Selbst bei angeborener Gutmütigkeit und Seelenruhe kann es den Umstand, daß die Schule es anscheinend nicht lernen lassen will, nicht Jahr um Jahr ertragen, ohne schweren Schaden an seinem Gefühlsleben zu nehmen.

Aber es wäre unfair, allein der Schule die Schuld zu geben. Höchstbegabte Kinder zu erziehen ist nun einmal schwierig, einerlei, wie es um ihre Gemütsart steht. RJ's Verhalten im Zug fiel mir nur deshalb so besonders in die Augen, weil es das erste Mal war, daß er mich im Denken eindeutig ausgetrickst hat. Ähnliches geschieht regelmäßig immer wieder und wieder. Es kann für einen Elternteil eine unglaublich schwierige Aufgabe sein, dauernd unter den prüfend-forschenden Blicken eines Kindes leben zu müssen, das – sei es zwei, sei es zwölf Jahre alt – ihn mit Wonne auf innere Widersprüche, Irrtümer und tönerne Füße hinweist. Keine Mutter, kein Vater kann sich vorher jede Antwort zurechtgelegt haben, wenn das Kind den Mund aufmacht!

Hinzu kommt, daß das hb Kind einen enormen Zeit-, Energie- und Geldaufwand seitens der Eltern erfordert. Ein Psychologe sagte in seinem Vortrag vor einer Elterngruppe, das Aufziehen eines Kindes sei heutzutage so teuer wie ein Mercedes-Benz und die eines hb Kindes doppelt so teuer. Die meisten Menschen begreifen, daß ein behindertes Kind eine große Belastung für die Familie bedeutet. Wenige aber begreifen, daß genau dies auch die Situation mit einem höchstbegabten Kind ist! Da die Eltern, so der Psychologe weiter, darauf nicht gefaßt waren, kann es kaum ausbleiben, daß die extremen Anforderungen sie zumindest zeitweilig verdrießen.

Schließlich sind noch die Ego-Komplikationen für die Eltern zu bedenken. Es ist geradezu unheimlich, wie das hochbegabte Kind es spürt, wenn seine Fähigkeiten von einem Elternteil dazu «benutzt» werden, dessen eigenes Ego zu nähren. Man möge sich ja nicht einbilden, einem selbst passiere das nie. Als RJ klein war, setzte er sich besonders in der Öffentlichkeit einfach dadurch zur Wehr, daß er in Babysprache verfiel, wenn er sich «benutzt» vorkam. Wenn es für uns ein Bedürfnis ist, daß die

Kinder einen hochbegabten Eindruck machen, merken sie das schneller als wir selber, und deshalb fand ich die Häufigkeit, mit der RJ zu der Waffe der Babysprache griff, besonders deprimierend. Man wird unschwer nachvollziehen können, daß mir seine Babysprache genau in dem Maße mißfiel, wie ich unbewußt nach den Begabungsbeweisen meines Kindes suchte. Denken Sie sich zu der normalen Beanspruchung der Eltern die Komplikationen hinzu, die sich einstellen, wenn das Kind nicht nur höchstbegabt ist, sondern auch eine schwierige Gemütsart hat, und Sie werden vielleicht verstehen, wieso einige Eltern mit ihren blitzgescheiten Kindern offenbar nicht sehr gut zurechtkommen und warum diese Eltern besondere Hilfe brauchen.

Schule

Bis zum Schuleintritt hat man mit dem höchstbegabten Kind vielleicht keine oder nur wenige ernsthafte Schwierigkeiten. Oft ist das Kind – wie in RJ's und Jasons Fall geschehen – noch bis zum Beginn des regulären Schulbesuchs nicht als hoch- oder höchstbegabt identifiziert. Daheim und in einigen guten, offenen Kinderkrippen herrscht vielleicht soviel Flexibilität, daß das Kind es selbst sein kann, mag es darin von der Norm auch noch so sehr abweichen. Aber schließlich kommt das hochbegabte Kind in die Schule, und nun wird's traumatisch, so oder so. Die Kinder mögen auf die Schule verschieden reagieren, doch eines ist offenbar unausweichlich: In der Schule werden ihrem Lernen gewöhnlich zum ersten Mal Hindernisse in den Weg gelegt. Es kommt zu einer oder zu mehreren negativen Reaktionen bei den Kindern, und manche davon werden zunächst nicht als negativ erkannt. Manche Kinder versuchen, Erwachsenen zu gefallen, indem sie sich strikt nach den Anforderungen des Systems richten, manche ziehen sich in sich zurück, andere rebellieren und werden Störenfriede. Manche probieren alle diese Reaktionen der Reihe nach durch. In jedem Fall leiden darunter ihre Einstellungen, Lernmuster und Fähigkeiten.

Da RJ seit seinem 28. Lebensmonat fünfmal morgens in der Woche vorschulisch gefördert worden war, hatte er bereits drei Jahre seriöser, wiewohl offener Erziehung hinter sich, als er in den Ganztags-Kindergarten einer Montessori-Grundschule kam. Er konnte nicht verstehen, warum ihm niemand etwas zu lesen gab und warum in dieser neuen Schule immer nur «gespielt» und sonst nichts getan wurde. Als ich mit seiner Lehrerin über die Möglichkeit eines Leseangebots für den Jungen sprach, erklärte sie mir, RJ habe mit ihnen sehr viel Geduld, aber sie und ihr Assistent könnten für ihn nicht viel tun, weil sie außer RJ noch achtundzwanzig Kinder betreuen müßten, und die kannten größtenteils weder Buchstaben noch Zahlen oder mehr als ein paar Farben. Sobald es ging, steckte sie RJ in eine Gruppe von Klassenkameraden, die lesen konnten; trotzdem blieb er das ganze Jahr über ungefordert und hatte das Gefühl, gar nichts zu lernen. Doch da ihm die Pausen, Lunch, Kunsterziehung und Musik behagten, blieb er einigermaßen bei Laune und beklagte sich nicht zu oft. Für ihn war die Schule nichtsdestoweniger das erste Milieu, das er nur knapp zu ertragen vermochte und keine Umwelt, in der er seinem persönlichen Tempo gemäß ungehindert erkunden und lernen konnte.

Da er es durchstand, blieb uns die Größenordnung seines Problems verborgen, bis ich an seiner Schule mit Dritt-, Viert- und Fünftkläßlern Dichtungskurse abhielt. Ich hatte noch nie mit so jungen Kindern gearbeitet und merkte gleich, daß da etwas im Argen lag. Entweder war RJ's Schule eine so miserable Anstalt, daß Mittelstufen-Kinder kaum mehr wußten als Kindergartenkinder, oder RJ war alles andere als ein normales Kindergartenkind. Der Hauptunterschied zwischen meiner Arbeit mit besagten Schülern und der mit RJ bestand für mich darin, daß ich bei den älteren Kindern öfter als bei RJ innehalten und die von mir benutzten Wörter erklären mußte. RJ schien alles zu können, was sie konnten, außer daß sie Schreibschrift lernten, während er nur Druckschrift beherrschte. So begann unsere Entdeckungsreise.

Ich machte mich durch Lektüre ein bißchen sachkundig und überlegte nun doch, ob unser Sohn «hochbegabt» war. Wir notierten Beispiele unserer Interaktionen mit ihm, die zeigten, wie er dachte und lernte. Einmal, als er wegen Unwohlseins daheim war, fragte er mich, wieviel 45 mal 18 sei. Ich rechnete es aus, teilte ihm das Ergebnis mit und fragte ihn, warum er das wissen wolle (denn da er in der Schule erst bis zum Zusammenzählen und Abziehen von Zahlen unter 10 gekommen war, ahnte ich nicht einmal, daß er wußte, was Multiplizieren ist!). RJ erklärte mir, in seinem Aquarium-Aufsatzteil seien so viele Löcher, daß er sie nicht zählen könne, deshalb habe er die Löcher an der einen langen und die an der einen kurzen Seite gezählt, aber nun klappe es mit dem Multiplizieren nicht, dafür seien die Zahlen zu groß. Wir wissen bis heute nicht, wie er auf dieses Berechnungsprinzip gekommen ist, sondern nur, daß es ihm niemand beigebracht hat.

Als diese Beispiele eine kleine Mappe füllten, beschlossen wir, sie «Experten» vorzulegen, um herauszufinden, ob RJ ungewöhnlich gescheit sei. Und nun lernten wir zum ersten Mal kennen, womit sich praktisch alle Eltern hochbegabter Kinder während der Schulzeit ihrer Sprößlinge herumzuschlagen haben – das Leugnungssyndrom. Schon das Vorsprechen mit unseren Mutmaßungen bei Erziehern war uns peinlich und machte uns ein bißchen Angst. Angenommen, wir irrten uns! Wie, wenn wir den Jungen überschätzten und als typische vernarrte Eltern dastünden? Genau das kriegten wir zu hören. Man zog unsere Motive, unsere Beobachtungen, unsere Ehrlichkeit und schließlich unsere elterlichen Betreuungsmethoden in Zweifel. Naja, hieß es, RJ's Leistungen mögen ja ein bißchen aus dem Rahmen fallen, aber sie sind alles andere als erstaunlich und vielleicht darauf zurückzuführen, daß wir ihn zu sehr angetrieben, ihn zu früh in die Schule gegeben, von ihm zuviel verlangt hätten. Fast glaubten wir schon, in Anbetracht unserer schrecklichen Pressionen auf das Kind von Glück sagen zu können, daß es noch einigermaßen normal war! Vor allem versicherte man uns, daß unser Sohn in seiner Schule gut aufgehoben sei, dort gebe es viele genauso gescheite Kinder, und die bekämen eine sehr anständige Schulbildung mit.

Seine Lehrerin war völlig anderer Meinung, als wir ihr von diesen Einschätzungen berichteten. Sie wußte, daß ein Erwachsener RJ weißgott nicht anzutreiben brauchte, sondern in der Regel Mühe hatte, mit ihm Schritt zu halten. Ein so gescheiter Schüler, sagte sie uns, sei ihr noch nie zuvor untergekommen, und wir müßten uns bei der Suche nach einem seinen Fähigkeiten entsprechenden Bildungsweg auf erhebliche Schwierigkeiten und einen Kampf mit den Schulen gefaßt machen. Wir sollten RJ testen lassen, riet sie, damit wir für diesen Kampf mit respektgebietenden Zahlen gerüstet seien. So erreichten wir die nächste Stufe: RJ wurde von einer privat praktizierenden Psychologin getestet.

Testen

Nie werde ich die Heimfahrt im Auto nach der ersten der drei Testsitzungen vergessen. Für mich stand fest, daß wir total verrückt waren und daß die Tests beweisen würden, was wir schon immer gedacht hatten, daß RJ ein gescheites, normales Kind war. Vielleicht können andere Menschen sich nicht vorstellen, wie es Eltern seelisch schlaucht, wenn die Testprozedur beginnt. Wir glaubten, daß alle hochintelligenten Menschen ernstlich fehlangepaßt seien und jeder mit einem bequemen mittleren Plätzchen besser bedient wäre.

Daß RJ so glücklich war, schien zu bedeuten: Entweder ist er nicht hochbegabt, oder er wird bald unglücklich und absonderlich. Einerseits hofften wir, daß sich in den Tests seine Hochbegabung erweisen möge, andererseits hatten wir genau davor Angst. Wir merkten, daß unsere Egos mit im Spiel waren und fragten uns, ob wir nicht sehr enttäuscht sein und ihn diese Enttäuschung fühlen lassen würden, wenn sich herausstellte, daß er «normal» ist. Aber wenn er nun doch hochbegabt war, würden wir ihn daraufhin nicht in destruktiver Weise unter Druck setzen? Würden wir die uns bevorstehenden Eröffnungen über unseren Sohn verkraften? Wie sollten wir das wissen? War denn intellektuelle Frühreife überhaupt gut? Die Antwort auf diese Frage spielte allerdings keine Rolle. RJ war, wer er war, und wir wollten über ihn so viel in Erfahrung bringen, daß wir ihm und uns helfen konnten, diese Realität zu bewältigen.

Seit damals habe ich mit zahlreichen Eltern höchstbegabter Kinder gesprochen, und alle berichteten, wie schwierig das seelische Auf und Ab im Zusammenhang mit dem Testen für sie war. Zu all diesen Fragen kam hinzu, daß die meisten von uns um das Problem des angemessenen Bildungsweges unserer Kinder allerlei Aufhebens gemacht hatten und ziemlich dumm und verlegen dastehen würden, wenn sich unsere Spekulationen als gegenstandslos erwiesen. Mögen diese Besorgnisse auch sehr subjektiv gewesen sein, real waren sie jedenfalls.

Unvergeßlich ist mir auch mein Entsetzen, als die Psychologin mir nach ihrer letzten Sitzung mit RJ, noch ohne die Zahlen ausgerechnet zu haben, sagte, RJ sei das gescheiteste Kind, das sie je getestet habe, und die Heimfahrt nach unserer letzten Besprechung mit der Psychologin, als Bob und ich uns mit der Tatsache konfrontiert sahen, daß RJ tatsächlich in die Kategorie jener gehörte, die manchmal als «Genies» bezeichnet werden. Obwohl wir uns freuten, daß wir nach all den unangenehmen Auseinandersetzungen mit Erziehern schließlich Recht behalten hatten, fürchteten wir uns vor dem Problem, wie es mit RJ nun schulisch weitergehen sollte und zitterten bei dem Gedanken, was RJ auf der Suche nach seinem Platz in der Welt noch alles bevorstehen mochte.

Auch Jasons Eltern beschlossen, ihn bei einem Schulpsychologen testen zu lassen. Von ihm erfuhren sie dann, Jason habe einen IQ von 150 – womit er RJ unterlegen gewesen wäre, was mir überhaupt nicht einleuchtete. Aber niemand erklärte Jasons Eltern, daß die Grenze der Testdifferenzierung bei dem angewandten Test 150 betrug. Niemand sagte ihnen, daß weitere Tests möglicherweise ein akkurateres Bild ergeben würden. Als Jasons Mutter und ich im Sommer den sechsjährigen Jason im Lesen testeten und feststellten, daß er 800 Wörter in der Minute las und fast alles richtig verstand, dämmerte uns, daß der Test des Schulpsychologen nicht der Weisheit letzter Schluß gewesen war. Wie ich aus der Fachliteratur wußte, besteht bei Kindern mit IQ-Werten über 180 die große Wahrscheinlichkeit, daß sie sich selbst das Schnell-Lesen beibringen, und deshalb vermuteten wir, daß Jason in diese Kategorie gehören könnte. Aber keiner von uns hatte eine genaue Vorstellung davon, was das bedeutete oder inwiefern sich Jason oder RJ denn nun von Gleichaltrigen unterschieden. Von Jason und RJ wurde erwartet, daß sie sich irgendwie in die Schule «einfügten», wenn dazu auch vielleicht ein bißchen Extra-Unterstützung und Input ihrer Eltern erforderlich war.

Recherchen

Als ich mich nach einer Schule umtat, die sich RJ's engagiert annehmen würde, begann für mich eine Recherchierarbeit zum Thema Hochbegabtenerziehung, die bis heute einen Teil meines Lebens bildet. Ich glaubte damals wirklich, die Fachliteratur halte alle Antworten parat, ich müsse nur genug lesen. Erst nach vielen Monaten sah ich ein, daß es offenbar entweder überhaupt keine Antworten gab oder aber viele, viele Antworten, die einander widersprachen.

Vor über fünfzig Jahren hat Leta Hollingworth darauf hingewiesen, daß Kinder mit IQ-Werten über 150 den gesamten Standard-Grundschulstoff in einem Viertel der üblichen Zeit oder noch schneller erlernen können. Aber einen Weg, wie man das regulär durchführen kann, hat bisher noch niemand offeriert. Die Zeit im Klassenzimmer, sagte Leta Hollingworth, ist für diese Kinder zu drei Vierteln und für die Kinder mit IQ-Werten über 180 fast gänzlich vertane Zeit. Doch wo waren die Vorschläge für Maßnahmen gegen diese Zeitvergeudung? Und wer konnte uns sagen, wie wir unseren Kindern helfen konnten, mit einem System fertig zu werden, das sie täglich sechs Stunden mit Beschlag belegte, wo sie doch sogar an Wochenenden oder in den Sommerferien immer mehr zu tun hatten, als zeitlich zu schaffen war? Wie konnten wir ihnen gegenüber den Verlust all dieser Stunden rechtfertigen?

Eltern fällt die Einsicht schwer, daß Schulen ihr höchstbegabtes Kind nicht zu erziehen und zu bilden wissen. Genauso schwer fällt es Lehrern, den Berichten von Eltern über die Lernstile dieser Kinder zu glauben. Das ist überhaupt für jeden eine harte Nuß. Was das Können dieser Kinder betrifft, traut man manchmal seinen eigenen Augen nicht und meint, das gehe nicht mit rechten Dingen zu.

Jemand hat einmal gesagt, anscheinend brauchen diese Kinder nichts zu lernen, sie wissen schon alles, man muß es ihnen nur noch in die Erinnerung zurückrufen. Jedenfalls beweisen die Forschungen und unsere tägliche Erfahrung eindeutig, daß höchstbegabte Kinder in die meisten bestehenden Erziehungssysteme nicht hineinpassen können. Und das muß fast zwangsläufig zu schwierigen, oft unerfreulichen Konfrontationen zwischen Eltern und Erziehern führen.

Daß Edison für bildungsunfähig erklärt wurde, ist kein Einzelfall. Das höchstbegabte Kind lernt ganz anders, als in der Schule gelehrt wird. Die meisten Erziehungsmethoden gehen Schritt für Schritt vor; sie beginnen mit einem Detail, zu dem ein weiteres und noch eins etc. in einer bestimmten Progression hinzukommen, bis das größere Bild sichtbar wird. Das hochbegabte Kind dagegen macht einen «riesigen Sprung» und sieht fast sofort das Gesamtbild. Wenn es sich dann oft wochenlang auf die Einzelheiten konzentrieren soll, findet es das schwierig, langweilig und äußerst sinnlos.

Ein höchstbegabtes Kind in eine normale Klasse zu stecken ist so ähnlich, wie wenn man ein Sprint-Naturtalent an einer Stadionbahn Aufstellung nehmen läßt, auf der jeder Schritt sorgfältig aufgemalt und numeriert ist, und ihm dann sagt: Du läufst jetzt, indem du die Füße immer schön nacheinander auf die markierten Felder setzt. Sollte dieser Sportler tatsächlich so zu laufen versuchen, kommt er ins Stolpern und gerät aus seinem natürlichen Rhythmus, bis er völlig das Gleichgewicht verliert. Wenn er stattdessen so läuft, wie es ihm natürlich vorkommt, hält ihn jeder, der seine Leistungen danach bewertet, ob er die Schrittfolge wie vorgeschrieben absolviert, für einen elenden Versager. So oder so scheint er das, was er tun soll, nicht gut zu können.

Eltern haben fortgesetzt mit Erziehern und Lehrern zu tun, die wie eben beschrieben verfahren und das Kind danach bewerten, wie brav es die Füße in die vorgegebenen Felder setzt. Und wir kriegen dann zu hören, daß unsere Kinder nicht so gescheit sind, wie wir denken, ja, daß es in der Schule oder in der Klasse des Kindes etliche viel gescheitere Kinder gibt. Oder man sagt uns: Gescheit ist es, aber furchtbar dickköpfig, unsozial und schwer zu behandeln. Die meisten Erzieher erfassen nicht den Unterschied zwischen extremer geistiger Befähigung und «schulgerechter Begabung», mit der das Kind im Schulsystem gut vorankommt. Vielleicht ist es ein kleiner Trost, daß Einstein als schwer von Begriff und langsam, Edison als «verschroben» und Picasso als «seltsam» galten.

Zu der Konfrontation von Eltern und Erziehern kommt es vor allem deshalb, weil die Eltern als erste merken, daß die Schulerfahrung für das Gefühlsleben des Kindes gefährlich werden könnte. Eltern wissen, wie das Kind vor Beginn der Schulzeit war, sie sehen, wie sich seine Persönlichkeit verändert, weil es in seinem natürlichen, starken Lernwunsch frustriert wird und in ein Muster hineingezwängt werden soll, das nicht zu ihm paßt.

Doch selbst bei den Eltern fällt der Groschen oft ungebührlich spät – zum Teil, weil sie nach anderen Erklärungen suchen, und zum Teil, weil sie Hemmungen haben, in der Schule den Schuldigen zu sehen, wissen sie doch, daß sie vielleicht nur sehr wenig tun können, um die schulische Situation des Kindes zu ändern.

RJ und die Privatschule

Auf den Rat unserer Psychologin hin und nachdem wir viele Schulen besichtigt hatten, entschieden wir uns für eine Privatschule, von deren Individuum-zentriertem Bildungsprogramm wir uns einige Flexibilität versprachen. RJ kam in die erste Klasse. Wir hielten uns völlig heraus, entschlossen, diese teure Schule ihre Arbeit tun zu lassen. Zum Teil mochten wir uns nicht einmischen, weil wir unseres Erachtens nicht viel von der schulischen Erziehung von Erstkläßlern verstanden, zum Teil aber auch, weil ich keine Mutter sein wollte, vor der jeder Reißaus nimmt (Ich wußte damals nicht, daß ich noch lernen mußte, mit dieser Rolle zu leben). Wir hatten der Schule Test-Ergebnisse und eine umfassende psychologische Beurteilung zur Verfügung gestellt und alles dargelegt, was wir über RJ's Lernstil wußten, natürlich in der Annahme, daß man sich dieser Informationen angemessen bedienen werde. Als im November die erste Elternkonferenz herankam, war RJ soweit, daß er am Morgen nicht zur Schule wollte und Unwohlsein vorschützte. Da er bereits ein Jahr im Kindergarten «vertrödelt» hatte, war ihm der Geduldsfaden gerissen.

Von der Psychologin unterstützt, führten wir damals einige Änderungen ein, die anscheinend gut anschlugen. Zum Beispiel bekam er ein Lesebuch für Fünftkläßler und ein Wortschatzbuch für dieselbe Stufe. Und doch, hätte ich damals gewußt, was ich heute weiß, so wäre mir früher klargeworden, daß diese Änderungen nicht im mindesten genügten. Als es Frühling wurde, hatte sich unser warmherziger, extravertierter, glücklicher RJ in ein mürrisches, schwieriges, streitsüchtiges und zu Wutanfällen neigendes Kind verwandelt. Unsere Interaktionen daheim wurden immer negativer, bis wir uns fast nur noch stritten. Wir suchten die Schuld zunächst bei uns und mutmaßten, daß wir mit RJ plötzlich irgend etwas falsch machten. Dann sagten wir uns, es müsse eine Entwicklungsphase sein, die mit dem Übergang ins siebente Lebensjahr zu tun habe. Wir vergaßen dabei, daß wir alle typischen Entwicklungshürden mit RJ mühelos genommen hatten. Also rechneten wir überhaupt nicht damit, daß womöglich die Schule für solche weittragenden Veränderungen verantwortlich war.

Obwohl wir uns noch nicht systematisch auf Schulprobleme konzentriert hatten, fiel uns zum Glück auf, daß RJ mit Beziehungen zu Gleichaltrigen Schwierigkeiten hatte. Er spielte zwar die Spiele mit, die seine Klassenkameraden mochten, klagte aber, daß sie nie Spiele mitmachten, die ihm gefielen. Er wußte nicht so recht, wie er sich zu ihnen stellen und was er sein sollte. Er verstand ihre Vorlieben nicht, sie verstanden die seinen nicht. Aber da er dazugehören wollte, ahmte er einige ihrer undisziplinierten Verhaltensweisen nach und war perplex, wenn er damit zumal bei Erwachsenen aneckte, die von ihm auf Grund bisheriger Erfahrungen ein kontrolliertes Verhalten erwarteten. Auf unser Betreiben hin wurde vorgesehen, ihn für das nächste Jahr aus der Einheit I (erste und zweite Klasse) herauszunehmen und in Einheit II (dritte und vierte Klasse) zu geben. Wir wußten, daß die Kinder in der Einheit II nicht in dem Maße wie die der Einheit I als Babys behandelt wurden und hofften, daß ihm höhere Ansprüche besser bekommen würden. RJ hat sich nie gern «wie ein Kind» behandeln lassen.

Als das erste Schuljahr herum war, schien jemand einen Zauberknopf gedrückt zu haben. Plötzlich war da wieder unser alter RJ! Keine Verdrossenheit mehr, keine Wutanfälle, vorbei das ewige Zanken. Endlich begriffen wir, daß die Schule der Schuldige war – pädagogisch, sozial, überhaupt in jeder Hinsicht. Da es RJ nun frei stand, sich Gefährten aus einem Altersbereich zu wählen, den keine Klassenniveaus begrenzten, konnte er nach Herzenslust mit jüngeren, älteren und Kindern seines Alters interagieren und genoß – wie immer – unverkennbar den Umgang mit Erwachsenen. Wie es bei Kindern mit stark divergierendem Intelligenz- und chronologischem Alter häufig vorkommt, suchte er sich als Dauergefährten eher geistig-seelisch ähnlich Fortgeschrittene als chronologisch Gleichaltrige, bevorzugte jedoch weiterhin die Kombination.

Er und Jason lebten damals in verschiedenen Staaten, aber wenn sie einander besuchten, war die Freude groß, und dann durchmaßen sie in Rede und Verhalten so ziemlich alles von Altersstufe 12 abwärts bis Altersstufe 7 oder darunter und wieder retour. Für Jason war das Jahr in der ersten Klasse erträglich gewesen, weil er einen Lehrer hatte, bei dem er seine Arbeit so schnell es ging erledigen und sich dann ins Lesen vertiefen durfte. Er hatte nicht so viele Probleme mit Klassenkameraden wie RJ, da er Interaktionen mit ihnen aus dem Wege ging, wo er konnte. Niemand von uns wußte, daß dieses Lesen, womit der Frieden in der Klasse gewahrt wurde und der Junge seine Zeit ausfüllte, ihn in seiner wachsenden Neigung bestärkte, sich gegen die schwierige und oft unerklärliche Außenwelt abzukapseln und in die Geborgenheit der Buchlektüre einzuspinnen. So wurde der Grund zu Jasons Sich-Zurückziehen gelegt.

Unsere Schule hatte eine Auseinandersetzung über das Überspringen von Schulklassen vom Zaune gebrochen und prophezeite uns entsetzliche Folgen für den Fall, daß wir RJ in die dritte Klasse gehen lassen würden. «Das hat sich noch niemals bewährt!», sagte man uns. Zum Glück hatten wir damals bereits einiges Zutrauen zu unserem eigenen Urteil gewonnen und sollten die Richtigkeit unserer Einschätzung bald bestätigt sehen.

Nach ein paar Wochen Klassenunterricht der kombinierten Stufen 3 und 4 schloß er sich einer Spracherziehungsgruppe hochbegabter Viertkläßler an und absolvierte bis zum Ende des Jahres mühelos die vierte Klasse. Sein größtes Problem hing damit zusammen, daß von den Viertkläßlern viel Schriftliches verlangt wurde. RJ haßte es, nach sechs langen Stunden Schule Hausaufgaben zu machen; mit der Hand schrieb er, da das für ihn noch etwas ungewohnt war, weder so schnell noch so leserlich wie seine Klassenkameraden, und mit der Schreibmaschine (er lernte tippen) ließ sich ja nicht alles erledigen. Außerdem brachte ihn seine verträumte, etwas zerfahrene Art in organisatorische Schwierigkeiten. Sozial hatte er viel Erfolg; er kam mit Viertkläßlern viel besser zurecht, als es ihm jemals mit Kindern seines Alters gelungen war. Die wichtigsten Faktoren seines Erfolges waren wohl seine zwei Lehrer, freundliche und fürsorgliche Menschen, die wollten, daß er's packte, und die sich wirklich bemühten, seine Lernweise zu verstehen.

Jason erlebte inzwischen in der zweiten Klasse seiner Grundschule sein Waterloo. Sein neuer Lehrer ließ ihn nicht mehr lesen, wenn er mit der Arbeit fertig war, und versuchte unentwegt, ihm zu Anschluß an die anderen Kindern zu «verhelfen». Schon nach wenigen Monaten war Jason so verwirrt und litt dermaßen, daß er sich völlig in sich selbst verkroch. Sobald er die Schule betreten hatte, sprach er mit keinem Kind und keinem Erwachsenen mehr, bis er das Gebäude wieder verließ. Daheim bekundete er unmißverständlich seine Wut auf seine Eltern, weil sie ihn immer weiter einer Fünf-Tage-Schulwoche aussetzten, die er als äußerste Tortur empfand. Als die Dinge soweit gediehen waren, fanden seine Eltern einen Psychologen, ließen Jason testen (diesmal mit einem Stanford-Binet) und gaben den Jungen bei ihm in Therapie (zweimal die Woche). Man kann getrost sagen, daß Jason dank dieser Behandlung die zweite Klasse hinter sich brachte, ohne gravierenden und möglicherweise überdauernden Schaden zu nehmen.

RJ's zweites Jahr, für das er übersprungen hatte, verlief wesentlich schlechter als das erste, obwohl die Gruppe der Kinder, mit der er gesprungen war, freundlich blieb und ihn unterstützte. Er ging jetzt in die Einheit III und hatte neue Lehrer – ein Achtjähriger in einer Klasse mit Fünft- und Sechstkläßlern. Die Sechstkläßler hänselten ihn unentwegt und seine neue Lehrerin, statt ihn zu unterstützen, untergrub seine Position subtil, indem sie häufig daran erinnerte, daß RJ jünger und kleiner war. Am Schluß des Schuljahres erhielt RJ zwar gute Zensuren, aber die Kommentare seiner Lehrerin zu dem Zeugnis charakterisierten ein Jahr, in dem er wegen «Unreife» und «Desorganisiertheit» kritisiert und immer wieder seiner schlechten Lerngewohnheiten wegen gerügt worden war. Auch in diesem Jahr hatte es daheim wegen des Hausaufgabenproblems Mißhelligkeiten gegeben. In seiner Schule stand «Hausaufgaben machen als Disziplintraining» hoch im Kurs, und RJ fand sich nicht ab mit diesen Arbeiten, die nur seine Zeit kosteten und sonst keinerlei Sinn hatten. So begrüßte er das Ende dieses Jahres mit Freude und Erleichterung.

Jason war es in diesem Jahr viel besser ergangen, obwohl er es mit anderen Achtjährigen in der dritten Klasse verbringen mußte – aber an einer Privatschule, die zugesagt hatte, für ihn eine förderliche schulische Umgebung zu schaffen und an der er sich mit einem anderen hb Kind befreundet hatte. Auch die weiter durchgeführte Therapie half, und im Frühjahr hatten er und seine Familie das Gefühl, alles entwickle sich so zufriedenstellend, daß die regelmäßige Behandlung beendet werden könne.

Nachdem RJ die fünfte Klasse absolviert hatte, zogen wir im Laufe des Sommers in einen anderen Staat und mußten nun schleunigst eine neue Schule für ihn suchen. Inzwischen hatte ich etwas gelernt, was meines Erachtens äußerst wichtig ist, wenn man für ein höchstbegabtes Kind einen Platz finden will. Konventionelle Privatschulen, die ihren Stolz darein setzen, Schüler an die besser weiterführenden Schulen zu bringen und akademische Ehrungsriten zu praktizieren, sind für höchstbegabte Kinder keineswegs immer das richtige. Solche Schulen können sehr gut sein für viele hochbegabte Kinder, besonders für Linkshirn-Hochleister, aber das Hauptmerkmal der Höchstbegabten ist nebst ihrer Lernfähigkeit die Andersartigkeit ihrer Lernmethoden. Man meide also möglichst Schulen, deren starre Verfahren und Strukturen für diese Unterschiede keinen Raum lassen. Intensiver Konkurrenzkampf um Zensuren und öffentliche Anerkennung von Leistungen sind für das höchstbegabte Kind vielleicht nicht so wichtig wie sein Bedürfnis, Themen seiner Wahl nach seinem Gusto auszuloten. Der in dieser Umwelt meist herrschende soziale Druck lastet besonders schwer auf dem höchstbegabten Kind. Schließlich und endlich ist die konventionelle Sekundarschule wahrscheinlich mächtig auf ihr Renommee bedacht, für «die Besten und Gescheitesten» da zu sein und erweist sich vielleicht als besonders unwillig, auch nur die Möglichkeit zu bedenken, daß ein Kind etwas brauchen könnte, was sie nicht zu bieten hat.

Wir fanden glücklicherweise eine Privatschule, die extrem flexibel und so angelegt ist, daß jedes Kind in dem ihm gemäßen Tempo arbeiten kann. In einer Umwelt, die jedes Kind als ein Individuum betrachtet, fällt RJ als Persönlichkeit unter den anderen nicht weiter auf. Wieder war es einem besonders interessierten, fürsorglichen Lehrer zu danken, daß RJ das Jahr mit Erfolg abschloß, aber die auf Gewaltlosigkeit und Tolerieren von Unterschieden gründende Geisteshaltung der Schule gab den Hintergrund für gute soziale Interaktion ab. RJ's schulische Fortschritte waren etwas uneinheitlich. Technisch galt er wieder als Fünftkläßler, wiewohl er mit Textmaterial von Junior-High-School-Standard zu arbeiten hatte und wahrscheinlich weniger gelernt hat, als ihm bei seinen Fähigkeiten möglich gewesen wäre. Aber er fühlte sich wohl, mochte die Einstellung der Schule zum Lernen und hatte Gelegenheit, Neues auszuprobieren – Schauspiel, Töpferei und Laufsport.

Seine Zufriedenheit mit den schulischen Verhältnissen bedeutet sehr viel, weil sie ihm ermöglicht, daheim er selbst zu sein und seinen ausschließlichen Interessen mit der Energie und Begeisterung nachzugehen, die ihm in den ungemütlichen Jahren gefehlt hatten.

Für Jason wurde es abermals ein verheerendes Jahr, das er mit chronologisch Gleichaltrigen in der vierten Klasse durchzustehen hatte. Die sozialen Interaktionen wurden immer schwieriger und schließlich sogar gewalttätig; im Klassenunterricht gab es für ihn nichts zu lernen; sein Lehrer nahm jede Chance wahr, auf sein Anderssein hinzuweisen, indem er ihn zu Interaktionen mit den anderen zu zwingen suchte. Jason bat um Wiederaufnahme der Therapie und seine Eltern haben sich entschlossen, im nächsten Jahr einen neuen Kurs einzuschlagen – sie wollen Jason an einer neuen Schule stoffmäßig durch Überspringen soweit wie möglich nach vorn bringen und für ein möglichst umfassendes außerschulisches Lernangebot an Jason sorgen. Endlich, es hat lange gedauert, besteht kein Zweifel mehr, daß ein Kind mit einem IQ von über 180 derartig anders ist als die anderen, daß geringfügige Abänderungen der üblichen Schulmethoden einfach nicht genügen können.

Im Zusammenleben mit einem höchstbegabten Kind gibt es für die Eltern manche niederschmetternde Enttäuschung. Es kann bedeuten, daß man in einem ständigen Wirrwarr von halb fertiggestellten Projekten und herumliegenden Sachen lebt. Es kann viele lange, oft emotionale und meist frustrierende Konferenzen mit Erziehern bedeuten. Es kann einen Einsatz von Zeit, Kraft und Mitteln erfordern, der einem unvernünftig und irgendwie ungerecht vorkommt. Es kann – regelmäßig! – bedeuten, daß man sein Kind zum Zähneputzen ins Bad schickt und es eine Stunde später dabei antrifft, wie es, ohne die Zahnbürste angerührt zu haben, mit größter Konzentration sein neues Papierflugzeug vervollkommnet, aus Ton einen Drachen knetet oder aus Trinkhalmen einen Wolkenkratzer errichtet. Aber es gibt auch viel Kompensation. Ich kann mir nicht vorstellen, daß Eltern ein solches Kind gegen ein «anderes Modell» eintauschen würden, selbst wenn ihnen vieles über den Kopf wächst. Auch wir Eltern haben ein Geschenk erhalten, ein einzigartiges Kind, das wir mit unserer

Liebe und Fürsorge umhegen und das uns viel Freude macht, während wir ihm so zu helfen versuchen, daß es sein Potential ausschöpfen kann. Es gibt keine Rezepte, keine Richtlinien, keine Schulungskurse, die einem zuverlässige Methoden der elterlichen Betreuung und Erziehung des höchstbegabten Kindes an die Hand geben. Wir alle sind Pioniere und werden unsere Ressourcen und Informationen miteinander teilen müssen. Als RJ vier Jahre alt und in der Kinderkrippe war, sagte ihm ein anderes Kind aus seiner dortigen Fahrgemeinschaft, es werde ihn nicht zu seiner Geburtstagsparty einladen. RJ blickte den Jungen einen Moment lang an und sagte dann: «Du existierst nicht. Dich gibt es nur in meinem Geist.» Wir wissen nicht sehr viel über diesen Geist, nur eines: Es wäre ein Verbrechen, ihn zu knebeln.

Literaturverzeichnis

American Association of Gifted Children. On Being Gifted. New York: Walker and Co., 1978.

Atkinson, J.W. (1957) z.n. Schmalt, H.D. Motivationspsychologie. Stuttgart; Berlin; Köln; Mainz: Verlag W. Kohlhammer, 1986.

Bach, G.B. and Wyden, P. The Intimate Enemy: How to Fight Fair in Love and Marriage. N.Y.: Anvon, 1968.

Bach, G.R. and Deutsch, R.M. Pairing: How to Achieve Genuine Intimacy. N.Y.: Avon, 1970.

Bloom, B.S. Stability and Change in Human Characteristics. New York: John Wiley and Sons, 1964.

Bombeck, E. At Wits End. N.Y.: Doubleday, 1967.

The Bookfinder: A Guide to Childrens Literature About the Needs and Problems of Youth Aged 2-15. Circle Pines, Minnesota: American Guidance Service, Inc., 1977.

Boroson, W. First-Born-Fortune's Favorite? Annual Editions: Readings in Human Development, '73-'74. Guilford, Ct.: The Dushkin Publishing Group, 1973, 193-196.

Bowers, P. G. Hypnotizability, creativity and the role of effortless experience. International Journal of Experimental Hypnosis, 1978, 26, 184-202.

Clark, B. Growing Up Gifted. Columbus, Ohio: Charles Merrill Co., 1979.

Colangelo, N. and Zaffrann, R.T., New Voices in Counseling the Gifted. Dubuque, Iowa: Kendall/Hunt Publishing Company, 1979.

Coleman, D. 1528 Little geniuses and how they grew. Psychology Today, 1980, 13 (9) Feb., 28-43.

Cronbach, L. J. Essentials of Psychology Testing. (2nd Ed.) N.Y.: Harper, 1960.

Dabrowski, K. Positive Desintegration. Boston: Little, Brown And Company, 1964.

Dreikurs, R. The Challenge of Parenthood, N.Y.: Duell, Sloan & Pearce, 1958.

Dreikurs, R. and Soltz, V. Children. The Challenge. N.Y.: Hawthorn Books, 1964. (Deutsch: Kinder fordern uns heraus. Wie erziehe ich zeitgemäß? Klett/Cotta 1981).

Eberle, B. Visual Thinking: A «Scamper» Tool for Useful Imaging. Buffalo, N.Y.: D.O.K. Publishers, 1982.

Ellis, A. and Harper, R.A. A New Guide to Rational Living. N.Y.: Institute for Rational Living, 1975.

Fittkau, B.; Müller-Wolf, H.M. und Schulz von Thun, F. Kommunizieren lernen (und umlernen): Trainingskonzeptionen und Erfahrungen. Braunschweig: Westermann, 1980.

Fox, L. H. Identification of the academically gifted. American Psychologist, 1981, 36 (10, 1103-1111).

Fox, R. Today's students: Suicide among students and its prevention. Royal Society of Health Journal, 1971, 91, 181-185.

Freed, A.M. T.A. for Kids. Sacramento: Jalmar Press, Inc., 1976.

Freed, A.M. T.A. for Tots. Sacramento: Jalmar Press, Inc. 1974.

Gardner, H. Abschied vom IQ: die Rahmentheorie der vielfachen Intelligenzen. Stuttgart: Klett Cotta, 1994.

Gardner, R.A. The Boys and Girls Book about Divorce. N.Y.: Jason Aronson, 1970.

Garfield, E. Will a bright mind make its own way? Current Contents, 1980, No. 51, 5-15.

Ginott, H. Between Parent and Child. N.Y.: Avon Books, 1965 (Deutsch: Eltern und Kinder. Elternratgeber für eine verständnisvolle Erziehung. Reinbek: rororo Ratgeber u. Handbuch 6081).

Ginott, H.G. Between Parent and Teenager. N.Y.: Macmillan Co., 1969.

Goleman, D. Emotionale Intelligenz. München; Wien: Carl Hanser Verlag, 1996.

Gordon, T. Parent Effectiveness Training. New York: Peter Wyden, Inc., 1970.
Hollingworth, L.S. Children above 180 IQ. New York: Arno Press 1975 (Reprint of 1942 edition).
Ilg, F.L. and Ames, L.B. The Gesell Institute's Child Behavior from Birth to Ten. N.Y.: Harper and Row, 1955.
Jacobs, J. Effectiveness of Teacher and Parent Identification of Gifted Children as a Function of School Level. Psychology in the Schools, 1971, 8 140-142.
Kane, N. and Kane, M. Comparison of right and left hemisphere functions. The Gifted Child Quaterly, 1979, 23 (1), Spring, 157-167.
Kohlberg, L. Development of moral character and moral ideology. In M.L. Hoffman and L.W. Hoffman (Eds.), Review of Child Development Research, Vol. I. N.Y.: Russel Sage, 1964.
Kollstedt, P. L. Surviving the Crisis of Motherhood: Strategies for Caring for Your Child and Yourself. Cincinnati, OH: St. Anthony Messenger Press, 1981.
Kreger Silverman, L. Counceling The Gifted and Talented.. Love Publishing Company, 1993.
Lajole, S. P. and Shore, B. M. Three myths? The over-representation of the gifted among dropouts, delinquents and suicides. Gifted Child Quarterly, 1981, 25, No. 3, 183-243.
Lakein, A. How to Get Control of Your Time and Your Life. N.Y.: Signet, 1974.
Lemov, P. That kid is smart. The Washingtonian, 1979, 15 (3)., 225-233.
Lester, G. and Lester, D. Suicide: The Gamble with Death. Englewood, N.J.: Prentice-Hall, 1971.
Lewis, D. How to be a Gifted Parent. N.Y.: Norton, 1981.
Lipper, A. Gifted and Talented Children. The Congressional Record, Vol. 125, Wed., September 5, 1979.
Lyons, H.C. Our most neglected natural resource. Today's Education, 1981, Feb.-March, 15-19.
McCall, R.B.; Appelbaum, M.I. and Hogarty, P.S. Developmental changes in mental performance. Monographs of the Society for Research in Child Development, 1978, 39 (3) (Serial No. 150), 1-83.
McCord, W.; McCord, I. and Zola, I.K. Origins of Crime. N.Y.: Columbia University Press, 1959.
Manton, J. The Story of Albert Schweitzer. N. Y.: Abelard Schuman, 1955.
Marland, S. Education of the Gifted & Talented, U.S. Commission of Education, 92nd Cong., 2nd Session, Washington, D.C.: USGPO, 1972.
Maslow, A.H. Motivation and Personality. New York: Harper and Row, 1954. (Deutsch: Motivation und Persönlichkeit, Walter, Olten/Freiburg i.Br. 1978).
May, R. Man's Search for Himself. N.Y.: Norton, 1953.
Miller, A. Prisoners of Childhood. N.Y.: Basic Books, 1981.
Miller, J.P. Suicide and adolescence. Adolescence, 1975, 10 (37), 11-24.
Perino, S.C. and Perino, J. Parenting the Gifted. N.Y.: Bowker Co., 1981.
Powell, J. Why Am I Afraid to Tell You Who I Am? Niles, Ill.: Argus Communications, 1969.
Radin, N. Observed paternal behaviors as antecedents of intellectual functioning in young boys. Developmental Psychology, 1973, 8, 369-376.
Radin, N. Three degrees of maternal involvement in a preschool program: Impact on mothers and children. Child Development, 1972, 43, 1355-1364.
Renzulli, J. and Smith, L. H. An alternative approach to identifying and programming for gifted and talented students. G/C/T, 1980, Nov./Dec., 4-11.
Sattler, J. Assessment of Children's Intelligence and Special Abilities. Boston: Allyn and Bacon, Inc., 1982.
Schneidman, E.S. and Farberow, N.L. Clues to Suicide. N.Y.: McGraw Hill, 1957.
Schutz, W.C. FIRO-B: A Three Dimensional Theory of Interpersonal Behavior. N.Y.: Rinehart & Co., 1958.
Seiden, R. Campus tragedy: A study of student suicide. Journal of Abnormal Psychology, 1966, 71, 389-399.

Seiden, R. Suicide among Youth. A Supplement to the Bulletin of Suicidology. Washington: National Institute of Mental Health, 1969.
Shinn, M. Father absence and children's cognitive development. Psychological Bulletin, 1978, 85, 295-324.
Simon, S.B.; Howe, L.W. and Kirschenbaum, H. Values Clarification. New York: Hart, 1972.
Soltz, V. Articles of Supplementory Reading for Parents. Chicago: Alfred Adler Institute, 1975.
Strang, R. Mental hygiene of gifted children. In P. Witty (Ed.), The Gifted Child. Lexington, Mass.: D.C. Heath, 1951.
Sutton-Smith, B. and Rosenberg, B. G. The Sibling. N.Y.: Holt, Rinehart and Winston, Inc., 1970.
Tannenbaum, A.J. and Neuman, E. Somewhere to Turn: Strategies for Parents of Gifted and Talented Children. New York: Teachers College Press, Columbia Univ., 1980.
Terman, L.M. Genetic Studies of Genius. Vol. I. Mental and Physical Traits of a Thousand Gifted Children. Stanford: Stanford Univ. Press, 1925.
Tolan, S. S. Welcome To The Ark. N.Y.: Morrow Junior Books, 1996.
Torrance, P. Predicting the Creativity of Elementary School Children and the Teachers Who Made a Difference. Gifted Child Quarterly, 1981, Vol. XXV, 56-62.
Vaillant, C. E. Adoptation to Life. N.Y.: Little, Brown and Co., 1977.
Watzlawick, P.; Weakland, J. and Fisch, R. Lösungen: zur Theorie und Praxis menschlichen Wandels. Bern; Göttingen; Toronto: Huber, 1992.
Weiner, B. Motivationspsychologie. München; Weinheim: Psychologie Verlags Union, 1988.
Weiss, R. S. Marital Separation. N.Y.: Basic Books, 1975. (Deutsch: Trennung vom Ehepartner. Klett-Cotta, Stuttgart 1980).
Whitmore, J.R. Giftedness, Conflict and Underachievement. Boston: Allyn and Bacon, 1980.
Williams, A. Teaching gifted students how to deal with stress. The Gifted Child Quarterly, 1979, Spring, 23 (1), 136-141.
Wright, L. Parent Power: A Guide to Responsible Childrearing. N.Y.: William Morrow and Co., 1980.
Young, P. and Jones, P. Sidetracked Home Executives. N.Y.: WarreBooks,1981.

Verzeichnis empfohlener Literatur

Andresen,U. So dumm sind sie gar nicht - Von der Würde der Kinder in der Schule. Beltz-Quadriga Verlag, 1996.

Cave, K., Riddell, Ch. Irgendwie anders. Hamburg: Friedrich Oetinger Verlag, 1994. (Kinderbuch)

Ciompi, L. Die emotionalen Grundlagen des Denkens: Entwurf einer fraktalen Affektlogik. Göttingen: Vandenhoek und Ruprecht, 1997.

Dabrowski, K. Positive Desintegration. Boston: Little, Brown And Company, 1964.

Dornes, M. Der kompetente Säugling. Frankfurt am Main: Fischer Taschenbuch Verlag, 1993.

Freese, H.L. Kinder sind Philosophen. Berlin; Weinheim: Beltz-Quadriga Verlag, 1994.

Gardner, H. Abschied vom IQ: die Rahmentheorie der vielfachen Intelligenzen. Stuttgart: Klett Cotta, 1994.

Goleman, D. Emotionale Intelligenz. München; Wien: Carl Hauser Verlag, 1996.

Gussin Paley, V. Mitspielen verbieten ist verboten - Gegenseitige Achtung und Akzeptanz unter Kindern. Weinheim; Berlin: Quadriga Verlag, 1994.

Hainbokel, A. Hochbegabte. Erkennen, Probleme, Lösungswege. Baden-Baden: Nomos Verlagsgesellschaft, 1988.

Kreger Silverman, L. Counceling The Gifted & Talented. Love Publishing Company, 1993.

Landau, E. Mut zur Begabung. München; Basel: Ernst Reinhardt Verlag, 1990.

Mathews, G.B. Die Philosophie der Kindheit: Wenn Kinder weiter denken als Erwachsene. Beltz Quadriga Verlag, 1995.

Miller, A. Das Drama des begabten Kindes. Frankfurt, 1983.

Mönks, F., Ypenburg, I. Unser Kind ist hochbegabt - Ein Leitfaden für Eltern und Lehrer. München; Basel: Ernst Reinhardt Verlag, 1993.

Preckel, F. Internetguide für begabte Kinder und Jugendliche. Münster: Lit-Verlag, 2002.

Renzulli, J.; Reis, S. M.; Stednitz, U. Das Schulische Enrichment Modell SEM. Begabtenförderung ohne Elitebildung. Aarau: Sauerländer, 2001.

Renzulli, J.; Reis, S. M.; Stednitz, U. Begleitband zum Schulischen Enrichment Modell SEM. Trainingsaktivitäten, Vorlagen, Unterrichtsmaterialien. Aarau: Sauerländer, 2001.

Schär, A. Was ist Hochbegabung? Prozeßorientierte Konzepte. Zürich: Verlag pro juventute, 1991.

Spahn, Ch. Wenn die Schule versagt: Vom Leidensweg hochbegabter Kinder. Asendorf: Mut-Verlag, 1997.

Tolan, S. S. Welcome To The Ark. N.Y.: Morrow Junior Books, 1996.

Van den Brouck, J. Handbuch für Kinder schwieriger Eltern. Stuttgart: Klett-Cotta, 1993.

Watzlawick, P.; Weakland, J. and Fisch, R. Lösungen: zur Theorie und Praxis menschlichen Wandels. Bern; Göttingen; Toronto: Huber, 1992.

Wittmann, A., Hochbegabtenberatung. Theoretische Grundlagen und empirische Analysen. Göttingen: Hogrefe, 2003.

Anhang

Adressen, Informationen, Rat und Hilfe

Im Folgenden zitieren wir in Auszügen aus «Begabte Kinder finden und fördern. Ein Ratgeber für Elternhaus und Schule», herausgegeben vom Bundesministerium für Bildung und Forschung. Bonn, 2003.

Diagnostik, Beratung

Begabungspsychologische Beratungsstelle am Institut
für Pädagogische Psychologie der Universität München
Leopoldstraße 13, D-80802 München
Telefon: (0 89) 21 80-63 33, Telefax: (0 89) 21 80-51 53

William-Stern-Gesellschaft für Begabungsforschung und
Begabtenförderung e.V. Hamburg
Postfach 13 03 87, 20103 Hamburg, Telefax: (0 40) 4 28 38-54 92
Beratung, Diagnostik (Prof. Dr. Wieczerkowski),
Telefon: (0 40) 4 28 38-54 65, E-Mail: W.Wieczerkowski@wtnet.de
Talentförderung Mathematik (Prof. Dr. Kießwetter),
Telefon: (0 40) 4 28 38-43 87, E-Mail: KaKiAhr@aol.com

Begabungsdiagnostik, Beratung von Eltern, Lehrern und Psychologen; Konzeption und Evaluation von Fördermodellen; Fachtagungen und Fortbildungsveranstaltungen; Findung und Förderung von mathematisch besonders befähigten Schülerinnen und Schülern durch Talentsuchen und in Samstagskursen.

Information, Beratung, Förderung

Bildung und Begabung e.V.
Wissenschaftszentrum
Postfach 20 02 01, D-53132 Bonn
Telefon: (02 28) 95 91 50, Telefax: (02 28) 9 59 15 19

Informationsdienst zu allen Bereichen, die mit Hochbegabung und Begabungsförderung zusammenhängen, insbesondere Wettbewerben, Förderangeboten im In- und Ausland, Nachweis von Experten zur Beratung, Möglichkeiten der finanziellen Förderung, Fachtagungen, Publikationen.

Organisation der jährlich stattfindenden Bundeswettbewerbe für Mathematik und Fremdsprachen, des Gestaltungswettbewerbs Zeitgeschichte sowie der Auswahl und Vorbereitung der deutschen Mannschaft für die Internationale Mathematik-Olympiade.

Durchführung der Deutschen SchülerAkademie in Form von Sommerprogrammen für besonders befähigte und motivierte Schülerinnen und Schüler ab ca. 16 Jahre; Austausch mit entsprechenden Programmen in den USA.

Förderung von Erkundungsstudien im Bereich der Begabungsforschung; Durchführung von Fachtagungen; Herausgabe von Publikationen.

Bundesvereinigung kulturelle Jugendbildung e.V.
Küppelstein 34, D-42857 Remscheid
Telefon: (0 21 91) 79 43 90, Telefax: (0 21 91) 79 43 89

Die Bundesvereinigung kulturelle Jugendbildung ist mit ihren Mitgliederverbänden der anerkannte und zentrale Fachpartner der Bundesregierung für kulturelle Kinder- und Jugendbildung in Deutschland.

Institut für Begabungsforschung und Begabtenförderung in der Musik (IBFF)
Pohlweg 85, D-33100 Paderborn
Telefon: (0 52 51) 60 52 10, Telefax: (0 52 51) 60 52 09

Das IBFF richtet Förderkurse für junge, begabte Musikerinnen und Musiker unter der Leitung von Fachexperten aus. Es berät unter anderem in Fragen der Begabtenförderung, psychologischen Betreuung, Vermittlung an Instrumentalpädagogen, Anwendung von Musikalitätstests und betreibt Studien zur Wirksamkeit intensiver Musikerziehung und des Musizierens auf die allgemeine und individuelle Entwicklung.

Stiftung zur Förderung körperbehinderter Hochbegabter
Buchweg 1, FL-9490 Vaduz
Telefon: (0 04 23) 2 32 84 24

Beratung und materielle Förderung von körper- oder sinnesbehinderten hochbegabten Jugendlichen und Studierenden.

Mitgliedervereine für Hochbegabte bzw. deren Eltern

Deutsche Gesellschaft für das hochbegabte Kind e.V.
Bundesgeschäftsstelle: c/o Dorothea Karcher
Sondershauser Straße 80, D-12249 Berlin
Telefon: (0 30) 7 11 77 18
Service-Nrn: (07 00) 23 42 28 64, (07 00) 34 45 86 71

Zahlreiche Regionalverbände im gesamten Bundesgebiet. Interessenvertretung hochbegabter Kinder; Beratung von Eltern, Lehrern und Kindern; Gesprächskreise für Eltern. Förderangebote für begabte und hochbegabte Kinder und Jugendliche: Kurse, Workshops, Exkursionen, Camps. Modellprojekte auf den Gebieten Identifikation und Förderung von Begabungen; Herausgabe der Zeitschrift «Labyrinth».

Mensa in Deutschland e.V.
Hochbegabten-Vereinigung
Geschäftsstelle
Frau Christa-Novellino
Sankt-Georg-Straße 11, D-86926 Pflaumdorf
Telefon: (0 81 93) 93 86 92, Telefax: (0 81 93) 9 38 61
E-Mail: Mensa@t-online.de

Förderangebote für den Vorschul- und Schulbereich

CJD-Jugenddorf-Christophorusschule Braunschweig
Georg-Westermann-Allee 76, D-38104 Braunschweig
Telefon: (05 31) 70 78-0, Telefax: (05 31) 70 78-1 55

Privates Ganztagsgymnasium des Christlichen Jugenddorfwerks Deutschland (CJD) mit zahlreichen additiven außerschulischen Angeboten; ab der

Klasse 9 wird für allgemein hochbegabte Jugendliche ein spezieller Förderzweig bis zum Abitur geführt. Die Entscheidung über die Aufnahme in die Sonderklassen wird nach einer «Kontaktwoche» mit Probeunterricht, Testungen und Beratungsgesprächen getroffen.

Jugenddorf-Christophorusschule Rostock
Groß Schwaßer Weg 11, D-18057 Rostock
Telefon: (03 81) 8 07 11 01, Telefax: (03 81) 8 07 11 03

Weiteres siehe Jugenddorf-Christophorusschule Braunschweig.
Jugenddorf Hannover
Betreuungs- und Begenungsstätte der Karg-Stiftung
Gundelachweg 7, D-30519 Hannover
Telefon: (05 11) 8 78 39-0, Telefax: (05 11) 86 28 88

Das Jugenddorf Hannover ist eine Einrichtung zur Betreuung normal- und hochbegabter Kinder ab dem Kindergarten. Nachmittags werden Kurse für Grundschulkinder angeboten. Das Jugenddorf ist auch Beratungsstelle, Informationszentrum und Begegnungsstätte für Grundschulkinder, Jugendliche, Eltern und Pädagogen.

Nationale und internationale Fachvereinigungen

Arbeitskreis Begabungsforschung und
Begabtenförderung e.V. (ABB)
Geschäftsstelle: c/o Universität Rostock
Philosophische Fakultät
Institut für Pädagogische Psychologie
Prof. Dr. Horst Drewelow
August-Bebel-Straße 28, D-18055 Rostock
Telefon: (03 81) 4 98 26 52, Telefax: (03 81) 4 98 26 84
E-Mail: ipp.sekretariat@philfak.uni-rostock.de

Vereinigung zur Förderung der Kommunikation und Kooperation zwischen Wissenschaftlern, Praktikern und anderen an Begabungsforschung und Begabtenförderung interessierten Personen.

European Council for High Ability (ECHA)
Sekretariat: c/o Bildung und Begabung e.V.
Godesberger Allee 90, D-53175 Bonn
Telefon: (02 28) 95 91 50, Telefax: (02 28) 9 59 15
E-Mail: info@Bildung-und-Begabung.de

Europäische Vereinigung zur Förderung des internationalen Informationsaustausches in Wissenschaft und Praxis durch Veranstaltungen von Konferenzen im zweijährigen Turnus, durch Herausgabe des Mitteilungsblatts «ECHA News» und der Fachzeitschrift «High Ability Studies» sowie durch die Bildung von internationalen Interessengruppen zu speziellen Themen.

World Council for Gifted and Talented Children Inc.
Sekretariat: c/o International Center for Gifted
Education and Talent Development
University of Iowa
210 Lindquist Center, Iowa City, Iowa 52242-1529
Telefon: 001 319/3 35 61 96, Telefax: 001 319/3 35 51 51

Internationale Vereinigung zur Unterstützung der Belange begabter und talentierter junger Menschen, der Förderung des internationalen Informationsaustausches in Wissenschaft und Praxis; Veranstaltung von Weltkonferenzen in zweijährigem Turnus; Publikation des Mitteilungsblattes «World Gifted» und der Fachzeitschrift «Gifted and Talented International».

Informationen:

Informationen über weitere Vereinigungen von Fachwissenschaftlern sowie zu Fachzeitschriften sind erhältlich bei:
Bildung und Begabung e.V.
Informationsdienst
Godesberger Allee 90, D-53175 Bonn
Telefon: (02 28) 95 91 50, Telefax: (02 28) 9 59 15
E-Mail: info@Bildung-und-Begabung.de

Angebote in der Schweiz

EHK – Elternverein

Der Elternverein für hochbegabte Kinder ist ein gesamtschweizerischer Elternverein, 1989 gegründet und parteipolitisch neutral.

Elternverein für hochbegabte Kinder
Präsidentin: Franziska Mäder
Sonnenbergstrasse 40, CH-8600 Dübendorf
E-Mail: präsidentin@ehk.ch

Ziele:
Hilfe zur Selbsthilfe für Eltern und Kinder
Verbreiten von Wissen über Hochbegabung
Abbau von Vorurteilen in Gesellschaft, Schule und Familie
Politische Einflussnahme im Interesse hochbegabter Kinder

Angebote:
Regionalgruppen für persönliche Kontakte und Erfahrungsaustausch
Vorträge und Veranstaltungen für Erwachsene und Kinder
Information und Beratung
Beratung über gute Abklärungen und Therapien
Vermitteln von Kontakten zu Behörden, Schulen, Justiz und Medien
Durchführung von Feriencamps und Weekends Kinderuni unter www. kinderuni.org

ZfB – Zentrum für Begabungsförderung

Das Zentrum für Begabungsförderung bietet Diagnostik, Erziehungsberatung, Lerntherapie und Weiterbildung an.

Leitung: Dipl. Psych. und lic. phil. Nadine Zimet,
approbierte klinische Psychotherapeutin BDP und KBV
Dufourstrasse 61, CH-8008 Zürich
Telefon: +41 43 488 65 20, Telefax: + 41 43 488 65 22
E-Mail: info@zfb.ch

Das Angebot im ZfB

Diagnostik

Begabungs-, Persönlichkeits-, Differential- und Testdiagnostik bei Hochbegabung verbunden mit Verhaltensauffälligkeiten und Minderleistung in der Schule.

Bereich Anforderung und Leistung:
Hochbegabung
Asynchrone Entwicklung
Teilleistungsdefizite
Legasthenie und Lese-Rechtschreibschwierigkeiten,
Hyperaktivitätsstörung, Aufmerksamkeitsdefizit (ADS) und Konzentrationsschwankungen
Lerntechnikdefizite und Denkstilbesonderheiten
Schulische Unterforderung
Underachievement und Perfektionismus

Zwischenmenschlicher Bereich in der Schule:
Isolation und Mobbing, Aggressivität, Konflikte in der Lehrer/Schüler und in der Eltern/Lehrer-Beziehung

Zwischenmenschlicher Bereich in der Familie:
Konflikte in der Familie zwischen Eltern und Kinder und unter den Geschwistern

Innerpsychischer Bereich beim Kind und Jugendlichen:
Ängstlichkeit, Psychosomatische Beschwerden, Depression und Suizidalität, Essstörungen, existentielle philosophische und ethische Konflikte.
Eltern, Lehrpersonen und andere soziale oder ärztliche Dienste werden in die Abklärung miteinbezogen.

Beratung und Therapie

Lerntherapie und Lerntechniktraining:
Therapie der Legasthenie/Lese- und Rechtschreibschwierigkeiten
Gedächtnis- und Konzentrationstraining
Aufbau intrinsischer Lernmotivation
Selbstregulation bei Hyperaktivität
Existenzfragen und persönliche Probleme werden nach Bedarf behandelt.

Familientherapie:
Familientherapie und Erziehungsberatung
Schullaufbahnberatung
Einführung der Eltern in die Lerntherapie

Lernmentorat:
Alle Fachlehrer arbeiten mit den neuen Lerntechniken. Zuerst werden die Stofflücken geschlossen, damit die Kinder den Anschluss an das Leistungsniveau ihrer Klasse finden.
Danach kann einzeln oder in Kleinstgruppen eine individuelle und intensive Vorbereitung auf diverse Aufnahmeprüfungen stattfinden.

Weiterbildung für Eltern

Die themenzentrierte Seminare für Eltern beruhen auf den zehn im vorliegenden Buch besprochenen Kapiteln und beziehen die persönliche Familienthematik der Teilnehmer mit ein. Nadine Zimet ergänzt die Inhalte mit ihren theoretischen und praktischen Erfahrungen als Psychotherapeutin.

Weiterbildung für Lehrer und Schulpsychologen

Die Fortbildungsveranstaltungen sind als Blockseminare konzipiert, bauen aufeinander auf, behandeln die unten aufgeführten Inhalte und sind individuell zusammenstellbar.

Diagnostik:
IQ-Testdiagnostik
Phänomenologie der Hochbegabung
Differentialdiagnostische Abgrenzung zu anderen Phänomenen mit ähnlichem Erscheinungsbild.

Zwischenmenschlicher Bereich:
Charakterliche und moralisch-ethische Besonderheiten hochbegabter Kinder
Auseinandersetzung mit Normen und Werten
Möglichkeiten individueller Integration statt allgemeiner Anpassung an bestehende Normen
Mobbing
Möglichkeiten und Grenzen der Hilfeleistung in Schulen und Schulpsychologischen Beratungsstellen.

Bereich «Helfer»:
Typische Konfliktherde im schulischen Umfeld zwischen Eltern, Lehrern und Behörden
Strukturelle Klärung der Aufgaben und Verantwortungsebenen zwischen den Eltern und den Lehrern
Kooperation und Zuständigkeiten unter den «Helfern»

Anforderung und Leistung:
Lernvoraussetzungen
Einführen von Lerntechniken in der Schule
Konkrete Hilfen gegen Über- und Unterforderung bei asynchron entwickelten Kindern und Langeweile bei Underachievern.

Konzeptionsentwicklung

Integrativer Kindergarten zur Begabungsförderung
Konzeptionsentwicklung von Irmi Jurke und Nadine Zimet für den Matthaeuskindergarten in Gütersloh, vom Prespiterium anerkannter integrativer Kindergarten für hochbegabte Kinder in Nordrhein-Westfalen.
Irmi Jurke hat im Kindergarten einen Ort geschaffen, in dem die intellektuellen, persönlichen und sozialen, kulturellen und ethischen Begabungen aller Kinder gefördert und entwickelt werden.

Die berufsbegleitende Weiterbildung des Kindergartenteams führt Nadine Zimet durch.

Infos bei Irmi Jurke unter: kiga.matthaeus@ekgt.de und info@zfb.ch

Elternseminare in Gütersloh

Um den Eltern den Umgang mit ihren oft sehr anspruchsvollen Sprösslingen in der Familie zu erleichtern, hat Irmi Jurke, selbst Mutter eines heute erwachsenen hochbegabten Sohnes, Elternweiterbildungsseminare ins Leben gerufen, die sie nach dem SENG-Modell in Gütersloh mit grossem Zulauf führt. Ihre Weiterbildung erhielt sie in mehreren SENG-Weiterbildungsseminaren sowie zahlreichen Fallbesprechungen bei Nadine Zimet. Mit der Zeit entwickelte sie ein anderes Verständnis und Einfühlungsvermögen, das ihr ermöglichte, die Sprache der Kinder zu sprechen, die emotionale Vielfalt des hochbegabten Kindes zu berühren, seine Einsamkeit aufzuheben und es in die Gruppe zu integrieren. Sie bereichert die Inhalte der Seminare mit ihren Erfahrungen als Mutter und Erzieherin und gibt den Eltern Hinweise und praktische Hilfestellungen für den familiären Alltag und hilft, rechtzeitig das Phänomen der besonderen Begabungen bereits bei einem dreijährigen Kind erkennen zu können.

Info und Anmeldung bei Irmi Jurke unter: bjurke@gmx.de